叩问

单元作业设计之道

厦门市海沧区教师进修学校 编

厦门大学出版社
XIAMEN UNIVERSITY PRESS
国家一级出版社
全国百佳图书出版单位

图书在版编目（CIP）数据

叩问单元作业设计之道 / 厦门市海沧区教师进修学校编. -- 厦门：厦门大学出版社，2023.4
    ISBN 978-7-5615-8870-3

    Ⅰ．①叩… Ⅱ．①厦… Ⅲ．①学生作业－教学设计－初中 Ⅳ．①G632.46

    中国版本图书馆CIP数据核字(2022)第223897号

出 版 人　郑文礼
责任编辑　施建岚
美术编辑　李嘉彬
技术编辑　朱　楷

出版发行　厦门大学出版社
社　　　址　厦门市软件园二期望海路 39 号
邮政编码　361008
总　　　机　0592-2181111　0592-2181406(传真)
营销中心　0592-2184458　0592-2181365
网　　　址　http://www.xmupress.com
邮　　　箱　xmup@xmupress.com
印　　　刷　厦门金凯龙包装科技有限公司

开本　720 mm×1 000 mm　1/16
印张　19.5
插页　2
字数　297 千字
版次　2023 年 4 月第 1 版
印次　2023 年 4 月第 1 次印刷
定价　69.00 元

厦门大学出版社
微信二维码

厦门大学出版社
微博二维码

序

自 1998 年全国第八次课程教学改革以来,学科作业作为学科教学的重要组成部分,越来越受重视,越来越多的专家学者与一线教师投入这一领域的研究,无论在理性思考还是实践探究方面都取得长足的进展,获得不少颇有价值的研究成果。回想 2010 年,上海市教委教研室聚集全室之力,并邀请市内各学科特级教师和一线骨干教师,组成强大的团队,开展"上海市中小学提升作业品质研究项目",就作业的功能、作业的类型、作业的品质、作业设计的过程、作业实施的过程等,研究如何提高学科作业设计与实施的结构性、诊断性、应用性、趣味性、养成性和有效性,历时三年,成效卓著。本人作为参与者之一,收获很大,感悟颇深。今天,读到厦门市海沧区教师进修学校集全区之力,经反复打磨最终完成的这本《叩问单元作业设计之道》,感慨系之。

现在讨论作业问题,必须站在 2022 年版义务教育学科课程标准与核心素养视域这一特定背景下,纵观 2001 年版、2011 年版、2022 年版这三个版本的义务教育学科课程标准,我们可以发现,如此高频度地修订课程标准,从原本"双基教育"的强调,到"三维目标"的倡导,再到"核心素养"的提出,实际上是在完成一个课程教育改革的核心任务,即课程教育价值的重构,由知识与技能传授走向人的全面发展,而"核心素养"的提出,正是体现了这一教育价值观的根本性改变。且价值的重构是整个课程教学改革的根本点和思维原点,学科教学的所有方面,包括学科性质的确定、学科理念的建构、教学目标的设定、教学内容的处理、学习方式的选择乃至学业质量的评价,都是由价值所决定。由此可见,"核心素养视域"必然成为讨论一切学科教学问题的基本前提,作业设计也是如此,不能再仅仅停留在认知的层面,而要有助于实现人的素养提升。

核心素养是价值,也是育人目标。就各课程核心素养的表达看,如语文课程的"文化自信、语言运用、思维能力、审美创造"、数学在九大核心素养基础上提出的"会用数学的眼光观察现实世界、会用数学的思维思考现实世界、会用数学的语言表达现实世界",这里有三个问题必须在我们的学科教学中得到圆满解决。一是知识在课程中的定位与作用。上述语文和数学核心素养及其解释的表达,主要不是指向知识的,这和以往知识本位的课程理解相比有了根本性的变化。知识将成为课程学习的载体,课程学习将要求运用知识去解决问题或者完成一个较为复杂的任务,并在这样的过程中同时实现知识的获得和素养的提升,因而学习的思维将主要由基于知识掌握的识记性思维、理解式思维走向探究性思维。今天学科教学中任务驱动、活动设计、情境创设等的提出正是基于这个问题。二是核心素养的课程内涵与超越课程的特性,如"文化自信"是语文课程核心素养,但绝不局限于语文,也就是学科素养和人的成长并于一体。这就需要对课程教学内容范畴进行重新认识,对课程内容进行整合与重组。今天倡导大单元教学、跨学科学习、项目化学习等正是试图解决这个问题。三是核心素养不是"教会"的,而是"养成"的,必须让学生通过积极的实践、自主的探究,在开放的情境中建立与生活的内在联系,逐步积累、总结、提炼、内化,进而形成素养,所以,它必须让学生真正成为学习的主体。这三个问题的解决必然对作业设计提出全新的要求,本书单元作业设计的探索,包括作业目标、题类与题型、单元作业的结构、作业设计评价等,某种意义上正是在回应这些要求。

本书之所以取名为"叩问单元作业设计之道",我理解,这里的"道"不是传统意义上与"术"相对的形而上的概念,而应该是包含了对今天作业的意义与价值的叩问,包含了对作业设计应遵循的一些原则和与之相应的作业理念的叩问,还包含了对作业设计中行之有效的设计策略的叩问,也就是说,是传统理解中"道"与"术"的统一,是经由实践而上升到规律的思考,这也就是本书基本结构安排的目的,即所有学科在单元作业设计实践的基础上,再由学科教研员做出分析、归纳、思辨与提炼,由感性走向理性,每个学科以这两部分内容的互补互融来实现"道"与"术"的统一,建构起对作业设计的整体理解与思考。由上所述,本书的阅读可以着重关注以下几个方面。

一是单元作业理解的合理性。"单元作业"这一概念的提出,是课程教学改革的时代要求所决定的,体现的是学科教学目标的整体性与学习内容的整合性原则。单元,可以是教材所编排的既定单元,也可以是教师根据学习需求重新组合的主题单元,但无论是哪一种单元,都遵循一定的学习逻辑,即单元的学习往往要依托该单元教学的核心目标,设定一个主任务或核心问题,并在这个主任务或核心问题的统领下,建构起子任务链或者子问题链,从而构成一个完整的学习过程,并将单元教学的诸项目标统整在这个过程中。单元作业设计,同样要遵循整体性和整合性原则,形成一个完整结构,使作业设计由"散"走向"整",由"浅"走向"深",由理解性学习走向理解性与探究性相融的综合学习。因而,单元作业设计首先要做好的是单元及课时作业目标的系统性与整体性,其次要做好单元各项作业自身的目标定位,并建立起作业与作业之间的逻辑关联。

二是单元作业结构的科学性。单元作业的逻辑建构是基于单元教学目标与内容的多维性与多元性、基于学生学习成长的丰富性和层次性而提出来的。例如语文课程核心素养就体现了语文学习不同维度的内涵,它又包含知识技能、方法策略、思维能力、情感态度、文化理解等不同层面的要求,且即使是同一种能力,也是有不同层次要求的,如语文课堂常常涉及的概括能力,在不同学段要求是不一样的。因此,一个单元作业就应该是一个较为完整的系统,既要通过不同的作业基本覆盖单元教学的不同维度不同层次的目标要求,各项作业之间又要有内在的逻辑联系,上下贯通,纵横相连,相互支持,互补共融,促使学生在作业完成过程中实现逐层进阶的学习,否则,单元作业就失去了存在的意义。

三是作业题类、题型的多元性和层次性。这一点同样是由课程教学改革带来的目标多维多元和学习的丰富性与层次性决定的。长期以来,我们的作业,特别是课后家庭作业,题类、题型的单一性现象比较突出。从题类角度看,识记和理解的题目占据绝大多数,而任务驱动、实践体验、迁移创造等综合类型的题目相对较少;从题型角度看,填空、解释、问答式的纸笔作业占绝对优势;从完成者角度看,则是单人完成的作业居多。由此可见,我们首先要建立起一个概念,即作业设计不能仅仅停留在基于课程内容理解所预设的价值,更要关注学生作为学习主体的身份介入后在作业完成过程中所形成的价值,这更多是人的素养成长价值。事实上,诸如逻辑能力、创造能力、批判能力、审美能力、文化判断能力乃至理想、信念等等,正是通过一个个有效的过程,在学生的心里扎下根来的。因此,在单元作业设计中,题类的多样化和题型的丰富性显得尤为重要。

四是探究型作业的开放性、任务性、情境性与活动性的适切状况。这主要由学习方式的变革决定。新课程标准强调自主、合作与探究的学习方式,突出了学习的整体性、开放性、实践性、活动性、生活性与情境性特点,要求围绕学习主题,以学习任务为导向,整合学习情境、学习内容、学习方法、学习资源,设计基于大任务、大单元、真实情境的课程实践活动,注重课程与生活的联系,引领学生经历一个由下而上、由浅入深、由表及里、由感性到理性、由外显的知识方法到内在素养养成的过程。单元作业设计就要在完成单元作业整体的结构化、系统化的基础上,开发具有开放性、实践性、活动性、生活性与情境性特点的探究型作业,使学生真正成为学习的主体,并在这探究型学习的过程中提升高阶思维能力和综合实践能力。这也是单元作业设计的一个重要关注点。

当然,可以关注的还有其他,比如单元及课时作业目标与单元及课时教学目标和教学内容的一致性,这是作业整体设计有效性的重要观察指标;又如某份作业设计的具体指向、内容与任务要求、活动设计与作业目标的一致性,这是具体作业科学性评价的重要标准;再如完成作业所用时长的测算,这是减负增效的现实需要;乃至题目语言表达的准确性;等等。

总之,本书是从区域层面基于对当前课程教学改革的认知,基于当今作业设计应该遵循的基本理念,基于自身的作业设计实践和研究,汇聚提炼的成果。我相信,这项成果,对于该区各学科作业设计品质的持续提升,对于该区学科教学质量的进一步提高,以及对于该区广大教师和教研员队伍专业素养的持续提高,乃至辐射更多的区域,将会有不可忽视的价值。就这个意义而言,厦门市海沧区教师进修学校做了一件有益于课程教学改革的大好事。

孙宗良(语文特级教师)

2022 年 10 月 16 日于上海

目　录

01　在情境中体会美德的力量

厦门海沧实验中学　钟永秀　／ 1

02　核心素养视域下初中道德与法治学科单元作业设计的思考
　　与案例评析

海沧区教师进修学校　陈子平　／ 15

03　探寻美的印记

厦门双十中学海沧附属学校　谢雨丽　／ 18

04　核心素养视域下初中语文学科单元作业设计的思考与案例评析

海沧区教师进修学校　李桂林　／ 31

05　认识文明多样性

厦门市海沧中学　朱婧盈　／ 34

06　核心素养视域下初中历史学科单元作业设计的思考与案例评析

厦门海沧实验中学　王建勇　／ 53

07　理解轴对称

厦门外国语学校海沧附属学校　王　晴　／ 56

08　核心素养视域下初中数学学科单元作业设计的思考与案例评析

海沧区教师进修学校　韩耀辉　／ 84

09　创设主题语境　探究主题意义

厦门市海沧区北附学校　唐　慧　／ 87

10　核心素养视域下初中英语单元作业设计的思考与案例评析

海沧区教师进修学校　沈学娜　／ 99

11　问题驱动　促进整体认知

　　　　　　　　　　　厦门市海沧区北附学校　黄　荣　/ 103

12　核心素养视域下初中地理单元作业设计的思考与案例评析

　　　　　　　　　　　海沧区教师进修学校　陈秋萍　/ 124

13　探索物质的奥秘

　　　　　　　　　　　厦门双十中学海沧附属学校　高张榕　/ 127

14　核心素养视域下初中物理单元作业设计的思考与案例评析

　　　　　　　　　　　海沧区教师进修学校　任少铎　唐　华　/ 153

15　助力学生构建物质变化观

　　　　　　　　　　　厦门双十中学海沧附属学校　魏漫漫　/ 156

16　核心素养视域下初中化学单元作业设计的思考与案例评析

　　　　　　　　　　　海沧区教师进修学校　邓联胜　/ 184

17　神奇的微生物世界

　　　　　　　　　　　厦门双十中学海沧附属学校　邵志超　/ 187

18　核心素养视域下初中生物学单元作业设计的思考与案例评析

　　　　　　　　　　　海沧区教师进修学校　王　瑞　/ 224

19　智能生活我创造

　　　　　　　　　　　厦门市海沧中学　庄灿慧　/ 228

20　核心素养视域下初中信息科技单元作业设计的思考
　　与案例评析

　　　　　　　　　　　海沧区教师进修学校　喻帅英　/ 251

21　篮球战术养成记

　　　　　　　　　　　厦门市海沧区北附学校　王丙南　/ 255

22　"学练赛评"一体化背景下初中体育与健康单元作业设计
　　与实施思考

　　　　　　　　　　　海沧区教师进修学校　孙　健　/ 270

23 轻叩美术之门

　　　　　　　　海沧区教师进修学校附属学校　　张彩金　／273

24 "什么是美术"单元作业设计的思考与案例评析

　　　　　　　　　　海沧区教师进修学校　　颜贻寿　／287

25 我的智能彩虹瓶

　　　　　　　　厦门市海沧区东瑶学校　　陈燕霞　／289

26 初中心理健康单元作业设计的思考与案例评析

　　　　　　　　　　海沧区教师进修学校　　郑晓玲　／299

后　记　　　　　　　　　　　　　　　　　　　　　　／302

01　在情境中体会美德的力量

——人教版初中《道德与法治》八年级上册 第二单元"遵守社会规则"单元作业设计

厦门海沧实验中学　　钟永秀

◆单元名称

人教版初中《道德与法治》八年级上册第二单元"遵守社会规则"

◆章节作业说明

本章节是八年级上册第二单元"遵守社会规则"第四课的内容,第四课"社会生活讲道德"设有三框——"尊重他人""以礼待人""诚实守信"。本章节作业结构由章节预习作业、课时作业和课后实践作业组成。

章节预习作业要求在本章节课前预习教材、查阅资料、观察生活、记录要点,完成本章节思维导图及前置学习的三个问题。根据本章节课堂讲述情况自行订正思维导图,建立章节整体结构图式。在课堂中能够根据前置学习的三个问题开展交流与分享。

章节课时作业要求在学习完本章节之后,在课堂中独立完成作业。考查正确的价值观、必备品格和关键能力,体现道德与法治课程价值性和知识性相统一。

章节实践作业要求课后自由时间完成,既关注学生作业过程,又要展示学生作业结果,体现道德与法治课程实践性的特点。

◆作业设计思路

一、章节作业设计依据

作业设计所依据的《义务教育道德与法治课程标准(2022年版)》的相应部分是"生命安全与健康教育"中的内容要求——"遵守基本的社交礼仪,恪守诚信,理性维护社会公德,维护公共秩序,做文明的社会成员"。

本章节作业对应的教材内容是八年级上第二单元"遵守社会规则"第四课"社会生活讲道德"的内容,第四课设有三框——"尊重他人""以礼待人""诚实守信"。道德是社会关系的基石,是人际和谐的基础。尊重是交往的起点,礼仪体现一个人尊重、谦让、与人为善的良好品质,诚信是社会主义核心价值观在公民个人层面的一个价值准则。

二、章节作业设计目标

(一)政治认同
践行和弘扬社会主义核心价值观,增进中华民族价值认同和文化自信。

(二)道德修养
(1)养成和践行相互尊重、文明礼貌、诚实守信的个人美德和良好品行,做社会的好公民。

(2)体会中华传统美德的力量,养成自觉传承中华美德的意识。

(3)了解尊重他人的含义,延展尊重的内涵,说明尊重他人的意义和价值。

(4)了解中华优秀传统礼仪及美德,知道礼貌待人的方法。

(5)学习榜样人物,做诚信的人。

(三)健全人格
(1)通过微行为和微点评,辨析生活情境,展开价值判断和行为选择。

(2)通过完成基础性、综合运用性、探究拓展性、实践活动性等作业,增强理解、分析、应用的能力。

（3）学会换位思考、欣赏他人和平等对待他人。

（4）列举不同情境下礼的具体表现，在具体情境中表达和展示文明有礼。

（5）寻找诚信故事，感受诚信做人做事的美好，树立诚信价值观。

（四）责任意识

（1）感受尊重带来的良好心理体验，尊重他人。

（2）体会文明有礼对个人成长和对社会和谐的意义。

（3）践行诚信，珍惜个人的诚信记录。

三、章节作业特征

根据《义务教育道德与法治课程标准（2022年版）》命题原则，"探索素养导向的命题方式"，力求做到把握命题立意，创设真实情境，任务指向多样，评分标准清晰。

在命题立意维度，综合课程性质、时代要求和学生发展三个维度，增进对中华传统美德和中华传统文化的高度认同，体会中华传统美德的现代价值，提升道德修养，推动社会文明进步，共同创造文明的社会生活。

在情境创设维度，通过与中华优秀传统文化、社会热点、学生真实生活等关联，情境符合学生认知水平。情境的呈现方式也多样，有思维导图、漫画、表格、人物对话、读书笔记、时政新闻等形式。

在学生发展维度，注重培养学生分析问题和解决问题的能力。设置基础性作业、综合运用性作业、探究拓展性作业和实践活动性，学生在思考问题、查阅资料、观察生活、记录现象中，运用理论分析现实问题，指向道德的行为，养成良好品质和行为习惯，促进政治素质、道德修养、人格修养和责任意识的发展。

在评价方式维度，制定清晰的评分标准，鼓励学生运用素材和所学知识，从多角度思考问题和分析问题，提出不同的观点或建议。根据等级描述方法，通过自评、组评和师评多角度评价完成度及达成度，评价基础知识掌握情况、基本技能发展情况和学科素养提升水平。

四、章节作业内容

(一)章节预习作业

1.预习课本第 32～45 页,完成以下思维导图(见图 1)。

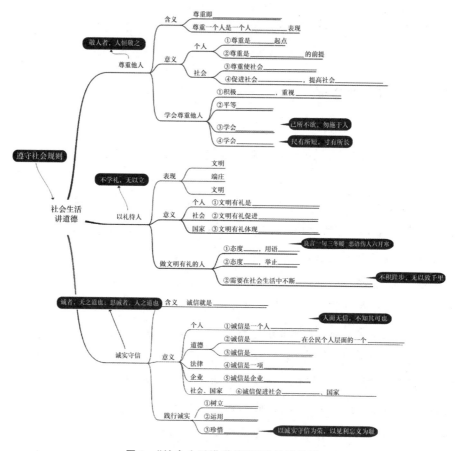

图 1　"社会生活讲道德"预习思维导图

2.根据实际情况,完成以下问题。

(1)请列举值得我们尊重的人的几种重要品质。

(2)请观察生活中的文明行为与不文明行为,并记录下来(见表 1)。

表 1　社会行为记录

类别	行为	反思
文明行为		
不文明行为		

3.请查阅关于诚信的故事,并记录下来。

请结合自学情况展开评价,由本人、小组成员及教师填写(见表 2、表 3)。

表 2　章节预习作业完成量化评分

项目	必备知识	必备品格	关键能力	合计
自评				
组评				
师评				
预习中的困惑				

表 3　章节预习作业完成量化标准

项目	量化标准	得分
必备知识	建立"社会生活讲道德"子概念,能够与"遵守社会规则"大概念联结,完成思维导图	4～5 分
	独立或合作完成思维导图,填写部分关键知识	2～3 分
	无法完成思维导图,思维导图内容缺失,无法建立知识结构	0～1 分
必备品格	理解社会生活中的道德,能够聚焦主题形成主要观点,能够分辨是非善恶,在社会生活中做出正确的选择	4～5 分
	能够将道德与生活经验联结,建立基本的道德观念,但对于社会生活中的道德认识较片面	2～3 分
	能分辨道德行为与不道德行为,但无法建立道德与生活经验的联结	0～1 分
关键能力	能进行自主学习、社会观察和资料查阅,记录要点详略得当	4～5 分
	能部分完成自主学习、社会观察和资料查阅,简单记录要点	2～3 分
	无法完成自主学习、社会观察和资料查阅,要点缺失	0～1 分

(二)章节课时作业

1.选择题(下列各题的四个选项中,只有一个最符合题意,请选出来。每小题 2 分,共 12 分)。

（1）新冠肺炎疫情防控常态化形势下，没有手机或不会操作智能手机的老人无法"亮码"，厦门市变"扫码"为"反向扫码"，老年人只需出示"厦门敬老爱心码"卡牌，让防疫工作人员扫码查验，即可快速便捷通行。若要报道这则新闻，最合适的标题是（　　）。

　　A.疫情防控有力度，平等待人有温度

　　B.反向扫码显关怀，遵守规则靠自律

　　C.精准防疫要周全，将心比心暖人心

　　D.互相礼让是美德，照顾老人要贴心

（2）中华文化宝库中有许多表示谦虚、恭敬的礼貌用语，在日常生活中人们常常使用这些礼貌用语，下列使用恰当的是（　　）。

①请人指点，要说"赐教"

②中途先走，要说"拜访"

③麻烦别人，要说"打扰"

④探望别人，要说"告辞"

　　A.①④　　　　　　B.①③　　　　　　C.②③　　　　　　D.②④

（3）花样滑冰比赛拥有一项特殊的观赛礼仪——抛物礼，观众可以在比赛结束后，向冰面抛赠礼物和鲜花。对抛物礼理解正确的是（　　）。

　　A.体现了见贤思齐的社会风尚　　B.是道德要求，也是法律规定

　　C.是换位思考，做到理解他人　　D.表达了对选手的支持和喜爱

（4）对下列微行为的点评，正确的有（　　）。

序号	微行为	微点评
①	发现同学的潜质，真诚赞美同学的优点	欣赏他人，共同进步
②	乘坐摩托车、电动车自觉佩戴头盔	养护精神，遵守规则
③	不以家境、身体等原因歧视他人	尊重人格，平等待人
④	把同学的体检结果发到班级群	说老实话，办老实事

　　A.①②　　　　　　B.③④　　　　　　C.②④　　　　　　D.①③

(5)某班准备以"诚实守信"为主题设计一期主题板报,下列名言警句与该主题一致的是(　　)。

①人而无信,不知其可也　　　②静以修身,俭以养德

③己所不欲,勿施于人　　　　④内外相应,言行相称

A.①②　　　　B.③④　　　　C.①④　　　　D.②③

(6)观察图2《信还是不信》,你认为图中的商家应该(　　)。

A.严禁虚假宣传,提升诚信意识

B.建设诚信社会,严惩失信行为

C.夸大产品宣传,塑造企业形象

D.运用诚信智慧,避开产品瑕疵

图 2　信还是不信

2.请根据下列各题要求,回答问题。共 3 题,共 32 分。

(1)阅读材料,回答问题。(8 分)

八年级 1 班开展了一期"尊重从我做起"主题班会,以下是同学们的发言:

小闽:每个人都有得到尊重的需要,既包括获得他人的尊重,也包括自我尊重。

小福:尊重是相互的,只有尊重我的人,我才会尊重他。

小鹭:在社会生活中,我们不仅要尊重他人,也要尊重大自然,尊重_____,这些都是尊重的应有之义。

①请将小鹭的发言补充完整。(2 分)

②对小闽和小福两位同学的观点任选其一,辨别正误,并阐述理由。(6 分)

(2)阅读材料,回答问题。(16分)

书香传久远,美德伴我行。八年级学生小明热爱阅读,喜欢摘抄和记录,图3是他读书笔记内容节选。

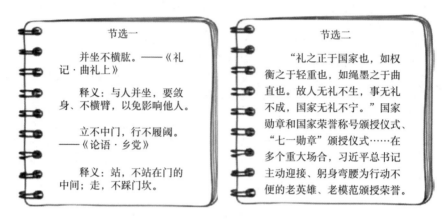

图3 读书笔记节选

①节选一和节选二体现了哪些中华美德?(4分)

②运用"社会生活讲道德"相关知识,分析节选一和节选二做法的意义。(6分)

③文明有约,与礼相伴。小明在读书笔记中记录了"文明之礼",请帮他补充完整。(6分)

文明之礼	与礼相伴
餐饮之礼	讲究卫生、爱惜粮食、节俭用餐、食相文雅
游览之礼	善待景观、爱护文物、尊重民俗、恪守公德
仪表之礼	
言谈之礼	
待人之礼	

(3)阅读材料,回答问题。(8分)(能力提升选做题)

道德与法治课堂上,老师展示了一则新闻:

> 30多年来,"峡谷信使"桑南才从"小桑"到"桑哥"再到"桑叔",一条山路,一个身影,一生践诺,往返于全乡13个村委会5个投递段和乡直机关单位之间,平均每天行程160千米,送出了100多万份邮件,从没有延误过一个邮班,没有丢失过一份邮件,默默坚守着大山深处的绿色生命线,践行着一名共产党员为人民服务的责任担当,被群众称为傈僳山寨的"托厄哈扒"(傈僳语意为"送信人")。

结合所学知识,为本则新闻起一个标题,并写一段简短的述评。

3.学习反思(见表4)

表4　章节作业与学习反思

本章节作业认识误区	本章节学习收获与努力方向	备注

(三)章节实践作业

1.拟定题目

班级将做一期关于"崇德向善　见贤思齐"的展板,请以小组为单位查阅资料或者采访他人,收集典型人物践行道德的故事。运用剪贴、打印或者手绘等方式制作卡片,贴于班级展板上。

2.学习评价

请结合课后实践情况展开评价,由本人、小组成员及教师填写(见表5、表6)。

表 5　课后实践作业完成量化评分

项目	必备知识	必备品格	关键能力	合计
自评				
组评				
师评				
教师寄语				

表 6　课后实践作业完成量化标准

项目	量化标准	得分
必备知识	清楚社会生活中尊重他人、以礼待人、诚实守信等道德行为的具体表现,素材翔实,分析有理有据	4～5 分
	部分了解社会生活中尊重他人、以礼待人、诚实守信等道德行为的表现,素材不全,分析单一化	2～3 分
	对尊重他人、以礼待人、诚实守信等道德行为的具体表现理解有偏差,素材缺失,或素材行为与观点不匹配	0～1 分
必备品格	遵守基本社交礼仪,恪守诚信,尊重他人,能够聚焦实践主题形成主要观点,并能产生行动能力	4～5 分
	能分辨道德行为与不道德行为,建立基本的道德观念,但对于社会生活中的道德认识较片面	2～3 分
	简单描述行为,无法建立道德与生活经验的联结	0～1 分
关键能力	小组完成采访或者查阅任务,制作展示卡片,内容翔实有意义;善于小组合作,发挥个人作用	4～5 分
	部分成员合作完成采访或者查阅任务,卡片内容不全	2～3 分
	无法主动完成采访或查阅任务,制作卡片缺失信息或者没有完成制作任务	0～1 分

五、章节作业设计说明细目表(见表7)

表7　各题设计说明细目表

题号		考查要点	能力要求	考查思维方法	难度要求	试题来源	检测方法	适用类型	设计意图	材料出处
章节预习作业	1	尊重他人的含义、意义和做法;以礼待人的表现、含义和做法;诚实守信的含义、意义和做法	归纳	定义与判断	中	原创	独立或合作完成	课前学习	通过填写思维导图、结构图式,建立单元概念,形成知识逻辑脉络	《道德与法治》八年级上册教材第32页至第45页
	2(1)	了解获得他人尊重的品质	思考	比较与归类	易	原创			通过思考,了解值得尊重人的重要品质,学习这些优秀品质	真实生活情境
	2(2)	辨析文明行为与不文明行为	观察	演绎与具体化	难	改编			通过观察社会生活中的文明行为和不文明行为,建立知识与生活的联结,树立文明意识	《道德与法治》八年级上册教材第38页
	3	收集诚信故事	收集	演绎与具体化	中	改编			通过收集诚信故事,了解诚信行为,树立诚信意识	《道德与法治》八年级上册教材第45页
小结					易1、中2、难1					原创2、改编2

续表

题号		考查要点	能力要求	考查思维方法	难度要求	试题来源	检测方法	适用类型	设计意图	材料出处
章节课时作业选择题	(1)	学会尊重他人，做到换位思考	描述	归纳与抽象	中	原创	限时独立完成	课堂章节检测	了解厦门市新冠肺炎疫情防控中对老年人的尊重，做到尊老爱老比心	厦门网《"反向扫码"来了！破解老年人出行"亮码"难题》
	(2)	做文明有礼的人，用到文明语言文明	应用	定义与判断	易	改编			学习中华优秀传统文化宝库中关于谦虚、恭敬的词语，应用到日常生活中	《道德与法治》八年级上册教材第39页
	(3)	理解文明有礼的意义	理解	演绎与具体化	易	原创			理解冬奥会观赛礼仪在特定环境下的特定做法，做一个文明有礼的观赛者	人民网《文艺星开讲·"艺"起迎冬奥——燃情冰雪拼出未来》
	(4)	尊重他人的做法、诚信意识意义的内涵	分析	演绎与具体化	中	原创			分析和点评日常生活行为，进行价值判断和行为选择	真实生活情境
	(5)	诚实守信的内涵	理解	定义与判断	易	原创			学习中华优秀传统文化宝库中关于诚信的名言，增进中华民族价值认同和文化自信	真实生活情境　关于诚信、修身、尊重他人的名言
	(6)	诚实守信的意义	探究	归纳与抽象	中	原创			辨析生活中的不诚信行为，提升诚信意识	公众号:美丽中兴《诚信漫画展》第33页《信还是不信》
小结		易3、中3				原创5，改编1				

续表

题号	考查要点	能力要求	考查思维方法	难度要求	试题来源	检测方法	适用类型	设计意图	材料出处
章节课时作业 (1)①	尊重的内涵延伸	理解与探究	整体性思维	易	改编			通过对话形式，延展尊重的内涵，理解尊重不仅指尊重他人，也要尊重大自然、尊重文化成果等	《道德与法治》八年级上册教材第33页，第36页
(1)②	尊重的内涵、意义和做法	辨析与论证	矛盾分析法	中	改编			通过辨析关于尊重他人的困惑，进行价值澄清，认识到尊重的意义及做到尊重他人。可以任选一个观点分析，延展思考方向	
根据材料回答问题 (2)①	中华传统美德的表现	概括与归纳	归纳与抽象	易	原创	限时独立完成	课堂章节检测	理解素材中的中华优秀传统美德，践行社会主义核心价值观，做到尊老敬老	杨天宇《礼记译注》，上海古籍出版社2016年版第12页；金良年《论语译注（上）》，上海古籍出版社2012年版第97页；新华网《学习进行时：尊老敬老，习近平这样作表率》
(2)②	文明有礼的意义，尊重他人的意义	理解与探究	演绎与具体化	中	原创			学会用联系素材分析文明有礼的意义和尊重他人的礼仪，学习良好的礼仪	公众号：南京市青少年宫《做文明有礼好少年：学"文明人礼"，做礼德学生》
(2)③	文明有礼的做法	探究应用	综合分析法	易	原创			探究不同情境中的文明之礼，做诚信文明有礼好少年	
(3)	诚信的内涵、意义和做法	分析与应用	整体性思维、发散思维	难	原创			创设标题，写一段述评，展开开放性的探究，理解诚信的内涵、意义，发扬诚信的美德，做诚信的人（可以选做此题，差异化答题）	学习强国"学习榜样——348桑南才
小结		易3、中2，难1			原创4、改编2				

续表

题号	考查要点	能力要求	考查思维方法	难度要求	试题来源	检测方法	适用类型	设计意图	材料出处
章节实践作业	寻美德故事,学道德行为	综合应用与应用	演绎与具体化,发散思维	中	改编	小组合作拓展	课后实践作业	采用采访他人、查阅资料,运用剪贴打印或者手绘等方式制作卡片呈现成果。积极展示成果,走进道德人物,感悟道德的力量,做新时代美德少年	《道德与法治》八年级上册教材第 45 页
小结		中 1						改编 1	

02 核心素养视域下初中道德与法治学科单元作业设计的思考与案例评析

海沧区教师进修学校　陈子平

初中《道德与法治》学科校本作业是检验、提升教学质量的重要评价方式和手段之一,也可发挥诊断、激励、促进学生发展和改善改进教师教学的重要功能。为此,一份好的高质量学科校本作业设计,既要做到关注结果,如学习作品,包括内容品质、呈现形式等,也应做到关注过程,如完成方案策划、素材收集、创意构思等方面的参与状况;既要有整体上品质的保证,也要有对作业各要素或组成部分进行单项分析,并依据作业意图,确定作业评价的侧重点,处理好统一要求和个性创意表达之间的关系,并能综合运用质性分析和量化评定,能更加重视书面或口头反馈,发挥校本作业的诊断、激励、引导功能。

厦门海沧实验中学钟永秀老师的八年级上册第二单元"遵守社会规则"第四课"社会生活讲道德"章节作业设计,以"道德"为线索,多层次、多维度、多样化考查学生必备品格、必备知识和关键能力,凸显道德与法治学科立德树人关键课程的特色,较好体现课程的政治性、思想性、综合性和实践性的统一。具体特点有:

1.学科核心素养线:引领学习路径

本章节作业设计紧紧围绕培育政治认同、道德修养、健全人格、责任意识的核心素养这条主线,设计了基础性作业、运用性作业、拓展性作业和实践性作业,强化训练学生定义与判断、比较与归类、演绎与具体化、归纳与抽象、整体性思维、发散思维等思维方法,设置开放性、综合性和实践性的学习路径,引领学生学习传统礼仪、经典故事等优秀传统文化,体会中华传统美德的力量,养成自觉传承中华美德的意识等,学生在完成作业的过程中,亲历自主学习、社会观察、价值判断、澄清困惑的过程,获取学科的思想方法与观察社会生活的思维视角,养成相互尊重、文明礼貌、诚实守信的个人美德和良好品行,增进中华民族价值认同和文化自信,践行社会主义核心价值观,做社会的合格公民。

2.大单元大概念线:整体设计,横纵贯通

从大单元大概念上整体把握课程内容主题的结构性和关联性,强调纵向关联。学生经过前面章节的学习,对"社会生活离不开规则"有初步认识。道德是调节人们行为的社会规则之一,是社会关系的基石,是人际和谐的基础。本章节作业建立在大单元学习基础上,聚焦"道德"大概念,通过与中华优秀传统文化、社会热点、学生真实生活等关联,采用漫画、表格、人物对话、读书笔记、时政新闻等素材呈现,运用思维导图建立概念、观点之间的联系,呈现的知识体系逻辑严密,整体设计,横纵贯通,能揭示学习认识误区,通过深入分析,形成主要观点,产生行动能力,实现知识衔接的纵向联系和认识水平的纵向发展。

3.教学评一致线:开放多元全过程

依据 2022 年版的义务教育道德与法治新课标规定的学业质量标准,合理编制作业并将其分散到 3 个课时学习活动中,在开放多元全过程评价中评定学生学习达成的目标水平,体现政治性与学理性、价值性与知识性、理论性与实践性的统一,实现提质增效。作业能围绕三大学习任务"尊重他人""以礼待人""诚实守信",确定明确的作业目标及各题设计意图,包括明确指出作业适用类型和检测评价方法,如前置完成学习的三个问题、查阅资料、观察生活、记录要点,完成本章节思维导图,课时独立完成检测作业,课后自由时间完成实践作业等等。又如,在课堂检测作业中拟定评分标准,在基本观点上统一尺度,以等级水平发展作为评分依据,检测学生能否融会贯通调用知识,能否运用理论知识分析现实问题;在课前作业和课后实践作业中设置了量化评分标准,以自评、组评和师评等多主体进行全面和综合的评价,积极引导学生对自己的学习历程进行写实记录,丰富评价内容,这也就实现了指向真实性学业评价,既关注作业结果,也关注作业过程。

建议：

1.进一步加强活动设计

前置学习任务与课后实践任务都指向调查、采访、查阅与记录,可将课后实践任务改为"班级道德之星"评选,通过制定标准、评选人物、颁奖仪式等系列活动设计,关注学生的自身经验,给予学生更大的探究空间,凸显课程性质。

2.进一步体现以学为中心

思维导图可围绕要素之间的内在逻辑联系建构,整体结构要简明,体现大单元大概念的建构思维。也可让学生个性化建构思维导图,"统一而不同一",体现以学生的学习为中心,引导学生主动学习,激发学生的创造性和积极性。

03 探寻美的印记

——统编版《语文》八年级上册第五单元
单元作业设计

厦门双十中学海沧附属学校　谢雨丽

◆单元名称

统编版《语文》八年级上册第五单元——说明文单元

◆单元学习内容与前后联系

学生在小学阶段对说明文已有初步的接触,对说明对象及说明方法都有初步的了解。根据《义务教育语文课程标准》第三学段的阅读目标,说明文阅读要求学生"能抓住要点,了解文章的基本说明方法"。本单元是学生迈入初中之后第一次接触说明文,文本均为"事物说明文",在唤醒旧有知识的基础上,要求学生"能把握文章的基本观点,获取主要信息",即应有意识地筛选文章关键信息,为八年级下册第二单元"事理说明文"单元中的"理清文章说明顺序,读懂文章阐述的事理"任务打好基础。

◆单元教材简述与教学思路

本单元的文章,或介绍中国建筑、园林、绘画艺术,或介绍动物习性,均为"事物说明文",单元导语如下:

"阅读介绍中国建筑、园林、绘画艺术的文章,可以了解我国人民在这些方面的卓越成就,感受前人的非凡智慧与杰出创造力。而有关动物的文章,则引导我们去发现大自然的奥秘,激发科学探索的兴趣。"

"学习本单元,要把握说明对象的特征,了解文章是如何使用恰当的说明方法来说明的;还要体会说明文语言严谨、准确的特点,增强思维的条理性和严密性。"

以《义务教育语文课程标准》与单元导语为基础,可将本单元的作业设计分为阅读作业、写作作业、综合实践作业,分别指向学生的阅读能力、写作能力及综合实践能力。

阅读作业以"探寻美的印记"为主题,包括"说明方法知多少"、"'一字千金'品语言"以及"道是无情却有情"板块,旨在引导学生深入理解说明方法、说明语言以及说明对象三者之间的内在关系;写作作业"中国风之美我来写"板块可用于检验阅读作业中学生所学;综合实践包括"生活中的园林艺术与构图技巧"以及"中国风之美我来述"两个板块,引导学生将说明文知识运用到实际生活中去。

◆单元重难点突破与作业设计构想

一、教学重难点与突破策略

1.教学重点

引导学生了解常见的几种说明方法及其作用;能够分析说明对象的特点,并结合具体文本分析说明方法及其作用。同时,在此基础上学会抓住特征来说明事物,写作较为规范的说明段落或完整说明文。

2.教学难点

引导学生分析并理解两对关系:说明对象与说明方法之间的关系,以及说明文语言准确性与生动性之间的关系。

3.突破策略

首先,从说明文的文体特征突破。说明文的内核是清楚说明说明对象,因此,说明方法及说明顺序的选用都应以清楚说明说明对象为前提。要理解这一点,可采用对比不用文章所选用的说明方法及说明顺序来达到目的。

其次,检验知识掌握情况最好的方式是看是否能将所学知识运用到实践中去。因此,可通过创设一些生活情境,让学生在生活中体会到"说明"这种表达方式的作用,并感受说明文求真求实的理性精神,激发对自然与社会的探索兴趣。

再次,引导学生多角度认识说明文,消除对说明文的刻板印象,理解说明文语言的生动性,体会文字背后的艺术之美、生命之美,唤起审美情趣,提升鉴赏能力。

二、单元作业编制说明

本单元为说明文单元,通过本单元的学习,学生应"把握说明对象的特征,了解文章是如何使用恰当的方法来说明的;还要体会说明文语言严谨、准确的特点,增强思维的条理性和严密性"(教材语),即应结合各篇课文的具体特点,把握其说明对象、说明方法、说明文语言等关键要素及其相互之间的关系。

本单元的说明文或平实严谨,如《中国石拱桥》;或生动有趣,如《蝉》;或条理清晰,如《苏州园林》;或典雅质朴,如《梦回繁华》。虽风格各异、题材有别,但其文体一致,均具备说明文的共性。因此,在经过一个单元的学习之后,学生应能对说明文的文体特点进行总结与概括,形成相应的知识框架。

同时,本单元的文章人文主题较为突出。《中拱石拱桥》《苏州园林》《梦回繁华》介绍的是我国人民在建筑、园林和绘画等方面的成就,《蝉》则在介绍昆虫知识的同时传达着科学精神和生命的哲思。通过学习这些文章,可以引导学生体会文字背后的艺术之美、生命之美,唤起审美情趣,提升鉴赏能力;同时也可感受说明文求真求实的理性精神,激发对自然与社会的探索兴趣。

鉴于以上对本单元内容与教学目标的分析,可通过一系列作业来落实相关重难点,阅读作业以"探寻美的印记"为主题,并将作业类型分为阅读作业、写作作业、综合实践作业,分别指向学生的阅读能力、写作能力及综合实践能力。

"说明方法知多少"作业旨在引导学生深入分析说明方法与说明对象的内在联系,即说明对象的特征影响着说明方法的使用。"'一字千金'品语言"作业中,学生可通过片段写作的方式体会说明文语言准确性。在此基础上,归纳概括可能影响说明文语言准确性的词语类型(如程度副词、范围副词等),扩大认知范畴,同时明确说明文语言的准确性并非只是单纯严谨使用某一类词语,而是要如实说明事物或事理。"道是无情却有情"作业重点在于结合具体文章分析说明文语言生动性,及探索说明文语言的准确性与生动性的关系——二者并不矛盾,说明文是在保证准确性、严谨性的前提下用生动性增强文章的可读性。在以上作业的基础上,以"何谓说明文"作结,启发学生对说明文的文体特征进行全面且深入的思考。

在对说明文的文体特征有了较为全面的把握之后,"生活中的园林艺术与构图技巧""中国风之美我来述"两个综合实践类作业可将说明文知识情境化,既可感受说明文的理性之美,也可在生活场景中体会艺术之美、生命之美,提升审美与鉴赏能力。

◆单元作业设计

一、单元作业目标

编制说明:

单元作业目标序号用"年级＋学期＋单元＋目标序号"的方式表示,如八年级第一学期第五单元第一条目标的单元作业目标序号为810501,以此类推。标注"＊"的为核心目标(见表1)。

表1　单元作业目标

序号	单元作业目标	学习水平
810501	了解常见的几种说明方法及其作用	A 知道
810502	能够分析说明对象的特点,并结合具体文本分析说明方法及其作用	C 应用
810503	理解说明方法与说明对象之间的关系	B 理解
＊810504	分析文章是如何使用恰当的方法来对说明对象进行说明的	C 应用
＊810505	理解说明文语言准确性与生动性的特点	B 理解
＊810506	分析具体文本语言的准确性与生动性,并分析二者之间的关系	C 应用

续表

序号	单元作业目标	学习水平
*810507	学会抓住特征来说明事物,写作较为规范的说明性语段或完整说明文	C 应用
810508	明确说明文的文体特点	B 理解
810509	感受说明文求真求实的理性精神,激发对自然与社会的探索兴趣	D 综合
810510	体会文字背后的艺术之美、生命之美,唤起审美情趣,提升鉴赏能力	D 综合

二、单元作业题目目标

编制说明:

题目序号以"课时＋环节序号"表示,如第一课时的第一个环节用 0101 表示,以此类推(见表 2)。

表 2　题目目标

题目序号	题目目标	学习水平	对应单元目标
0101	能够结合具体文本分析其所用的说明方法	C 应用	810502
0102	理解说明方法与说明对象之间的关系	B 理解	810503
0103	理解说明方法与说明对象之间的关系	B 理解	810503
0104	能够用恰当说明方法写作较为规范的说明段落	C 应用	*810507
0201	结合具体文本分析说明文语言的准确性	C 应用	*810506
0202	归纳可能影响说明文语言准确性的词语类型	C 应用	*810506
0203	分析并概括何为说明文语言的严谨性	C 应用	*810506
0204	能够以严谨的语言进行说明文的片段写作	C 应用	*810507
0301	理解说明文语言生动性的特点	B 理解	*810505
0302	理解说明文生动性语言后蕴含的作者情感倾向	B 理解	*810505
0303	分析具体文本语言的生动性	C 应用	*810506
0304	写作语言具有生动性的说明文段落	C 应用	*810507
0401	为分析说明对象的特点做准备	C 应用	810502

续表

题目序号	题目目标	学习水平	对应单元目标
0402	能够分析说明对象的特点	C 应用	810502
0403	能够用恰当的说明方法说明说明对象	C 应用	*810504
0404	在实践的基础上,能够分析说明对象的特点	C 应用	810502
0501	搜集中国风事物的资料,领略事物之美	D 综合	810509
0502	在分析比较的基础上分析说明对象的特点	C 应用	810502
0503	能够分析说明对象的特点	B 理解	810503
0504	能够用恰当的说明方法说明说明对象	C 应用	*810504
0601	能够分析说明对象的特点	C 应用	810502
0602	能够用恰当的说明方法说明说明对象	C 应用	*810504
0603	能够用不同方法增强文章语言的生动性	C 应用	*810507
0604	通过梳理文章脉络及内在逻辑感受说明文求真求实的理性精神	D 综合	810509
0605	学会抓住特征来说明事物,写作较为规范的说明段落或完整说明文	D 综合	*810507

三、单元作业题目设计

第一课时:说明方法知多少

1.从本单元的四篇课文(《中国石拱桥》《苏州园林》《蝉》《梦回繁华》)中任选一篇,根据以下表格对其使用的说明方法进行分析,找出该文使用频率最高的三种说明方法,完成表3。

表3　本单元使用频率最高的说明方法

篇目	说明方法"前三甲"	说明对象特征
《中国石拱桥》		
《苏州园林》		
《蝉》		
《梦回繁华》		

2.如果将这四篇课文的题目改成《赵州桥》《苏州园林的门窗艺术》《蝉的地下生活》《清明上河图中的店铺》,内容也随之改变,其使用频率最高的说明方法还会和原来一样吗?为什么?文章可能会使用什么说明方法?

3.探究这些说明方法使用频率较高的原因。

提示:影响因素可能包括作者习惯、说明对象特点、说明文类型(事物说明文、事理说明文)等,哪一个因素对说明方法的使用影响最大呢?

结论:说明对象的特征决定说明方法的使用。

4.结合课文内容,并查找相关资料,在以下四个题目中任选一个进行片段写作,要求至少使用四种及以上的说明方法,来表现说明对象的特征。(题目:《赵州桥》《苏州园林的门窗艺术》《蝉的地下生活》《清明上河图中的店铺》)

5.搜集家里药品、电器、日用品等的说明书,看看是否可以找出其中与产品无关的信息,并想想使用者还希望从说明书中获取哪些信息,可以将其加在说明书里。

第二课时:"一字千金"品语言

1.以下是某同学所写的关于卢沟桥的介绍语,请仔细阅读并对照原文,说说有没有不合适的地方。

永定河上的卢沟桥,修建于公元1189年到1192年间。桥长(约)265米,由11个半圆形的石拱组成,每个石拱长度不一。桥宽(约)8米,桥面平坦,(几乎)与河面平行。桥面用石板铺砌,两旁有石栏石柱。每个柱头上都雕刻着不同姿态的狮子。

2.填写表4,并探究何为说明文语言的准确性。是否准确使用一些修饰、限制性的词语就等于其语言具有准确性呢?(提示:可以从说明文的文体特征角度进行思考)

表4 说明文语言准确性

篇目	说明对象	说明对象特点	列举5句具有准确性的句子
《中国石拱桥》			
《苏州园林》			

3.根据本单元的四篇课文归纳概括可能影响说明文语言准确性的词语类型（如程度副词、范围副词等），并举例说明。

附：

表限定时间：已经、一直、早已、一向、渐渐等。

表限定程度：最、比较、几乎、相当、很、尤其、稍微、更加等。

表估计或推测：大约、可能、左右等。

表限定数量：多、有余、很少等。

表限定范围：全、都、大部分、总共、少数等。

表频率的词语：屡次、往往、常常、经常、通常、总是、有时等。

表质地的词语：软、硬等。

4.参考教材内容，在以下四个任务中任选一个完成，并注意语言的严谨性：

（1）为赵州桥写一段100字左右的导游词，介绍赵州桥的特点及其在中国桥梁史上的地位。

（2）如果要向朋友介绍苏州园林，你会怎么介绍呢？写一段100字左右的介绍语。

（3）用简单的文字（100字左右）介绍蝉地穴的"建造"过程。

（4）如果有一场《清明上河图》电子画展需要设计邀请函，需要在邀请函上以"图＋文"的形式推荐这幅名画，你会怎么设计呢？（图可以选用网络材料，文字需在100字左右）

5.厦门大屏山郊野公园位于厦门市海沧区。这里空气清新，是真正的森林氧吧，因为打造了独特的迷雾森林，成为厦门旅游的网红打卡地。选择一个周末去实地游览，并根据以下平面图（见图1），为你的朋友推荐最佳游览路线，用文字将路线描述出来。

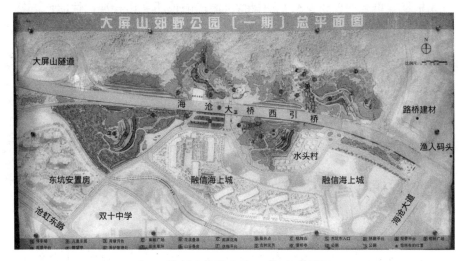

图1　大屏山郊野公园(一期)总平面图

第三课时:道是无情却有情

1.对比阅读课文卢沟桥狮子与课外介绍卢沟桥部分,有什么发现?

桥面用石板铺砌,两旁有石栏石柱。每个柱头上都雕刻着不同姿态的狮子。这些石刻狮子,有的母子相抱,有的交头接耳,有的像倾听水声,有的像注视行人,千态万状,惟妙惟肖。

卢沟桥建于1189年,是一座联拱石桥,总长约266米,有281根望柱,每个柱子上都雕着狮子。要不仔细数,真是数不清。

2.说明文的主要目的是说明事物或事理,不使用描写的表达方式也可达到此目的。那么《卢沟桥》中对狮子的描写是否属于"闲笔",并可以删去呢?

3.试着寻找《中国石拱桥》和《苏州园林》中的其他"闲笔"(每篇课文找一处),完成表5,分析其所用表达方式或修辞手法,并揣摩背后的情感。

表5　说明文语言分析

篇目	"闲笔"(找一处)	所用的修辞或表达方式	背后的情感
《中国石拱桥》			
《苏州园林》			

4.如果要增强说明性文字的生动性,可以怎样修改我们上一个环节写的导游词或介绍语?(打比方、拟人、描写、引用等手法的恰当使用)

5.由说明文中出现的"闲笔"可知,"冷冰冰"并不是说明文的代名词,其中的文字同样可以充满感情与温情,《蝉》一文便是明证。如此说来,说明文与记叙文的界限何在呢? 仔细阅读《蝉》一文,概括其文章特点,并重新对"说明文"这一概念进行定义。

腰封(见图 2)也称"书腰纸",图书附封的一种形式,是包裹在图书封面中部的一条纸带,属于外部装饰物。腰封上可印与该图书相关的宣传、推介性文字。腰封的主要作用是装饰封面或补充封面的表现不足,一般多用于精装图书。作为图书的附属品,好的腰封是图书装帧艺术设计的一部分,再加以对图书内容介绍的简洁精巧灵动,不仅可以方便读者选购图书,而且还成为图书不可或缺的一部分。

图 2　图书腰封

选择一本你最喜欢的书,并为其设计腰封部分的文字,注意介绍图书的文字应具备准确性与生动性。

第四课时:综合实践——生活中的园林艺术与构图技巧

1.课前以小组为单位收集苏州园林的照片资料,完成表 6。

表 6　苏州园林照片资料收集表

组别	园林名称	照片内容描述	选择原因
1			
2			
3			

2.利用学过的《苏州园林》中的园林艺术特点,鉴赏这些照片中所呈现的艺术特点和构图艺术。

3.选择其中一处景物作为说明对象,选择几种常用的说明方法进行说明。

4.自己选择几处公园(如厦门园博苑)的景物进行拍摄,并全班分享交流,讨论照片中涉及的构图技巧和园林艺术,完成表7。

表 7　景物拍摄分组说明表

组别	拍照地点	照片描述	备注
1			
2			
3			

注:每个小组两人负责拍照,两人负责做 PPT,两人负责在班级分享时讲解。

第五课时:综合实践——中国风之美我来述

1.课前收集中国风事物(如团扇、折扇、屏风、中国结等)的资料(如图片、文字、视频等),完成表8。

表 8　中国风事物资料收集分工表

组别	所选事物	相关材料	事物描述	选择原因
1				
2				
3				

2.以小组为单位进行课堂汇报,分享自己所选的事物及选择这些事物的原因。

3.在搜集资料的基础上,进行小组讨论,通过比较这些事物之间的异同来阐述"中国风"的含义。

4.选择自己最喜欢的一件物品,详细说明中国风之美,完成表9。

表 9　中国风之美

所选事物	外观特点	象征意义	相关古诗文

第六课时:写作——中国风之美我来写

1.写作情境:随着中国风事物慢慢成为一种潮流,"国潮"也成了年轻人热衷的时尚元素。假如你要拍一个短视频来宣传某件中国风事物,其中的文案要包括该事物的名称、特点及文化意义等,你会怎么写呢? 可参考以下步骤进行写作:

(1)选择其中一个事物作为说明对象,根据搜集的材料提炼几个主要特点。

(2)围绕主要特点进行说明,可事先列出自己所要用到的说明方法,完成表10。

表 10　说明方法运用一览表

说明对象的特点	相应的说明方法

(3)思考可以从哪些方面入手增强生动性。(如使用打比方、引用等说明方法,运用拟人的修辞手法……)

(4)根据表11画出文章的结构简图,理清其脉络。

表 11　文章结构一览表

说明对象	
说明对象的特点	
说明对象特点分几部分说明	
文章分几个部分	

(5)将课堂学习所得整理成文(可以写规范的说明文,也可以写带文学性的小品文),并根据表12进行自评。

表 12　说明文自评表

说明对象是否交代清楚	A.非常清楚	B.一般清楚	C.没有交代
说明对象的特点是否陈述清晰	A.非常清晰	B.一般清晰	C.不清晰
文章是否有生动性的部分	A.有	B.没有	
文章的框架是否清晰	A.非常清晰	B.一般清晰	C.不清晰

◆综合分析

本单元作业设计具有如下特点：首先，本设计为单元教学设计服务，是单元课文教学的延伸，可反馈单元教学效果；其次，对教材内容进行了重构，按照不同的教学目的安排相应任务，具有针对性；再次，内容全部属于原创；最后，具有层次性，从说明文要素来看，由探讨说明方法、说明文语言到说明文的概念，学习过程循序渐进。从活动类型来说，由阅读活动、写作活动到综合实践活动，符合学生的认知过程。

04 核心素养视域下初中语文学科单元作业设计的思考与案例评析

海沧区教师进修学校　李桂林

作业是课堂学习的延续与拓展,是学生巩固所学知识、提高语言能力、掌握学习策略,进而形成学科思想方法的重要保证。然而,在当下我们总能听到来自学生、家长对初中语文作业的各种质疑,他们的声音反映出当下语文作业设计的系列问题:作业内容局限于单篇课文,碎片化现象严重,缺乏整体意识、逻辑关联;作业形式主要是知识点的考查,忽视学习主体求和、探索的过程。学生在作业上耗时多,效果不明显,兴趣普遍不高。

如今,"大单元、大情境、大任务"理念逐渐取得越来越多语文老师的认同,"由零散走向关联,由浅表走向深入,由远离生活走向实际问题的解决"开始成为众多老师的课堂追求。与此同时,评价也被提到从未有过的高度。

《义务教育语文课程标准(2022年版)》在评价建议中特别指出语文课程要关注过程性评价,作业评价是过程性评价的重要组成部分,作业设计是作业评价的关键。可见,在当前教学生态下,全面落实"双减"政策,根据课堂教学变化与时俱进,调整初中语文作业设计十分必要。

一、初中语文作业价值审视与设计理念

一份好的初中语文作业设计应该有助于减轻学生负担,有助于为学生语文学习提供必要的、有效的思考过程,指导学生在系列活动中形成知识体系,提升语言素养,养成良好学习习惯,培养合作意识和创新精神。

在笔者看来,初中语文作业设计应聚焦单元教学目标,从单元整体的视角分

析、研究教材,深入分析单元的人文主题与语文要素,把握单元教学任务,充分考虑学生已有的学习水平制定单元作业目标。这样不仅能提升作业的针对性,还能在作业间建立起前后逻辑关联。作业设计还要合理安排作业的内容结构、认知水平结构、难度结构和题型结构等,体现作业设计的整体性与层进性,合理安排知道、理解、运用、综合等不同认知水平的作业内容。此外,作业不仅要具有巩固、"诊断"知识的作用,还要有知识生成的功能。可以多布置具体的学习任务让学生动起来,引导学生在探索实践中生成对知识的自我认知,在潜移默化中提升学科核心素养。

二、初中语文作业设计案例评点与建议

基于新的理念引领,谢雨丽老师在统编版教材《语文》八年级上册第五单元作业设计上做出了许多有益的尝试。

这一单元收录了《中国石拱桥》《苏州园林》《梦回繁华》《蝉》四篇风格迥异的说明文,前三篇介绍了我国人民在建筑、园林和绘画领域的卓越成就,《蝉》则传达出作者的科学精神和人文理念。与传统的"明对象、抓特征、理顺序、找方法、品语言"作业设计不同,谢老师在本单元作业设计过程中,打破了传统的单篇文本模式,有效地整合单元内部各篇课文,使之形成高度统一的整体。她精心设计了"说明方法知多少""'一字千金'品语言""道是无情却有情"三个系统、有序的专题引导学生对说明文体进行全面且深入的思考,设计"综合实践"和"写作"专题为学生提供知识迁移和运用的平台,引导学生形成对中国传统文化的认知和理解。具体来说,谢老师的作业设计具有以下几个突出亮点:

1.以"境"促"读",创设作业情境

在说明文学习当中,掌握说明语言特征是重要内容,我们通常采取"简述"的形式让学生概括分析,这样的形式流于程式化,相对枯燥乏味。比起抽象的文字阅读与概述,学生更乐于接受具象化的情境式的"学习任务"。谢老师在"'一字千金'品语言"环节作业设计中有意识地为学生创设了"请对比分析卢沟桥介绍语"的情境,激发学生的阅读兴趣,引导他们进入说明语言的深度学习。

2.以"疑"生"究",促进探究学习

在作业第三环节"道是无情却有情"中,谢老师抓住核心问题"说明文究竟有没有情感呢?"创设情境任务,引导学生发现课文卢沟桥与课外介绍卢沟桥文字的不同,进而追问"卢沟桥中关于狮子的描写是否属于'闲笔'并可以删除呢?"激发学生深入思考,然后创设探究任务"尝试寻找《中国石拱桥》《苏州园林》中的其他'闲笔',并揣摩文字背后的情感"。该作业设计以合适的问题为基础,发掘教学中的难点让学生形成认知需求,自觉地进行学习、探究,定能取得较好的学习效果。

3.以"跨"达"融",形成关键能力

作业第四、五、六环节重点培养学生运用语文知识和技能解决生活实际问题的能力,培养学生策划、组织、协调和实施的能力。谢老师将学生的学习置于"园林艺术与构图技巧""中国风之美我来述"等真实的任务情境中,提供语言实践任务,引导学生开展跨学科学习,拓宽语文学习和运用领域;围绕其他学科、社会生活中有意义的话题开展探究活动,运用所学知识分析问题、解决问题,引导学生在完成作业的过程中触类旁通,举一反三,完成知识的迁移,进而形成学科关键能力。

当然,这份案例也还存在些许不足,可以考虑从以下三个角度加以完善:

一是实用类文本作业设计中知识、技能、情感三个维度有机整合还有进步空间。建议采用"大主题、大情境"统领全单元,例如可以用"探寻美的印记"为大主题进行单元作业设计,把文本知识、技能和现实打通,注重文本蕴含的人文精神、思想方法和价值内涵,引导学生从文本走向生活,感受美、记录美、书写美。

二是部分活动设计可以更具体,需要为学生提供更多学习支架。例如写作任务要增强对象意识和目的意识——为谁写,为何写;另外,教师如果能够提供获取素材的角度、渠道、方式,以问题链、思维导图、表格等形式提供学生必要的思考支架,明示成果要求与评价量规等效果会更好。

三是建议作业设计加强对文本"异"的地方的关注,引导学生关注文本的独特性,如《蝉》与其他三篇的差异。

05 认识文明多样性
——部编版《历史》九年级上册第一单元
单元作业设计

厦门市海沧中学 朱婧盈

◆单元名称

部编版《历史》九年级上册第一单元——古代亚非文明

◆单元学习内容与前后联系

学生在七年级的学习中对中华文明的起源与文明的演进有了比较深刻的认识,并且通过两年历史课程的学习,已初步掌握了历史学习的基本方法,具备一定的学科素养,为九年级世界历史的学习打下了基础。世界历史阐述的是人类自原始、孤立、分散发展为全世界密切联系整体的过程。本单元属于部编版九年级上册《历史》教科书的第一单元,是学生系统地进入世界历史学习的开端,要求学生能够以古代亚非文明产生、发展中所呈现出的不同特点为例,认识世界文明的产生与发展呈现多元性特点,为进一步学习第二单元古代欧洲文明奠定基础。

◆单元教材简述与教学思路

本单元内容聚焦公元前 4 千纪后期至公元前 3 千纪的世界历史。从历史发展的纵向维度看,距今约二三百万年,人类形成。从早期人类的出现到 15 世纪末期,人类社会大体经历了原始社会、奴隶社会和封建社会;从横向维度看,人类最早的文明是在适合农业耕作的大河流域产生的,如亚非地区的尼罗河流域、两河流域、印度河流域和黄河流域、长江流域是人类文明的重要发祥地。农业文明自给自足的特性决定了时间上各文明按照各自的历史演进独立发展。在文明发展的过程中,造就了各具特色的文明遗产,如古埃及的金字塔、两河流域的《汉谟拉比法典》以及古印度的种姓制度和佛教等,各文明呈现明显的地区性,这说明世界文明的产生与发展呈现多元共存的特点,而灿烂辉煌的文明成果为世界文明的发展做出了杰出的贡献。

基于此,教师应把握"多元文明"这一大概念,立足于"大河流域孕育早期人类文明,世界文明的产生与发展呈现多元共存的特点"这一单元教学主题展开教学。在教学过程中重视历史地图与时间轴的应用,合理地选择和运用史料,通过任务设计和问题驱动帮助学生在学习探究的基础上认识古代亚非地区灿烂辉煌的文明成果为世界文明的发展做出了杰出的贡献,感悟文明的多元。

◆单元重难点突破与作业设计构想

一、教学重难点与突破策略

1.教学重点

引导学生了解古代世界不同区域的地理范围,认识人类文明起源的多源性。

引导学生以古代亚非文明的代表性成就为例,了解古代亚非文明在发展过程中呈现的主要特征,认识人类文明的多元性特点。

2.教学难点

引导学生认识世界文明的产生与发展呈现多元共存的特点。

3.突破策略

首先,引导学生掌握世界古代历史地图的要素,并借由历史地图与时间轴,指出古代亚非文明产生的时间与其所处的地理位置,加强时空观念。

其次,引导学生甄选史料并获取史料中的有效信息,初步了解古代亚非文明的代表性成就及其传播过程,并通过对相关史料进行分析,初步了解古代亚非文明在发展过程中呈现的不同特点,认识世界文明的产生与发展呈现多元共存的特点。

二、单元作业编制说明

单元作业设计首先需要以单元主题为线索对单元作业的目标、内容进行统整规划,实现作业效果的整体提升。通过对课程标准和教材内容的进一步解读,聚焦这一时期的核心内容或关键问题,确定单元主旨:大河流域孕育早期人类文明,世界文明的产生与发展呈现多元共存的特点。

同时,指向核心素养的单元作业设计首先要以学生为本,围绕学生的学习历程展开,为学生的主体性学习创造条件。因此,本单元校本作业设置了单元整体说明,帮助学生搭建学习支架。学生通过阅读这一部分的"单元总览",可一窥单元全貌。进而阅读单元课标要求,浏览本单元的重要概念、时空线索与知识架构,明确本单元的学习要求,在此基础上完成相应的作业要求。

练习部分主要分为课时作业与单元综合作业,主要运用于每一课时的课后巩固以及单元学习后的综合练习。课时作业主要设计"勤积跬步""小试牛刀""庖丁解牛"三个模块,每份课时作业的完成时间建议在 10 分钟以内。

"勤积跬步"主要是以时空线索梳理本课的基础知识,通过填空题的形式辅助学生自主梳理本课主要的知识,有助于学生初步了解古代亚非文明的地理位置、文明的兴衰历程以及文明成就。

"小试牛刀"模块围绕基础知识巩固与素养培育展开,以选择题作为考查的题型。单项选择题是中考必考题型,选择题考查的不仅仅是对基础知识的掌握程度,也侧重考查学生在一定的环境材料情境中对基础知识的迁移应用,以及学生获取有效信息的能力、运用有效信息分析历史问题的能力。因此,在选择题的设计中既有侧重于检测学生对基础知识掌握程度的题目,也有侧重于考查学生学科素养的题目。

"庖丁解牛"主要以材料题作为考查的题型,在题目的命制上尽量向中考命题的特点靠拢,侧重于考查学生对基础知识的迁移应用,以及阅读材料提炼有效信息解决问题的能力和学生学科素养。

单元综合作业设置"单元架构"板块,以帮助学生在单元学习结束后梳理本单元的知识结构。单元练习以本单元内容为核心,选取古代亚非文明的典型文明成就,以历史研究的思路为线索,进行题目的设计,主要涵盖了"小试牛刀"和"庖丁解牛"两个必做模块,以选择题和材料解析题的考查为主。通过单元练习帮助学生在具体的时空背景下认识古代亚非文明的发展状况和代表性成果,知道古代世界文明的多元特点,能够了解古代文明之间的交流、互动;初步理解、尊重各文明之间的差异。此外,单元作业还附有"躬行实践"和"个性笔记"两个选做模块作为课后实践性作业,以知识的迁移应用为目标,立足于学生能力发展,力求从趣味实践活动中内化知识,符合历史课程标准与核心素养的要求,能够有效地促进学生关键能力的发展。

◆单元作业设计

一、单元总览

距今约二三百万年,人类形成。从早期人类的出现到 15 世纪末期,人类社会大体经历了原始社会、奴隶社会和封建社会。人类最早的文明是在适合农业耕作的大河流域产生的,如亚非地区的尼罗河流域、两河流域、印度河流域和黄河流域、长江流域是人类文明的重要发祥地。在文明发展的过程中,造就了各具特色的文明遗产,如古埃及的金字塔、两河流域的《汉谟拉比法典》以及古印度的种姓制度和佛教等,世界文明的产生与发展呈现多元共存的特点,灿烂辉煌的文明成果为世界文明的发展做出了杰出的贡献。

在进入本单元练习前,先阅读单元课标要求,浏览本单元的重要概念、时空线索与知识架构,明确本单元的学习要求,并根据单元作业要求完成相应的作业任务。

二、单元课标要求

1.内容要求:通过金字塔、《汉谟拉比法典》,以及种姓制度和佛教的创立,了解亚非古代文明及其传播。

2.学业要求(见图1):

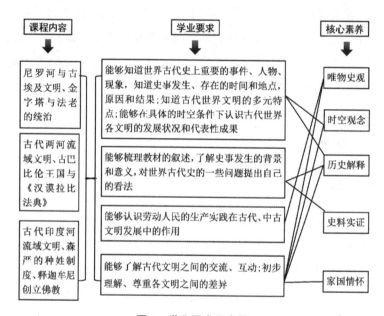

图1　学业要求示意图

三、文明①概念释读

文明是文化发展到较高阶段的产物。当某个阶段比较广泛地使用了文字,人文科学和自然科学已经初步形成,社会成员被划分了阶级或等级,社会制度、政治制度、经济制度已经比较完备,出现了巨大的公用建筑甚至城市中心,那么发展到这种程度的文化,就可以称作文明。

---

① 纪录片《世界历史》第2集《文明的曙光》。

四、知识架构(见图 2)

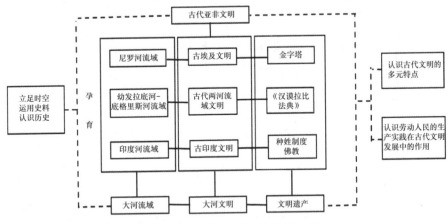

图 2 古代亚非文明单元知识结构图

五、单元作业目标(见表 1)

编制说明:

单元作业目标序号用"年级＋学期＋单元＋目标序号"的方式表示,如九年级第一学期第一单元第一条目标的单元作业目标序号为 910101,以此类推。

表 1 单元作业目标表

单元作业目标序号	单元作业目标	素养维度	学习水平
910101	能够借由历史地图与时间轴,指出古代亚非文明产生的时间与其所处的地理位置	时空观念	识记
910102	能够甄选史料并获取史料中的有效信息,初步了解古代亚非文明的代表性成就及其传播过程	史料实证 历史解释	识记/理解
910103	能够以古代亚非文明的代表性成就为例,通过对相关史料进行分析,初步了解古代亚非文明的特点	史料实证 历史解释	理解/分析
910104	能够以古代亚非文明的代表性成就为例,通过对相关史料进行分析,认识劳动人民的生产实践在古代文明发展中的作用	唯物史观 家国情怀	理解/综合
910105	能够运用所获取的史料,以古代亚非文明产生、发展中所呈现出的不同特点为例,认识世界文明的产生与发展呈现多元共存的特点	唯物史观 家国情怀	理解/综合

第一课时:古代埃及(建议完成时间:10 分钟)

(一)勤积跬步(见图 3)

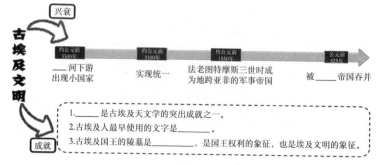

古埃及文明

| 兴衰 | | | | |

约公元前3500年 ——河下游出现小国家

约公元前3100年 实现统一

约公元前1550年 法老图特摩斯三世时成为地跨亚非的军事帝国

公元前525年 被____帝国吞并

成就
1.____是古埃及天文学的突出成就之一。
2.古埃及人最早使用的文字是_____。
3.古埃及国王的陵墓是_____,是国王权利的象征,也是埃及文明的象征。

图 3　古代埃及文明知识结构图

(二)小试牛刀

1.**(原创)**[①]浮雕和壁画是埃及陵墓装饰中不可缺少的组成部分,画面空白处配以文字,具有强烈的装饰艺术效果。在图 4 中,作为人物背景的文字指的是(　　)。

A.象形文字　　　B.楔形文字

C.甲骨文　　　　D.拉丁字母

守墓神阿努比为法老安葬前做法事

图 4　古埃及壁画《守墓神》

2.**(原创)**[②]古埃及人用最好的材料、最好的石材,去建造法老永久的居所。"法老永久的居所"是指(　　)。

A.金字塔　　　B.万神庙　　　C.凯旋门　　　D.紫禁城

3.**(改编)**[③]受古希腊历史学家希罗多德《历史》的影响,长久以来人们认为修建金字塔的是奴隶。古埃及考古学家哈瓦斯经过考古发现,在距离金字塔不远的遗址中有许多建造者的坟墓。哈瓦斯认为地位低下的奴隶的坟墓不可能直接建在法老墓旁边。因此他认为建造金字塔的不是奴隶而是平民。对此,我们可以得出(　　)。

---

① 图片和题干文字改编自 https://www.sohu.com/a/190574675_573243。
② 题干信息摘编自吴于廑、齐世荣主编《世界史·古代史编·上卷》。
③ 本题改编自 2017 年义乌高二上的月考试题。

A.希罗多德的著作毫无依据

B.考古发现可以在一定程度上弥补文献的不足

C.希罗多德的著作切实可信

D.与文献记载不一致的考古发现是不足为信的

(三)庖丁解牛

4.(改编)①阅读材料,完成下列学习任务。

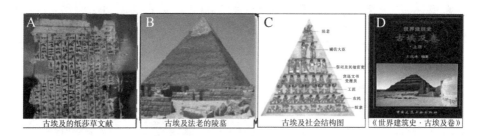

| 古埃及的纸莎草文献 | 古埃及法老的陵墓 | 古埃及社会结构图 | 《世界建筑史·古埃及卷》 |

材料中图 B 的建筑是什么？材料中哪些图片的内容能作为研究古埃及文明的一手史料？

第二课时:古代两河流域(建议完成时间:10 分钟)

(一)勤积跬步(见图 5)

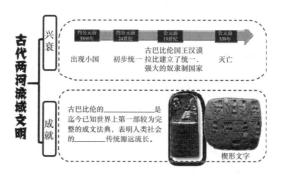

图 5　古代两河流域文明知识结构图

---

① 本题改编自 2021—2022 学年第一学期厦门市初中毕业班期末考试第 32 题的第一问。

(二)小试牛刀

1.(**原创**)①亚洲西南部有底格里斯河和幼发拉底河两条大河,河流所形成的冲积平原土地肥沃,能够生产出很多粮食,孕育了早期的人类文明。该文明是(   )。

  A.古埃及文明 B.古印度文明 C.两河流域文明 D.中国文明

2.(**改编**)②20世纪初,考古学家发现了一块刻有古巴比伦国王像的黑色石柱,它被称为"一件历史和文学作品⋯⋯目前世界上最古老的司法典籍"。这件"作品"是(   )。

  A.《十二铜表法》   B.《汉谟拉比法典》

  C.《荷马史诗》   D.《查士丁尼法典》

3.(**原创**)③右图石柱(见图6)的上半部分刻有太阳神、正义神沙马什授予汉谟拉比王权标的浮雕,这说明(   )。

  A.古巴比伦宣扬王权神授

  B.古巴比伦宣扬众生平等

  C.古巴比伦的商品经济较活跃

  D.古巴比伦的社会生活很浪漫

图6 《汉谟拉比法典》石柱

4.(**改编**)④《汉谟拉比法典》中,正文共282条,内容十分广泛,其中关于劳动、报酬、工具和责任事故追究的有27条;关于租赁、牲畜、船只以及佣工和报酬的有36条。这些条文反映出古巴比伦(   )。

  A.商品经济比较活跃 B.奴隶制度相当发达

  C.女性地位非常低下 D.法律制度十分完善

---

① 题干信息摘编自吴于廑、齐世荣主编《世界史·古代史编·上卷》。

② 本题改编自2021年镇江中考试题。

③ 题干信息摘编自吴于廑、齐世荣主编《世界史·古代史编·上卷》。

④ 本题改编自 https://easylearn.baidu.com/edu-page/tiangong/questiondetail? id=1727043391536261654&fr=search。

（三）庖丁解牛

5.（改编）[①]阅读材料，回答问题。

美索不达米亚人试图通过编制完备的法典来消除各种潜在的冲突……是其中最杰出的一部；这部法典试图明确地、永久地调整一切社会关系，因而它不仅阐明了古巴比伦的法律制度，也照亮了当时的社会。

——摘自《全球通史：从史前史到21世纪》（上册）

（1）材料中"这部法典"的名称是什么？

（2）你同意这部法典"阐明了古巴比伦的法律制度，也照亮了当时的社会"这一观点吗？结合材料与所学知识说明理由。

法典内容
第6条 如果一个人盗窃了寺庙或商行的货物，处死刑；接受赃物者也处死刑。
第196条 如果一个人伤了贵族的眼睛，还伤其眼。如果一个人折了贵族的手足，还折其手足。

图7 条文

第三课时：古代印度（建议完成时间：10分钟）

（一）勤积跬步（见图8）

图8 古印度文明知识结构图

（二）小试牛刀

1.（原创）[②]考古学家在印度河流域发现了哈拉帕和摩亨佐·达罗等早期城

---

① 本题改编自2020年山东东营中考题。

② 题干信息来自部编版九年级上册历史教科书第3课"古代印度"。

市遗址,年代大约为公元前 23 世纪—前 18 世纪。这些城市遗址的考古发掘可以帮助我们了解(　　)。

    A.古埃及文明　　B.古印度文明　　C.两河流域文明　　D.中国文明

2.(**原创**)①下列文明成果中,属于古印度人民创造的是(　　)。

    A   B   C   D

3.(**原创**)②实物史料指各类文物、古迹、遗址、建筑等,它能比较真实地反映历史,又具有形象直观性。通过对图 9 建筑的研究,可以帮助我们了解(　　)。

印度那烂陀寺遗址　　缅甸雪达根大金寺　　中国白马寺　　日本唐招提寺

图 9　寺院

    A.中华文明的发展历程　　　　B.两河流域文明的变迁

    C.佛教文化的发展传播　　　　D.伊斯兰教的发展历程

4.(**原创**)③印度社会中曾长期存在着一种违背民主与人权的落后制度,甚至被视为妨碍印度社会进步的毒瘤。以下能够体现这一制度的图片是(　　)。

---

① 本题的图片依据百度图片的素材库进行编制。

② 本题的图片依据百度图片的素材库进行编制。

③ 本题的图片依据百度图片的素材库进行编制。

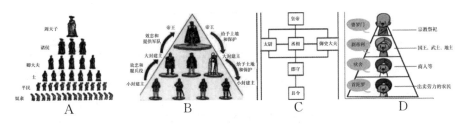

(三)庖丁解牛

5.(原创)①阅读材料,回答问题。

谈到不同的种姓,一共有四个:第一叫婆罗门,是行为纯洁的人,遵守教理,坚持正义,操行洁白。第二叫刹帝利,历代为王,志在仁爱和宽恕。第三叫吠舍,是商贾,贩运商品,调节有无,远近获利。第四叫首陀罗,是农民,拼命耕种土地,种植收割庄稼。这四个种姓,清浊不同,都在本种姓内婚娶,阔人与穷人彼此不互相婚配。

——(摘自陕西人民出版社 2008 年版《大唐西域记今译·卷二》,

作者玄奘,译者季羡林,根据出题需求,有改动)。

材料反映的制度是什么?依据材料概括该制度的特点。

第四课时:单元综合——古代亚非文明(建议完成时间:15 分钟)

(一)单元架构(见图 10)

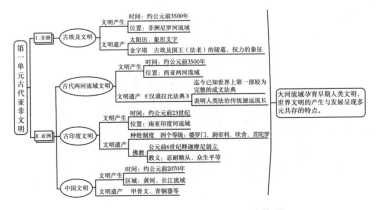

图 10　古代亚非文明单元知识结构图

---

① 材料摘编自季羡林:《〈大唐西域记〉今译》卷二。

（二）小试牛刀

1.（原创）①图 11 的成就应属于（　　）。

　　A.古埃及文明　　　　　B.古印度文明

　　C.两河流域文明　　　　D.希腊罗马文化

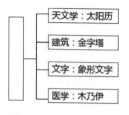

图 11　文明成就示意

2.（原创）②文字是人类文明发展的重要载体，通过对以下文字（见图 12）的释读可以帮助我们了解（　　）。

图 12　人类早期文明的文字

　　A.古代亚非文明　　　　　B.古代欧洲文明

　　C.封建时代的欧洲　　　　D.封建时代的亚洲

（三）庖丁解牛

3.（改编）③阅读材料，回答问题。

材料一（识别史料——寻找历史证据）

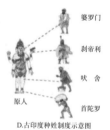

A.《文物中的古埃及文明》　B.古代两河流域的成文法典　C.印度河流域的摩亨佐·达罗遗址　D.古印度种姓制度示意图

---

① 图片根据部编版九年级上册历史教科书第 1 课"古代埃及"整理编制。

② 本题的图片依据百度图片的素材库进行编制。

③ 本题改编自厦门市初中毕业班 2021—2022 学年第一学期期末考试。

材料二(解读史料——分析历史现象)

```
《全球通史》读书摘要

┌─────────────────────────┐  ┌─────────────────────────┐
│  苏美尔人应日益复杂的社会的各种  │  │  埃及文明的类型与美索不达米  │
│  具体需要,不仅发展了文字,而且还发  │  │  亚文明的类型形成对照,是一种帝  │
│  展了教学和其他一些科学。他们在最早  │  │  国文明而非城市文明。这一文明之  │
│  的教学文献中记述了对牲群的计算、谷  │  │  所以颇为稳固且延续很长时间,主  │
│  物的计量和土地的测量。他们的主要贡  │  │  要得益于其他地理环境……尼罗河  │
│  献在于发展了最早的计时、计量、测量  │  │  就像一根天然的纽带,把整个流域  │
│  距离和面积的方法。  │  │  地区连接成一个稳定、有效的整体。  │
└─────────────────────────┘  └─────────────────────────┘
```

——根据［美］斯塔夫里阿诺斯《全球通史:从史前史到21世纪》编制

材料三(运用史料——形成历史认识)

一个远古文明的产生就像是点燃一支蜡烛,其光亮有限,也容易熄灭。但如果许多文明同时产生,许多蜡烛同时点燃,就会连成一片文明之光,其烛光交融,此生彼灭,越传越远。文明是人类的共同财富,是多个人类群体共同创造的产物。

——钱乘旦《文明的冲突与融合》

(1)材料一图 B 中"法典"的名称是什么? 材料一中哪些图片的内容能够作为研究古代亚非文明的一手史料?

(2)依据材料二分析影响文明发展的主要因素。

(3)你是否认同材料三中作者对文明发展的看法? 请结合材料和所学知识说明理由。

(四)躬行实践

4.(原创)人类最早的文明是在适合农业耕作的大河流域产生的,这些古代文明中的每一个都有其与众不同之处。请依据不同的地域——尼罗河流域、两河流域、印度河流域进行小组划分,开展探究性学习活动,分别收集与整理古代埃及、古代两河流域、古代印度的相关史料,继续寻访古代亚非文明。如下"单元活动研习单"所示(见表2)。

表 2　单元活动研习单

古代亚非文明	
探究内容	一、选择下列的一个研究项目,进行探究性学习活动 古代埃及(　　)、古代两河流域文明(　　)、古代印度(　　) 二、建议从以下几个方面开展所选择研究专题的探究活动 1.搜集所承担的文明所处的历史地理环境信息(如地形、地貌、气候、人口等)。 2.查阅该文明代表性成就的相关史料(如古代埃及的金字塔、古代两河流域文明的《汉谟拉比法典》、古印度文明的种姓制度和佛教等),并运用史料对该地域的文化进行深入分析。 3.结合以下问题进行探究性学习: ①该地域的地理环境对文明产生发展带来怎样的影响? ②该地域的文明相较于其他地区的文化有何独特之处?	

小组成员分工	组员姓名	组员任务

研究汇报	形式: ·PPT 图文并茂　　　　　　　　(　　) ·Word 文档图文解说　　　　　　(　　) ·视频/flash 动画形式配合解说　(　　) ·也可自行创新,充分发挥创意 要求:选择上述形式中的一种,进行本组研究项目的汇报 1.内容:运用史料,完成探究活动的相关任务 2.时间:5~8 分钟 3.展示:可以小组推荐一人上台汇报,也可合作汇报 思考:如何生动有趣以吸引其他同学的注意力,帮助大家更好地了解与领会你们所负责地域的文化特征?

评价标准:

(1)学生的自我评估和反馈(见表 3)

表 3　实践作业学生自我评估表

·你是否积极参与了探究活动?你在小组活动中扮演的角色是什么? ·你觉得地理环境对文明产生发展带来怎样的影响? ·通过探究,你对古代亚非文明有哪些新的认识?

（2）教师评价（见表4）

表4　实践作业教师评价表

水平1	1.能够参与活动,基本完成个人任务; 2.能够简单地介绍古代亚非文明所处地理位置以及地理环境; 3.能够查阅史料,初步介绍古代亚非文明的代表性成就。	合格
水平2	1.能够较积极参与活动,较好地完成个人任务; 2.能够简单地分析地理环境对文明产生及发展的影响; 3.能够运用史料介绍古代亚非文明的代表性成就,初步了解不同区域文明的主要特点。	良好
水平3	1.能够积极主动地参与活动,出色完成个人任务,并协同其他组员共同完成小组任务; 2.能够深入地分析地理环境对文明产生及发展的影响; 3.能够运用史料充分地介绍古代亚非文明的代表性成就,理解不同文明的主要特点。	优秀

（五）个性笔记

选做

5.(改编)请你将自己对这个单元整体内容的理解以思维导图或漫画等方式绘制在下方的便签中,并记录下你的学习心得体会,与老师和同学们交流分享。

评价标准(见表5):

表5　个性笔记作业评价表

项目	能工巧匠	匠心独运	创作之星
知识建构	能体现本课的知识点,但未能建立起知识结构	能初步建立起本课的知识体系,但不够完善	能清晰、完整地建立起本课的知识体系
绘图能力	技能一般	技能娴熟,但缺乏特色	技能超群,特色鲜明

七、题目双向分析评估(见表6)

表6   单元作业双向细目表

题型	题目序号	基于课程标准的考查目标					难度		
		课程内容	能力目标			核心素养目标	易	中	难
			识记	理解	运用				
古代亚非文明									
第1课 古代埃及									
选择题	1	了解古埃及文明的代表性成就:象形文字		√		历史解释 家国情怀	√		
	2	了解古埃及文明的代表性成就:金字塔		√		历史解释	√		
	3	通过对金字塔的文献史料记载和考古发掘,培养学生论从史出、史论结合的能力			√	史料实证 历史解释		√	
材料解析	4	通过对古埃及文明史料的阅读和分析,考查学生的历史理解、分析能力			√	历史解释 史料实证		√	
第2课 古代两河流域									
选择题	1	知道两河流域文明的产生地点	√			时空观念	√		
	2	了解两河流域文明的代表性成就:《汉谟拉比法典》	√			时空观念 历史解释	√		
	3	通过《汉谟拉比法典》认识两河流域文明的特点		√		历史解释		√	
	4	通过《汉谟拉比法典》了解两河流域文明的成就		√		史料实证 历史解释			√
材料辨析	5(1)	通过《汉谟拉比法典》理解两河流域文明的成就	√			时空观念	√		
	5(2)	通过《汉谟拉比法典》理解两河流域文明的成就			√	历史解释 唯物史观			√

续表

题型	题号	考查内容				核心素养			
第3课　古代印度									
选择题	1	知道古印度文明的产生地点	√			时空观念	√		
	2	了解古印度文明的代表性成就:佛教	√			时空观念 史料实证	√		
	3	通过佛教的传播,了解古代亚非文明的传播		√		时空观念 史料实证	√		
	4	通过种姓制度,了解古代印度社会的特点		√		史料实证 历史解释	√		
材料解析	5	通过种姓制度,了解古代印度社会的特点		√		史料实证 历史解释		√	
单元综合——古代亚非文明									
选择题	1	了解古代亚非文明的典型成就	√			时空观念 史料实证	√		
	2	通过文字,了解古代亚非文明的典型成就	√			时空观念 史料实证	√		
材料解析	3(1)	了解古代亚非文明的典型成就	√			时空观念 史料实证	√		
	3(2)	通过对古代亚非文明史料的阅读和分析,考查学生对材料信息的提炼与分析能力		√		史料实证 历史解释		√	
	3(3)	通过对古代亚非文明史料的阅读和分析,考查学生历史解释核心素养		√		时空观念 史料实证 历史解释 唯物史观 家国情怀		√	
实践项目(选做)	躬行实践	通过微型学科项目推动,初步学会立足时空、运用史料、理解历史			√	时空观念 史料实证 历史解释 唯物史观 家国情怀			√
	个性笔记	以多种方式建构单元的知识体系,并学会与老师同学对历史问题进行研究和讨论,交流学习心得和经验			√	时空观念 史料实证 历史解释 唯物史观 家国情怀			√

◆综合分析

本单元作业设计具有如下特点：首先，本设计为单元教学设计服务，是单元教学的延伸，可反馈单元教学效果；其次，在单元作业目标的指导下，有效地对课时作业目标进行细化，具有针对性；再次，坚持教、学、评整体推进，系统设计序列化作业，统筹作业的内容形式，立足学生群体内的差异性需求，体现层次性。

参考文献

[1]吴于瑾,齐世荣.世界史古代史编:上卷[M].北京:高等教育出版社,2011.

[2]斯塔夫里阿诺斯.全球通史:从史前史到21世纪:上册[M].吴象婴,等,译,北京:北京大学出版社,2016.

[3]季羡林.《大唐西域记》今译:卷二[M].西安:陕西人民出版社,2008.

[4]王月芬.重构作业:课程视域下的单元作业[M].北京:教育科学出版社,2021.

[5]钱乘旦.文明的冲突与融合[J].探索与争鸣,1994(8).

[6]江如蓉,曹秀娟,隋雪静.大历史观下的初中历史单元作业设计策略[J].福建教育,2022(24).

06 核心素养视域下初中历史学科单元作业设计的思考与案例评析

厦门海沧实验中学　王建勇

采用大单元理念建构课堂,有利于培育整体历史思维,而出好单元作业是关键点。

一、初中历史单元作业价值审视与设计理念

优秀的历史单元作业,既能培育学生多元智能知识,又能提升学生时空构建的能力、审美的情趣以及运用大历史观来分析历史、解决历史问题的能力,培养宏观的历史思维。要实现这一目标,作业设计内容要丰富,避免单一。一份高水平、高质量的初中历史单元作业设计应该包含知识、结构、研究、实践、延伸阅读五个维度,通过思维导图让学生从宏观上领会每一个章节和历史整体之间的关系;通过研究性学习和设计,培育学生单元整体思维;通过实践作业,培育学生运用整体思维解决历史实际问题的能力;通过课后阅读和与单元有关的书籍,深化学生对单元知识的整体认知。作业呈现方式也要多元化,合理使用文字、图像、图表、数字、地图等,让学生在视觉上感受到美与和谐。

二、初中历史作业设计案例评点与建议

基于"双减"背景下单元作业设计的新理念引领,朱婧盈老师设计的部编版教材《历史》九年级上册第一单元作业为我们提供了一个很好的范式和案例。

九年级上册历史第一单元的教学内容包括"古代埃及""古代两河流域""古代印度"三课。本单元的大标题是"古代亚非文明",人类最早的文明是在适合农

业耕作的大河流域产生的,亚非地区的尼罗河流域、两河流域、印度河流域和黄河流域、长江流域是人类文明的重要发祥地。古代亚非地区的文明古国创造了辉煌灿烂的文明成果,如古代埃及的象形文字和金字塔,古代两河流域的楔形文字和《汉谟拉比法典》,古代印度的梵文和佛教,中国的甲骨文和青铜器等,为世界文明的发展做出了杰出的贡献。

学习古代亚非文明,就是要引导学生探索文明起源、发展的特点与规律,在了解不同地区文明成果的过程中,体悟和感受世界文明的多姿多彩。那么在单元作业设计中我们是如何让学生通过作业设计来学习这种历史规律,体悟这种历史精神的呢?这就是朱婧盈老师本次单元作业设计所要表达的理念。具体来说,朱婧盈老师的作业设计具有以下几个突出亮点:

1.单元作业设计体现了多元智能理论的要求

朱老师的这份作业设计体现了多样性的特征,有思维导图作业,有图片作业,有知识性作业,有研究性作业,还有部分实践性作业。作业形式越是多样化,学生做作业的积极性就会越高。比如单元综合部分有"躬行实践"探究作业,引导学生去探索地理环境、农业发展和古代亚非文明发展之间的关系,既能够提升学生学习历史的兴趣,又可以培育学生实践能力和感悟历史整体思维的能力。在探究过程中,学生对大河文明这一文明类型会有更深的体悟。

2.单元作业设计有助于落实学科核心素养培养

本单元是古代亚非文明,文物的史料实证非常关键。朱老师在每一课时和单元综合的部分都提供了重要文物的图片,创设了真实的情境,引导学生在史料的基础上做出合理的历史解释。

例如,单元综合部分的第 3 题,从识别史料到解读史料,再到最后运用史料,符合历史学科的基本逻辑,学生可以在完成这道题目的过程中,得到"寻找历史证据—分析历史现象—形成历史认识"的学科关键能力训练,从而落实学科素养培养。

3.单元作业设计体现了"双减"精神

在"双减"的背景下,作业最重要的是减量增效,避免机械记忆类作业的堆砌,在不给学生造成过重的学业负担的前提下,有效提升学生的关键能力,培育核心素养。朱老师的单元作业结构合理,既保证了与课时配合的适当巩固、训练,又严格控制了题量和难度层级;在单元综合的部分,不机械重复课时作业中的知识点,而是有所提升,并辅以开放度大的拓展实践任务。这是基于对新课标认真研读做出的设计,因为精准,方才真正实现减值增效。

当然,这份案例也还存在些许不足有待完善。阅读是培育学生单元看问题能力的关键一环,所以每一个单元作业必须有配套的单元阅读书籍介绍,但是本次朱老师的作业中没有提及这一点,这是一个遗憾。

07 理解轴对称

——人教版《数学》八年级上册第十三章"轴对称"
单元作业设计

厦门外国语学校海沧附属学校　王　晴

◆单元名称

人教版《数学》八年级上册第十三章"轴对称"

◆单元学习内容

本章主要内容从生活中的图形入手,学习轴对称及其基本性质,了解轴对称在现实生活中的广泛应用,并利用轴对称探索等腰三角形的性质,学习等腰三角形的判定方法,并进一步学习等边三角形的性质。

◆单元学习目标

以下是本单元的课程目标:

(1)通过具体实例理解轴对称的概念,探索它的基本性质:成轴对称的两个图形中对应点的连线被对称轴垂直平分。

(2)能画出简单平面图形(点、线段、直线、三角形等)关于给定对称轴的对称图形。

(3)理解轴对称图形的概念;探索等腰三角形、矩形、菱形、正多边形、圆的轴对称性质。

(4)认识并欣赏自然界和现实生活中的轴对称图形。

在前面"三角形"一章的学习中学生已经会用符号表示推理。在这一章,对于一些图形的性质仍要求学生证明,而且相对于之前,推理的依据多了,图形、题目的复杂程度也增加了,这是本章教学的一个难点。在教学中,我们应加强对问题分析的教学,帮助学生分析证明问题的思路,达成单元学习目标。

◆单元知识结构

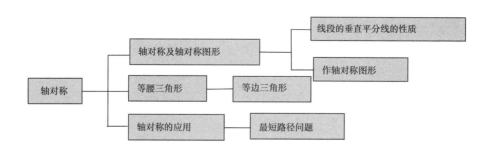

◆单元作业设计构想

一、单元作业设计理论依据

《义务教育数学课程标准(2022年版)》指出,通过义务教育阶段的数学学习,学生逐步会用数学的眼光观察现实世界,会用数学的思维思考现实世界,会用数学的语言表达现实世界。学生能在探索真实情境所蕴含的关系中,发现问题和提出问题,运用数学和其他学科的知识与方法分析问题和解决问题。

中共中央国务院《关于深化教育教学改革全面提高义务教育质量的意见》提出统筹调控不同年级、不同学科作业数量和作业时间,促进学生完成好基础性作业,强化实践性作业,探索弹性作业和跨学科作业,不断提高作业设计质量。

二、单元作业设计构想

本单元作业的设计参考了上海市教育委员会教学研究室编著的《学科单元作业设计案例研究》,以此作为本次单元作业设计的理论指导,本单元作业具备一定的科学性和可行性。本单元作业的设计经过了单元作业目标确定、单元作业内容确定、反思改进、作业评价四个过程。本单元作业共分为八个课时(含单元复习),每个课时的作业都进行了双向细目表分析,体现每一道作业的作业目标、能力要求、题目类型、题目来源和难易程度,从而精准地诊断学生对各学习目标的掌握情况,为接下来的教学提供方向。本作业的设计既充分考虑该单元教学目标达成的需要,同时也符合学生核心素养发展的长远需要。

◆单元作业设计

第一课时:轴对称和轴对称图形

(一)基础巩固

1.剪纸是我国特别悠久的民间艺术形式之一,它是人们用祥和的图案期望吉祥、幸福的一种寄托。下列剪纸图形中,是轴对称图形的是(　　)。

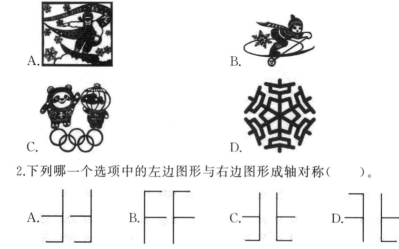

A.　　　　　　　B.

C.　　　　　　　D.

2.下列哪一个选项中的左边图形与右边图形成轴对称(　　)。

A.　　　　B.　　　　C.　　　　D.

3.如图 1 所示，△ANM 与△BNM 关于 NM 成轴对称，则△ANM＿＿＿△BNM，AM ＝＿＿＿，∠A ＝＿＿＿.

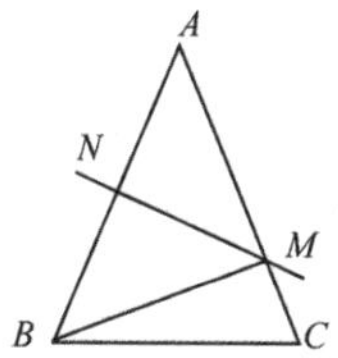

图 1

4.如图 2 所示，△A′B′C′是由△ABC 经过变换得到的，则这个变换过程是(　　)。

A.平移　　　　　　　　　B.轴对称

C.旋转　　　　　　　　　D.平移后再轴对称

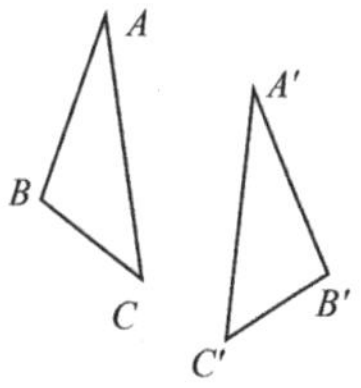

图 2

5.如图 3 所示，直线 MN 是四边形 AMBN 的对称轴，点 P 是直线 MN 上的点，下列判断错误的是(　　)。

A.AM ＝BM　　　　　　　B.AP ＝BN

C.∠MAP ＝∠MBP　　　　D.∠ANM ＝∠BNM

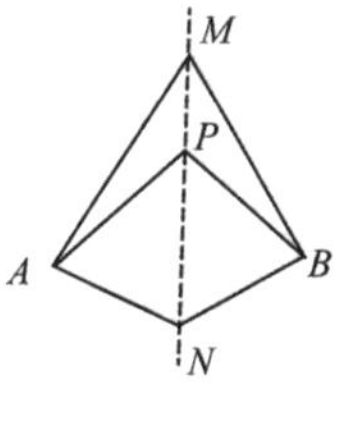

图 3

6.如图 4 所示，两个三角形△ABC 与△DEF 关于某条直线成轴对称，根据已知的角和边，求∠E 的大小及 EF 的长.

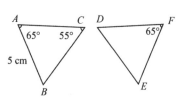

图 4

7.如图 5 所示,已知 $AB=AC$,$DB=DC$,这个图形是否为轴对称图形? 为什么? 如果是轴对称图形,它的对称轴是什么?

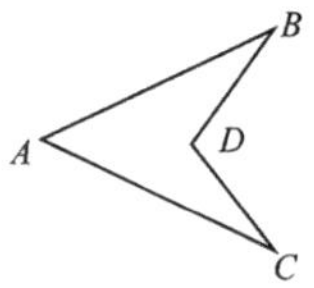

(二)综合运用

图 5

8.画图:试画出下列正多边形的所有对称轴,并完成表 1.

表 1　正多边形对称轴条数探究

正多边形的边数	3	4	5	6	7	……
对称轴的条数						……

根据表 1,猜想正 n 边形有_____条对称轴.

9.**(原创)**锐角 $\angle MON$ 内有一点 P,P 点关于 OM 的对称点是 G,P 点关于 ON 的对称点是 H,GH 分别交 OM、ON 于 A、B 点.

(1)请依题意作出示意图;

(2)若 $\angle GOA=\alpha$,请你探究当 $\angle GOH$ 等于多少时,OP 为 $\angle MON$ 的角平分线?

10.**(原创)**$\triangle ABC$ 的三边长分别为:$AB=a-4$,$BC=10-a$,$AC=a$.

(1)当 a 为整数时,求 a 的值.

(2)若 $\triangle ABC$ 与 $\triangle DEF$ 成轴对称图形,其中点 A 与点 D 是对称点,点 B 与点 E 是对称点,$EF=4-b$,$DF=3-b$,且 $am+n=b$,当 $n>2$ 时,求 m 的取值范围.

第二课时:线段的垂直平分线的性质

(一)基础巩固

1.线段垂直平分线的性质:线段垂直平分线上的____与这条线段____的距离.

2.下列说法中正确的是(　　)。

①角平分线上任意一点到角的两边的距离相等

②角是轴对称图形

③线段不是轴对称图形

④线段垂直平分线上的点到这条线段两个端点的距离相等

　A.①②③④　　　　B.①②④　　　　C.②④　　　　D.②③④

3.在△ABC中,AB的垂直平分线交AB于点E,若AE＝4 cm,则BE＝____.

4.(原创)在△ABC中,以下命题正确的是(　　)。

　A.如果AD为BC边上的高线,则直线AD为BC的垂直平分线

　B.如果AD为BC边上的中线,则直线AD为BC的垂直平分线

　C.如果AD既是BC边上的高线又是中线,则直线AD为BC的垂直平分线

　D.如果AD既是BC边上的高线又是中线,则直线BC为AD的垂直平分线

5.(原创)如图6所示,在△ABC中,DE⊥AB,∠A＝∠DGA,F为AB的中点,则DE所在的直线是(　　)的垂直平分线.

　A.线段AE　　　　　　　　B.线段AF

　C.线段AG　　　　　　　　D.线段AB

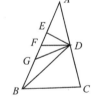

图6

6.(原创)如图7所示,AD与BC相交于O.如果(　　),那么AD垂直平分BC.

　A.AC＝CD,AB＝BD

　B.AD⊥BC,AC＝CD

　C.AB＝AC,CD＝CB

　D.AC＝BD,AB＝CD

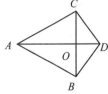

图7

7.如图 8 所示,在△ABC 中,AC 的垂直平分线交 AC 于点 D,交 BC 延长线于点 E,连接 AE,如果∠B＝50°,∠BAC＝21°,求∠CAE.

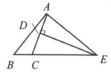

图 8

8.(**改编**)如图 9 所示,在△ABC 中,AB 的垂直平分线分别交 AC、AB 于点 M、N,若△ABC 的周长为 16,BN＝4,求△BMC 的周长.

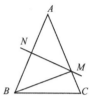

图 9

9.如图 10 所示,在△ABC 中,已知点 D 在 BC 上,且 BD＋DA＝BC.
求证:点 D 在 AC 的垂直平分线上.

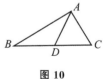

图 10

(二)综合运用

10.如图 11 所示,A、B 分别为 CD、CE 的中点,AE⊥CD 于点 A,BD⊥CE 于点 B.
求证:CD＝EC.

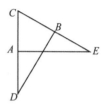

图 11

11.(**改编**)如图 12 所示,在△ABC 中,AC>AB,AD⊥BC,求证:AC-AB< CD-BD.

图 12

12.如图 13 所示,△ABC 中,BC 的垂直平分线 DP 与∠BAC 的角平分线相交于点 D,垂足为点 P,若∠BAC=85°,求∠BDC 的度数.

图 13

第三课时:作轴对称图形

(一)基础巩固

1.下列图形是轴对称图形的是(　　　)。

A.　　　　B.　　　　C.　　　　D.

2.画一个图形关于某条直线的对称图形时,只要从已知图形上找出几个_____,然后分别作出它们的_____,再按原有方式连接起来即可.

3.平面内两点 A、B 关于 _____ 对称.

4.角是轴对称图形,其对称轴是_____所在的直线.

5.如图 14 所示,现要利用尺规作△ABC 关于 BC 的轴对称图形△A'BC.若 AB=5 cm,AC=6 cm,BC=7 cm,则分别以点 B、C 为圆心,依次以_____ cm、_____ cm 为半径画

图 14

弧,使得两弧相交于点 A',再连接 $A'C$、$A'B$,即可得△$A'BC$.

6.下列说法错误的是(　　　)。

A.若 A、A' 是以 BC 为轴对称的点,则 AA' 垂直平分 BC

B.线段的一条对称轴是它本身所在的直线

C.一条线段的一个端点的对称点是另一个端点

D.等边三角形是轴对称图形

7.如图15所示,请你用直尺和圆规作出 AB 的对称轴.(不写作法,保留作图痕迹)

图 15

8.已知如图16所示,求作△ABC 关于对称轴 l 的轴对称图形△$A'B'C'$.

图 16

(二)综合运用

9.数的计算中有一些有趣的对称形式,如:$12×231=132×21$,仿照上面的形式填空:

(1)$12×462=$_____×_____　　　(2)$18×891=$_____×_____

10.(改编)如图17所示,将长方形 $ABCD$ 沿 DE 折叠,使 A 点落在 BC 上的 F 处,若∠$BEF=40°$,则∠CFD 的度数为_____.

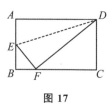

图 17

11.如图 18 所示,把一个正方形三次对折后沿虚线剪下,则所得图形大致是( )。

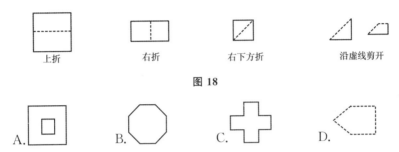

图 18

A. B. C. D.

12.如图 19 所示,用刻度尺分别画下列图形的对称轴,可以不用刻度尺上的刻度画的是( )。

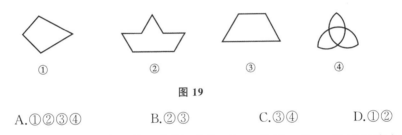

①　　　　　　②　　　　　　③　　　　　　④

图 19

A.①②③④　　　　B.②③　　　　C.③④　　　　D.①②

13.(改编)已知点 P 位于第一象限,求作:点 P 关于 x 轴、y 轴的对称点 M、N,并证明 $OM = ON$.

14.如图 20 所示,为了美化环境,需在一块正方形空地上分别种植四种不同的花草.现将这块空地按下列要求分成四块:(1)分割后的整个图形必须是轴对称图形;(2)四块图形形状相同;(3)四块图形面积相等.请按照要求,分别在下面三个正方形中,给出三种不同的分割方法.

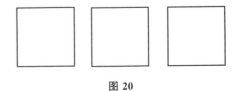

图 20

第四课时:等腰三角形的性质

(一)基础巩固

1.等腰三角形一个顶角为 70°,则两个底角的度数为_____.

等腰三角形一个角为 70°,则其余两角为_____.

2.一把工艺剪刀可以抽象为图 21,其中 $AC=AB$,若剪刀张开的角为 40°,则 $\angle B=$_____°.

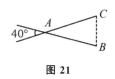

图 21

3.在 $\triangle ABC$ 中,$AB=AC$,AD 是 $\angle BAC$ 的角平分线,则 AD 与 BC 的关系是_____.

4.(原创)在 $\triangle ABC$ 中,$AB=AC$,那么在这个三角形中,三线重合的线段是(   )。

    A.$\angle A$ 的平分线,AB 边上的中线,AB 边上的高

    B.$\angle A$ 的平分线,BC 边上的中线,BC 边上的高

    C.$\angle B$ 的平分线,AC 边上的中线,AC 边上的高

    D.$\angle C$ 的平分线,AB 边上的中线,AB 边上的高

5.如图 22 所示,在 $\triangle ABC$ 中,$AB=AC=DC$,$\angle BAC=32°$,则 $\angle D$ 的度数是(   )。

    A.16°   B.36°

    C.64°   D.74°

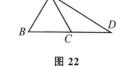

图 22

6.已知实数 a,b 满足 $|a-2|+(b-4)^2=0$,则以 a,b 的值为两边的等腰三角形的周长是_____.

7.定义:等腰三角形的顶角与其一个底角的度数的比值 k 称为这个等腰三角形的"特征值".若等腰三角形 ABC 中,$\angle A=80°$,则它的特征值 $k=$_____.

8.(改编)如图 23 所示,$\triangle ABC$ 中,$AB=AC=5$,$BC=8$,$S_{\triangle ABC}=12$,D 是 BC 边上一点(点 D 不与点 B、C 重合),则 AD 的取值范围是_____.

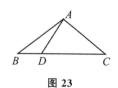

图 23

9.(改编)如图 24 所示,以 △ABC 的顶点 B 为圆心, BA 长为半径画弧,交 BC 边于点 D,连接 AD.若∠B= 40°,AB=AC,则∠DAC 的大小为_____.

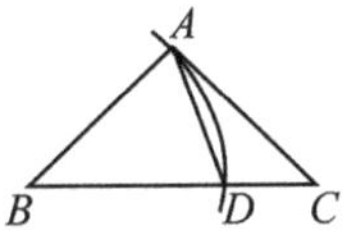

图 24

10.如图 25 所示,△ABC 中,AB=AC,BO=CO,求证:AO⊥BC.

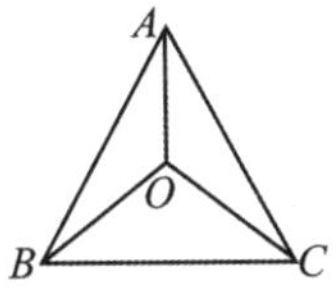

图 25

(二)综合运用

11.若等腰三角形一腰上的高和另一腰的夹角为 50°,则该三角形底角的度数为_____.

12.如图 26 所示,在 △ABC 中,AB=AC=10,AB 的垂直平分线 MN 交 AC 于点 M,连接 BM.若△MBC 的周长为 17,求 BC 的长.

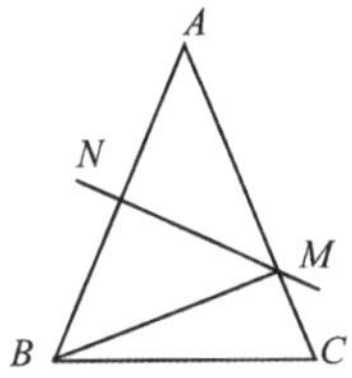

图 26

13.如图 27 所示,△ABC 中,点 D、E、F 分别在 BC、AB、AC 上,BD=CF, BE=CD,AB=AC,DG⊥EF 于点 G.求证:EG=FG.

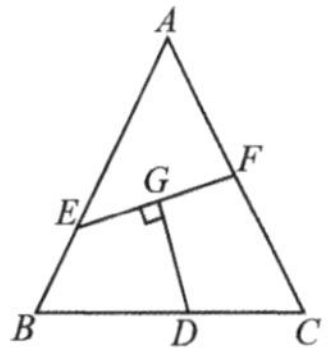

图 27

14.(改编)数学课上,张老师举了下面的例题:

例 1:等腰三角形 ABC 中,∠A=110°,求∠B 的度数.(答案:35°)

例 2:等腰三角形 ABC 中,∠A=40°,求∠B 的度数.(答案:40°或 70°或 100°)

由上可知,当$\angle A$的度数不同时,得到$\angle B$的度数的个数可能不同.如果在等腰三角形ABC中,设$\angle A = x°$,当$\angle B$只有一个度数时,请你探索x的取值范围.

第五课时:等腰三角形的判定

(一)基础巩固

1.在$\triangle ABC$中,若$AB = AC$,则$\triangle ABC$是_____三角形.

2.在$\triangle ABC$中,$\angle A$和$\angle B$的度数如下,其中能判定$\triangle ABC$是等腰三角形的是(　　)。

　　A.$\angle A = 50°, \angle B = 70°$　　　　　B.$\angle A = 70°, \angle B = 40°$

　　C.$\angle A = 30°, \angle B = 90°$　　　　　D.$\angle A = 80°, \angle B = 60°$

3.如图28所示,在四边形$ABCD$中,$AD \parallel BC$,$AB = 4$,$BC = 6$,AE平分$\angle BAD$,则$EC = $_____.

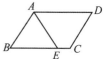

图28

4.如图29所示,$AE \parallel BC$,$\angle 1 = \angle 2$.求证:$\triangle ABC$为等腰三角形.

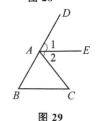

图29

5.(**原创**)如图30所示,在$\triangle ABC$中,$\angle BAC = 32°$,点E在AB上,且到AC和BC的距离相等.

(1)请依题意作出示意图;(2)若$CE \parallel AD$,$\angle D = 37°$,求证:$\triangle ABC$为等腰三角形.

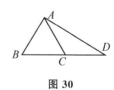

图30

(二)综合运用

6.如图 31 所示,上午 8 时,一条船从 A 处出发以 30 海里/时的速度向正北航行,12 时到达 B 处,测得∠NAC=32°,∠ABC=116°.求从 B 处到灯塔 C 的距离.

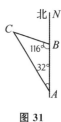

图 31

7.求证:等腰三角形两个底角的角平分线相等.

8.在 Rt△ABC 中,∠ACB=90°,以△ABC 的一边为边画等腰三角形,使得它的第三个顶点在△ABC 的其他边上,则可以画出的不同的等腰三角形的个数最多可有几个?(　　)

　　A.9 个　　　　　　B.7 个　　　　　　C.6 个　　　　　　D.5 个

9.(改编)(猜想与证明)如图 32 所示,小强想证明下面的问题:"有两个角(图中的∠B 和∠C)相等的三角形是等腰三角形".但他不小心将图弄脏了,只能看见图中的∠C 和边 BC.你能够把图恢复成原来的样子吗? 若能,请在图上恢复原来的样子,并证明这样的三角形是等腰三角形.

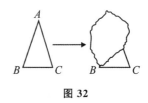

图 32

10.(改编)如图 33 所示,已知在△ABC 中,AD 平分∠BAC,CM⊥AD 于 M.

(1)若∠B=80°,∠BCM=10°,求∠ACM.

（2）若 $AD=AB$，请你通过观察和测量，猜想线段 AB、AC 之和与线段 AM 有怎样的数量关系，并证明你的结论.

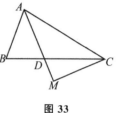

图 33

第六课时:等边三角形的性质和判定

(一)基础巩固

1.△ABC 中，$AB=BC=6$，$\angle B=60°$，则 AC 等于（　　）。

　　A.4　　　　　　B.6　　　　　　C.8　　　　　　D.10

2.已知等腰三角形的一边长为 6，一个内角为 $60°$，则它的周长是（　　）。

　　A.12　　　　　　B.15　　　　　　C.18　　　　　　D.20

3.关于等边三角形的说法：

①等边三角形有三条对称轴

②有一个角等于 $60°$ 的等腰三角形是等边三角形

③有两个角等于 $60°$ 的三角形是等边三角形

④等边三角形两边中线上的交点到三边的距离相等

其中正确的说法有（　　）。

　　A.1 个　　　　　　　　　B.2 个

　　C.3 个　　　　　　　　　D.4 个

4.如图 34 所示，$AB=AC$，$DB=DC$，若 $\angle ABC$ 为 $60°$，$BE=3$ cm，则 $AB=$＿＿＿＿＿＿＿ cm.

图 34

5.已知射线 OM，以 O 为圆心，任意长为半径画弧，与射线 OM 交于点 A，再以点 A 为圆心，AO 长为半径画弧，两弧交于点 B，画射线 OB，如图 35 所示，则 $\angle AOB=$＿＿＿＿＿＿.

图 35

6.如图 36 所示,△ABC 是等边三角形,D 为边 BC 延长线上一点,且 $AC=$
CD,求证:∠$BAD=90°$.

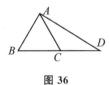

图 36

(二)综合运用

7.(原创)在△ABC 中,$AB=AC$.

(1)在 AC 边上求作一点 D 到边 AB,BC 的距离相等,请画出示意图.

(2)设∠$A=α$,∠$B=β$,若 $α=90°-β$,求证:△ABC 为等边三角形.

8.△ABC 是等边三角形.

(1)如图 37 所示,$DE \parallel BC$,分别交 AB、AC 于点 D、E.求证:△ADE 是等
边三角形.

(2)如图 38 所示,△$A'D'E'$仍是等边三角形,点 B' 在 $E'D'$ 的延长线上,连
接 $C'E'$,判断∠$B'E'C'$的度数及线段 $A'E'$、$B'E'$、$C'E'$之间的数量关系,并说明
理由.

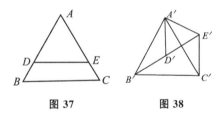

图 37   图 38

9.(改编)如图 39 所示,已知∠$ABC=120°$,BD 平分∠ABC.

(1)若∠$BDC=60°$,$BC=3$,求 BD.

(2)若∠$DAC=60°$,$AB=2$,$BC=3$,求 BD.

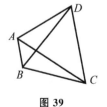

图 39

10.△ABC 是等边三角形.

(1)如图 40 所示,若 D 是 AC 上任意一点,且 $CE=AD$.求证:$BD=DE$.

(2)如图 41 所示,若 D' 是直线 AC 上任意一点,且 $CE'=AD'$,则(1)中的结论是否仍然成立?为什么?

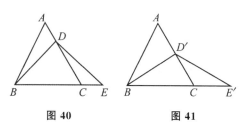

图 40   图 41

第七课时:最短路径问题

(一)基础巩固

1.如图,A、B 是两个居民小区,快递公司准备在公路 l 上选取点 P 处建一个服务中心,使 $PA+PB$ 最短,下面四种选址方案符合要求的是(　　　)。

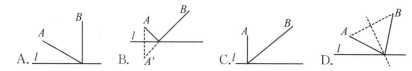

2.如图 42 和图 43 所示,P 是直线 m 上一动点,A、B 两点在直线 m 的同侧,且点 A、B 所在直线与 m 不平行.

(1)当 P 点运动到 P_1 位置时,距离 A 点最近,在图 41 中的直线 m 上画出点 P_1 的位置.

(2)当 P 点运动到 P_2 位置时,与 A 点的距离和与 B 点的距离相等,请在图 42 中作出 P_2 的位置.

(3)在直线 m 上是否存在这样一点 P_3,使得到 A 点的距离与到 B 点的距离之和最小?若存在,请在图 44 中作出这点;若不存在,请说明理由.(要求:不写作法,保留作图痕迹)

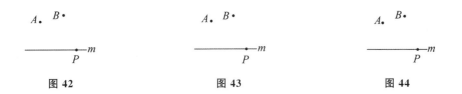

图 42 图 43 图 44

3.如图 45 所示,在△ABC 中,$AB=3$,$AC=4$,EF 垂直平分 BC,点 P 为直线 EF 上的任一点,则 $AP+BP$ 的最小值是(   )。

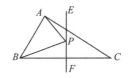

图 45

A.4   B.5

C.6   D.7

4.如图 46 所示,在等边三角形 ABC 中,点 E 是 AC 边的中点,点 P 是△ABC 的中线 AD 上的动点,且 $AD=6$,则 $EP+CP$ 的最小值是_____.

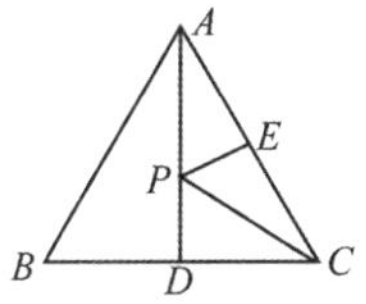

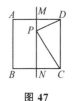

图 46

5.如图 47 所示,MN 是正方形 ABCD 的一条对称轴,点 P 是直线 MN 上的一个动点,当 $PC+PD$ 最小时,$\angle PCD$ 的度数为(   )。

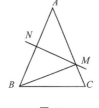

图 47

A.60°   B.90°

C.45°   D.75°

(二)综合运用

6.如图 48 所示,在△ABC 中,已知 $AB=AC$,AB 的垂直平分线交 AB 于点 N,交 AC 于点 M,连接 MB.

(1)若 $\angle ABC=65°$,则 $\angle NMA$ 的度数是_____.

(2)若 $AB=10$ cm,△MBC 的周长是 18 cm.

①求 BC 的长度.

②若点 P 为直线 MN 上一点,请求出△PBC 周长的最小值.

图 48

7.如图 49 所示,已知点 A、B 位于直线 l 的两侧,在直线 m 上求作点 P,使 $|PA-PB|$ 的值最大.

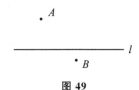

图 49

8.(**改编**)如图 50 所示,海上救援船要从 A 处到海岸 l 上的 M 处携带救援设备,再回到海上 C 处对故障船实施救援,使得行驶的总路程 $AM+CM$ 为最小.已知救援船和故障船到海岸 l 的最短路径分别为 AB 和 CD,$BD=20$ 海里,$\angle AMB=60°$,救援船的平均速度是 25 节(1 节$=1$ 海里/时),求这艘救援船从 A 处最快到达故障船所在 C 处的时间.

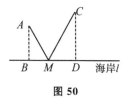

图 50

第八课时:综合作业

(一)基础知识

1.下列标志中,是轴对称图形的是( )。

A. B. C. D.

2.点$(2,1)$关于 y 轴的对称点是( )。

    A.$(2,1)$ B.$(2,-1)$ C.$(-2,1)$ D.$(-2,-1)$

3.如图 51 所示,$\triangle ABC$ 中,$AB=AC$,D 是 BC 的中点,下列结论中不正确的是( )。

    A.$AD\perp BC$ B.AD 平分$\angle BAC$

    C.$AB=2BD$ D.$\angle B=\angle C$

图 51

4.(原创)在△ABC中,以下命题错误的是(　　　　)。

A.如果 AD 垂直 BC,点 D 为 BC 的中点,那么直线 AD 是 BC 的垂直平分线

B.如果 AD 垂直 BC,∠A＝∠C,那么直线 AD 是 BC 的垂直平分线

C.如果 AD 垂直 BC,AD 平分∠BAC,那么直线 AD 是 BC 的垂直平分线

D.如果 AD 垂直 BC,AB＝AC,那么直线 AD 是 BC 的垂直平分线

5.如图 52 所示,已知等腰△ABC 中,AB＝AC,∠BAC＝36°,若以 B 为圆心、BC 长为半径画弧,交腰 AC 于点 E,则图中等腰三角形有＿＿＿＿＿＿个.

6.如图 53 所示,D 为△ABC 内一点,CD 平分∠ACB,BD⊥CD,∠A＝∠ABD.若 BD＝1,BC＝3,则 AC＝＿＿＿＿＿＿.

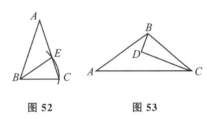

图 52　　　　　　　图 53

7.如图 54 所示,已知 AB＝DC,AC＝DB,AC 与 BD 交于一点 O,求证:△OBC 是等腰三角形.

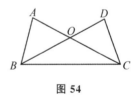

图 54

(二)综合运用

8.已知点 A(1,1),B(−1,1),C(0,4).

(1)在平面直角坐标系中描出 A,B,C 三点.

(2)在同一平面内,点与三角形的位置关系有三种:点在三角形内、点在三角形边上、点在三角形外.若点 P 在△ABC 外,请判断点 P 关于 y 轴的对称点 P′ 与△ABC 的位置关系,直接写出判断结果.

9.(原创)如图 55 所示,在△ABD 中,∠A＝69°,∠D＝α.

(1)在 BD 边上求作一点 C,使得∠CAD＝∠D.

(2)探究当 α 为多少时,BD＝BC＋AB.

图 55

10.(1)操作实践:如图 56 所示,△ABC 中,∠A＝90°,∠B＝22.5°,请画出一条直线把△ABC 分割成两个等腰三角形,并标出两个等腰三角形底角的度数.(要求用两种不同的分割方法)

(2)分类探究:△ABC 中,最小内角∠B＝24°,若△ABC 被一直线分割成两个等腰三角形,请画出相应示意图并写出△ABC 最大内角的所有可能值.

(3)猜想发现:若一个三角形能被一直线分割成两个等腰三角形,需满足什么条件?(请你至少写出两个条件,无须证明)

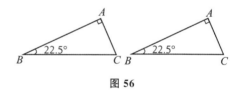

图 56

◆**题目双向分析评估**

一、作业试题细目表(见表 2)

表 2 单元作业试题细目表

课时	题序	相关知识点,技能要求	能力要求	课标要求	题目类型	题目来源	难易程度
一	1	具体实例中辨别出轴对称图形	几何直观	A 知道	选择题	引用	简单
	2	具体实例中识别出两个图形成轴对称	几何直观	A 知道	选择题	引用	简单
	3	成轴对称的两个图形的性质	逻辑推理	B 理解	填空题	引用	简单

续表

课时	题序	相关知识点,技能要求	能力要求	课标要求	题目类型	题目来源	难易程度
一	4	根据图形,辨别出是哪种图形变换	空间观念	B 理解	选择题	引用	中档
	5	轴对称图形的性质	逻辑推理	B 理解	选择题	引用	中档
	6	成轴对称的两个图形的全等性	逻辑推理	B 理解	解答题	引用	中档
	7	轴对称图形的判定	逻辑推理	B 理解	解答题	引用	中档
	8	正多边形图形对称轴条数探究	模型思想	C 应用	填空题	引用	中档
	9	对称性质,角平分线的性质	作图推理	D 综合	解答题	原创	难
	10	成轴对称图形的两个图形的全等性,含参问题,方程组求解	运算推理	D 综合	解答题	原创	难
二	1	线段垂直平分线性质的文字描述	基础知识	A 知道	填空题	引用	简单
	2	角平分线、线段垂直平分线性质区别	几何直观	B 理解	选择题	引用	简单
	3	垂直平分线性质直接运用	逻辑推理	A 知道	填空题	引用	简单
	4	垂直平分线概念文字辨析	概念理解	B 理解	选择题	原创	中档
	5	垂直平分线概念图形辨析	几何直观	B 理解	选择题	原创	中档
	6	垂直平分线概念符号辨析	数学抽象	B 理解	选择题	原创	中档
	7	垂直平分线性质叠加三角形外角性质	运算推理	B 理解	解答题	引用	中档
	8	垂直平分线性质	逻辑推理	B 理解	解答题	改编	中档
	9	垂直平分线的判定	逻辑推理	B 理解	解答题	引用	中档
	10	垂直平分线性质	识图推理	C 应用	解答题	引用	中档
	11	垂直平分线性质叠加三角形三边关系	识图推理	C 应用	解答题	改编	难
	12	垂直平分线性质,角平分线,全等	识图推理	D 综合	解答题	引用	难
三	1	具体图形识别出轴对称图形	几何直观	A 知道	选择题	引用	简单
	2	作轴对称图形的基本方法	基础知识	A 知道	填空题	引用	简单
	3	线段的对称轴	基础知识	A 知道	填空题	引用	简单
	4	角平分线的对称轴	基础知识	A 知道	填空题	引用	简单
	5	作轴对称图形的基本方法	逻辑推理	B 理解	填空题	引用	中档
	6	成轴对称,轴对称图形性质	逻辑推理	B 理解	选择题	引用	中档
	7	作对称轴	作图能力	C 应用	解答题	引用	简单

续表

课时	题序	相关知识点,技能要求	能力要求	课标要求	题目类型	题目来源	难易程度
三	8	作轴对称图形	作图能力	C 应用	解答题	引用	简单
	9	计算式中的对称构造	数学抽象	C 应用	填空题	引用	中档
	10	折叠中的轴对称	逻辑推理	B 理解	填空题	改编	中档
	11	对称图形辨别	直观推理	B 理解	选择题	引用	中档
	12	作对称轴	作图推理	B 理解	选择题	引用	中档
	13	对称问题叠加中垂线性质	作图推理	C 应用	解答题	改编	中档
	14	设计对称图形	应用能力	D 综合	活动题	引用	难
四	1	等腰三角形性质以及三边关系	推理运算	A 知道	填空题	引用	简单
	2	实际问题中的等腰三角形问题	推理运算	A 知道	填空题	引用	简单
	3	等腰三角形三线合一直接运用	逻辑推理	A 知道	填空题	引用	简单
	4	等腰三角形三线合一的理解	概念理解	A 知道	选择题	原创	简单
	5	等腰三角形的性质	推理运算	B 理解	选择题	引用	中档
	6	非负性等腰三角形的性质,三边关系	推理运算	B 理解	填空题	引用	中档
	7	等腰三角形的性质,内角和	数学阅读	B 理解	填空题	引用	中档
	8	面积,三线合一,三边关系叠加	识图推理	B 理解	填空题	改编	中档
	9	计算,等腰三角形的性质	推理运算	B 理解	填空题	改编	中档
	10	等腰三角形的性质	逻辑推理	B 理解	解答题	引用	中档
	11	等腰三角形的性质,内角和	分类讨论	B 理解	填空题	引用	中档
	12	等腰三角形的性质,中垂线的性质	推理运算	B 理解	解答题	引用	中档
	13	等腰三角形的性质,中垂线的性质,全等三角形的判定	逻辑推理	C 应用	解答题	引用	难
	14	等腰三角形顶角度数与三角形形状唯一性探究	数学活动	D 综合	活动题	改编	难
五	1	等腰三角形的判定(定义法)	基础知识	A 知道	填空题	引用	简单
	2	等腰三角形的判定(等角对等边)	逻辑推理	A 知道	选择题	引用	简单
	3	平行,角平分线推理得等腰三角形	逻辑推理	B 理解	填空题	引用	简单
	4	等腰三角形的判定,平行线的性质	逻辑推理	B 理解	解答题	引用	简单
	5	等腰三角形的判定,角平分线作图	识图推理	B 理解	解答题	原创	中档
	6	等腰三角形的判定,方位角实际问题	应用意识	C 应用	解答题	引用	中档

续表

课时	题序	相关知识点,技能要求	能力要求	课标要求	题目类型	题目来源	难易程度
五	7	命题证明	逻辑推理	C应用	解答题	引用	中档
	8	作图分类讨论	几何直观	B理解	解答题	引用	中档
	9	等腰三角形的构造	创新意识	D综合	解答题	改编	难
	10	角平分线,等腰三角形三线合一,等腰三角形的判定	逻辑推理	D综合	解答题	改编	难
六	1	等边三角形的判定、性质	逻辑推理	A知道	选择题	引用	简单
	2	等边三角形的判定、性质	逻辑推理	A知道	选择题	引用	简单
	3	等边三角形的判定	逻辑推理	A知道	选择题	引用	简单
	4	等边三角形的判定,三线合一	逻辑推理	B理解	填空题	引用	中档
	5	等边三角形的判定	识图推理	B理解	填空题	引用	中档
	6	等腰、等边三角形的性质	逻辑推理	B理解	解答题	引用	中档
	7	等边三角形的判定,作图,角平分线的性质	作图运算	B理解	解答题	原创	中档
	8	等边三角形的判定、性质,旋转变换	逻辑推理	D综合	解答题	引用	中档
	9	等边三角形的判定和性质,全等三角形的性质和判定	推理运算	D综合	解答题	改编	难题
	10	等腰三角形的判定,等边三角形的性质,分类讨论	逻辑推理	D综合	解答题	引用	难题
七	1	最短路径问题基本作图	识图能力	A知道	选择题	引用	简单
	2	三种不同距离基本作图	作图能力	A知道	解答题	引用	简单
	3	垂直平分背景下最短路径问题	逻辑推理	A知道	选择题	引用	简单
	4	等边三角形背景下最短路径问题	逻辑推理	B理解	填空题	引用	中档
	5	正方形背景下最短路径问题	逻辑推理	B理解	选择题	引用	中档
	6	等腰三角形背景下最短路径问题	逻辑推理	B理解	解答题	引用	中档
	7	最短路径问题拓展求线段差最大值	作图推理	C应用	解答题	引用	难
	8	实际情境中的最短路径问题	作图推理	D综合	解答题	改编	难

续表

课时	题序	相关知识点,技能要求	能力要求	课标要求	题目类型	题目来源	难易程度
八	1	轴对称图形辨别	几何直观	A 知道	选择题	引用	简单
	2	关于 y 轴对称的点坐标的特点	基础知识	A 知道	选择题	引用	简单
	3	等腰三角形的性质	基础知识	A 知道	选择题	引用	简单
	4	中垂线定义理解	基础知识	B 理解	选择题	原创	中档
	5	等腰三角形的判定,作图	识图推理	B 理解	填空题	引用	中档
	6	等腰三角形的性质和判定,全等三角形的证明和性质	识图推理	B 理解	填空题	引用	中档
	7	等腰三角形的判定	逻辑推理	B 理解	解答题	引用	中档
	8	坐标对称问题作图	作图推理	B 理解	选择题	引用	中档
	9	作图,中垂线性质,等腰三角形判定	作图推理	C 应用	解答题	原创	难
	10	等腰三角形存在性探究	实验探究	D 综合	活动题	引用	难

二、单元作业属性表(见表 3)

表 3　单元作业属性表

不同课时题量		不同学习水平题量		不同题目类型题量		不同题目难度题量		不同题目来源题量	
课时	题量	水平	题量	题型	题量	难度	题量	来源	题量
一	10	A 知道	23	选择题	26	简单	29	引用	69
二	12	B 理解	41	填空题	26	中等	44	改编	10
三	14	C 应用	12	解答题	33	难	15	原创	9
四	14	D 综合	12	活动题	3				
五	10								
六	10								
七	8								
八	10								

◆综合分析

本单元作业设计以新课标为理念,以教材为依据,以上海市教育委员会教学研究室编著的《学科单元作业设计案例研究》为理论指导,通过引用、改编、原创等命制方式,设计了八个课时的作业。设计过程中,既关注知识技能的巩固,又注重学生"从特殊到一般"的研究方法的运用,分类讨论、数形结合等数学思想的领悟,以及运用能力、抽象能力、推理能力、空间观念、几何直观等核心素养的培养。

每课时作业编排符合学生的认知规律,不同课时作业之间体现关联性、层次性,整份单元作业设计具有系统性,最终形成梯度合理,难度适中并能促进学生素养发展的单元作业。

本份作业较好地体现作业的三个功能:一是巩固所学,训练思维;二是精准诊断,反思教学;三是知识建构,促进发展。作业的设计主要有以下几个特点:

1.核心知识覆盖全面,题目编排符合学生的认知规律

在每份课时作业设计中,均按照从基本概念、基础知识、基本方法、基本技能,再到综合运用,以思维的发散与引申的分层递进训练模式展开,题目编排符合学生的认知规律,突出了作业能延伸学习的功能。如:

(1)第五课时第 1 题:在 $\triangle ABC$ 中,若 $AB=AC$,则 $\triangle ABC$ 是_____三角形.

(2)第五课时第 4 题:$AE//BC$,$\angle 1=\angle 2$.求证:$\triangle ABC$ 为等腰三角形.

(3)第五课时第 6 题:上午 8 时,一条船从 A 处出发以 30 海里/时的速度向正北航行,12 时到达 B 处.测得 $\angle NAC=32°$,$\angle ABC=116°$.求从 B 处到灯塔 C 的距离.

这 3 道题从等腰三角形判定的基础知识,到等腰三角形判定的基本技能,再到等腰三角形判定的实际应用分层递进展开。

2.不同课时作业之间具有层次性的体现

对于同样一个问题,在不同的课时作业中以螺旋上升的形式出现,既体现各课时作业的联系,同时加深学生对知识内在逻辑的理解。如:

(1)第一课时第 3 题：△ANM 与△BNM 关于 NM 成轴对称，则△ANM _____△BNM，AM＝_____，∠A＝_____.

(2)第二课时第 8 题：在△ABC 中，AB 的垂直平分线分别交 AC、AB 于点 M、N.若△ABC 的周长为 16，BN＝4，求△BMC 的周长.

(3)第四课时第 12 题：在△ABC 中，AB＝AC＝10，AB 的垂直平分线 MN 交 AC 于点 M，连接 BM.若△MBC 的周长为 17，求 BC 的长.

(4)第七课时第 6 题：在△ABC 中，已知 AB＝AC，AB 的垂直平分线交 AB 于点 N，交 AC 于点 M，连接 MB.

若∠ABC＝65°，则∠NMA 的度数是_____.

若 AB＝10 cm，△MBC 的周长是 18 cm.

①求 BC 的长度.

②若点 P 为直线 MN 上一点，请求出△PBC 周长的最小值.

以上 4 道题的背景图形都一样，第一课时先让学生识别出图中的轴对称图形，知道成轴对称的图形是全等关系，对应边相等，对应角相等；第二课时要求学生掌握并运用中垂线的性质；第四课时，在前面课时的基础上叠加等腰三角形的性质；到了第七课时研究图形中的最短问题。同样一个图形，四次的作业层层深入，让学生经历由直观感受轴对称，到运用中垂线的性质、等腰三角形的性质，再到解决最短路径问题，由知识到技能再到能力，最终达到素养的发展，让学生充分感悟本章内容知识之间的内在联系。

3.单元作业设计具有系统性，关注衔接

在作业设计的时候能够关注整体性，前后章节所设计的练习具有一定的联系，使得作业形成一个系列，在同一个背景下，设计不同的知识点，技能螺旋上升，加深学生对知识内在联系的理解以及图形的认识，如：

(1)第四课时第 5 题：在△ABC 中，AB＝AC＝DC，∠BAC＝32°，则∠D 的度数是(　　)。

　　A.16°　　　　　　B.37°　　　　　　C.64°　　　　　　D.74°

注：本题涉及等腰三角形的性质。

（2）第五课时第 5 题：在△ABC 中，∠BAC＝32°，点 E 在 AB 上，且到 AC 和 BC 的距离相等.

请依题意作出示意图；若 CE//AD，∠D＝37°，求证：△ABC 为等腰三角形.

注：本题涉及等腰三角形的判定、角平分线的作图及性质。

4.挖掘数学学习资源，促进数学核心素养的发展

在本作业的设计中，设置了部分的情境题、活动题、探究题等题型，旨在落实新课标所提出的让学生勇于探索一些开放性的、非常规的实际问题与数学问题，充分激发学生学习兴趣。部分作业题目如下：

（1）第四课时第 2 题：一把工艺剪刀可以抽象为图 21，其中 AC＝AB，若剪刀张开的角为 40°，则∠B＝_____°.

（2）第三课时第 14 题：为了美化环境，需在一块正方形空地上分别种植四种不同的花草.现将这块空地按下列要求分成四块：①分割后的整个图形必须是轴对称图形；②四块图形形状相同；③四块图形面积相等.请按照要求，分别在下面三个正方形中，给出三种不同的分割方法.

（3）第五课时第 9 题：（猜想与证明）小强想证明下面的问题："有两个角（图中的∠B 和∠C）相等的三角形是等腰三角形".但他不小心将图弄脏了，只能看见图中的∠C 和边 BC.你能够把图恢复成原来的样子吗？若能，请在图上恢复原来的样子，并证明这样的三角形是等腰三角形.

08 核心素养视域下初中数学学科单元作业设计的思考与案例评析

海沧区教师进修学校　韩耀辉

"作业本身是非常重要并且有效的教育活动之一,作业有助于继续发展和扩充教育的价值。"这是美国学者本贝努蒂(Bembenutty)对作业重要性的认识。

教育部2022年4月份颁布了《义务教育数学课程标准》(下面简称"新课标"),确立了数学课程要培养的学生核心素养主要包括会用数学的眼光观察现实世界,会用数学的思维思考现实世界,会用数学的语言表达现实世界。核心素养导向的课程目标是学生通过数学的学习,逐步形成和发展面向未来社会和个人发展所需要的核心素养。而数学学科除了和其他学科一样要重视课堂教学之外,在课后作业设计上有着更高的要求。一方面在"双减"背景下,要实现作业的"减量、提质、增效",另一方面在新课标颁布后,基于深度学习理论的单元整体教学越来越受到重视和推广,而作为其关键组成部分的单元作业设计与实施能力,是新时期教师应具备的专业素养之一。下面以我区王晴老师设计的"轴对称"单元作业为例进行分析,并提出进一步完善的建议。

本单元设计以新课标对图形的轴对称、线段的垂直平分线、等腰三角形和等边三角形的内容要求为依据,以人教版《数学》八年级上册的自然章节第十三章为依托,参考上海市教育委员会教学研究室编著的《学科单元作业设计案例研究》为理论指导,呈现如下特点:

1.基于单元内容,重整单元结构,彰显系统化

本章内容,在教材小结中(第90页),知识结构体现为中心结构,配套教师教学用书建议用14课时完成。王晴老师经过认真研读新课标相关内容要求,重新

确定单元结构,该结构实现了从一般理论建构,到特殊图形应用,再到具体生活实践的过程,体现了从一般到特殊、从理论到实践的转化,而且每一层内部又体现了递进关系,为后面单元课时设计提供了依据,确定了教学流程,很好地体现了单元整体教学的优势,明确了知识间的联系,实现了单元知识的结构化和系统化。

2.绘制双向细目,明确评价标准,确保精细化

本单元作业中每一道题,都是在进行单元整体设计时,依据该课时的相关知识点的课标要求和技能要求,确定题目类型(选择题、填空题或解答题),规定难易程度,通过绘制双向细目表而产生。如第一课时,选定了10道题目,全面覆盖了轴对称图形辨别、轴对称图形的性质和判定等知识点,而第三课时选定了多达14个知识点,实现了新课标对内容要求的全覆盖。再通过引用现有题目,或根据学情进行适当改编,或直接原创命制等形式实现对逻辑推理、几何直观、数学运算、模型思想等能力的考查。教师通过制定双向细目表,可以清楚地定位每道题目的作业层次、难度水平,实现因材施教,提高学生的作业完成质量。

3.关注生活情境,重视学情分析,体现层次性

数学源自生活,又高于生活,是对现实世界的高度抽象。本单元作业设计基本上每个课时都有来源于现实生活情境的题目,如第一课时第1题,以民间艺术形式剪纸为例,选取北京冬奥会题材为图案,不仅让学生从不同图案中掌握了轴对称图形的知识点,还体会我国悠久的传统文化剪纸和精彩纷呈的北京冬奥会,极大地增强了学生的民族自豪感,体现了立德树人的根本目标,有效激发了学生学习数学的兴趣。

同时,王老师结合教学实际,把每一个课时分为基础巩固和综合运用两部分,综合运用的题目通常不超过一半。这是在全面了解学情的基础上,根据八年级学生的认知特征,以及相应知识点的掌握或储备水平等,分析后续学习的发展需求,有意识地进行了分层设计,体现了学为中心的新课程理念。

除此之外,这份单元作业设计从通常的14个学时,大大压缩到了8个学时,力求实现"减量、提质、增效"的设计意图。

当然,本案例也还存在待改进之处,可以考虑从以下角度加以完善:

1.实现从个人编写到集体打拼的转变

和以往相对零散的课时作业不同,单元作业建立在本章知识整体架构的基础上,每一份作业既独立又相互联系。所以建立在备课组集体研讨基础之上的作业,在减轻老师个人负担的同时,可以让编写意图在备课组范围内被更好地了解,在教学中被更彻底地贯彻,从而提高教学的有效性。

2.优化作业结构,适当增加作业类型

该案例作业分为基础巩固和综合应用两个层次,同时两个层次的题目在题型上有所重叠,个人觉得这样的划分对分层教学来说,略显粗糙。建议进一步优化,每份课时作业基础巩固部分设置 7 题——选择题和填空题共 5 题,较为基础的解答题 2 题,这部分作业主要起到巩固基础知识、熟练基本技能的作用;综合应用板块设置解答题 3 题,其中 1 题要具有一定的综合性和发散性,起到促进思想方法形成、数学能力发展和思维提升的作用。

当然,数学作业也要有大视野,才能更好满足逐步培养学生核心素养的要求。因此在做好日常的课时作业的同时,还应该结合该单元知识内容,布置一些跨课时或实践类作业,有助于培育学生创新精神与实践能力的小型项目实践活动。如本章还可以布置阅读类作业,让学生自查资料,了解更多有关最短路径问题的数学文化。或者布置实践类的作业,让学生观察并记录生活中的轴对称问题,甚至让他们设计有关轴对称的图案等。这样的作业,才能让学生更好地体会数学不仅是思维和推理的工具,还是表达和交流的语言,它承载的文化是人类文明的重要组成部分。

09 创设主题语境　探究主题意义

——人教版《英语》Go For It 九年级

Unit 7 Teenagers should be allowed to choose their own clothes.

单元作业设计

厦门市海沧区北附学校　唐　慧

◆ **单元名称**

人教版《英语》九年级第七单元

◆ **单元作业设计**

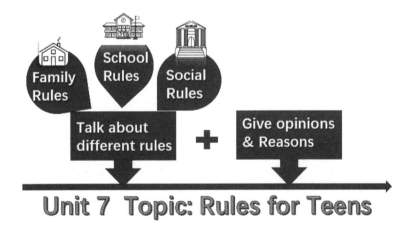

Try to collect as many medals as you can，the sum is 100 medals.Go for it！

Part One: Consolidation

Truth Teller of Rules at Home—Opinions and Reasons(10 🏅)

Describe the rules in the pictures using: should(not) be allowed to...because...

e.g. Teenagers/we <u>should be allowed to</u> get our ears pierced, <u>because</u> we want to look cool/different.

1._____ because _____.

2._____ because _____.

3._____ because _____.

4._____ because _____.

5._____ because _____.

A Poster for the Rules in School Library(10 🏅)

Suppose that you are the volunteer for our school library. Complete the poster for our school library during this period of COVID-19 ⊛

1. You are _____ if your _____ is above 37.3℃.

2. You are not _____ without _____.

3. Remember to _____ before and after _____.

4. You _____ to sit too _____ to each other.

5. You should _____ whenever you feel _____.

Summary the reasons to obey these rules:

To make sure the _____(safe) and _____(healthy)of every student.

Sad and down Larry 😟 (10 🏅)

Help Molly's brother Larry to complete the e-mail to his family.

Dear mom and dad,

Now,I'm a_____ (16 years old)boy. These days I'm under a lot of_____['preʃə(r)]because of the rules from family. For example,I am are not _____ (allow)to_____ late. But I need to have my own pocket money.And dad keeps_____(tell)me to cut my hair short. However,I think teenagers should be allowed to _____ _____ _____ hair style. Besides,mom always gets unhappy when she sees my silly_____.

By the way,I got my driver's _____['laɪsns]last week,but you don't think teenagers are_____['sɪərɪəs]enough to drive.So you ✗ _____ _____me to date any friend or hang_____ with them.And I hope I can live by_____ (I)when I_____[riːtʃ]18 so that I can have_____ _____Because we are supposed to_____['mænɪdʒ]our lives at that time.Though I feel a little bit n_____ about that.

I find it hard to satisfy you.Do you think it's_____['nɔːml]to have all those feelings? Maybe some time we can sit down and talk.

Yours,

Larry

Summarize the unhappy family rules for Larry

☹1.He is not allowed to _____.

2.His parents don't _____ him to _____.

3._____.

Part Two: Enhancement of Skills

Improving of Listening and Speaking Skills (15 🏅)

Now listen to a radio program. The host is talking to the principal of a middle school about teenagers these days. You have 30 seconds to read the questions below.

1. According to Mr. Tang, many children today are _____.

   A. naughty   B. rude   C. polite   D. lovely

2. The students in Mr. Tang's school _____.

(You can choose more than one answer.)

   A. talk on their phones loudly

   B. talk on their phones softly

   C. speak politely

   D. speak rudely

3. What happened in a restaurant yesterday?

   A. Some students speak rudely to a waiter.

   B. A waiter speaks rudely to some students.

   C. A man was rude to the waiter.

   D. A waiter was rude to a man.

4. How often do they have "Be Polite" week in Mr. Tang's school?

   A. Once a year.   B. Twice a year.

   C. Once every two years.   D. Three times a year.

5. Which sentences do you think are on the posters?

(You can choose more than one answer.)

   A. You should speak politely.   B. You should arrive early.

   C. You should wait patiently.   D. You should eat quietly.

6.Listen to the conversation for the third time and fill in the chart.

Today's radio program is about _____ of students	
Many people think children these days	Behave _____
Mr.Tang's opinion about adults' duty	Set a good _____ for children
	Or the children will do the _____
The purpose to have "Be Polite" week	To teach students to be c _____

7.Make a video clip：about two minutes to talk about the rules we should add for our school canteen and the reasons for it.

参考句型：I think we should be allowed to（sit too close/talk while eating）… because….

Fluency 2'		Accuracy 2'		Confidence 1'	

Expanding of Reading Realm(14)

Read the chant written by teens and answer the questions below.

Rules! Rules! They're everywhere.Follow the rules and life will be fair. Here are some rules you should obey.

Wait at the bus stop patiently in a queue. There are enough seats for me and you.We should not push like shoppers in the sales.Don't run around, move as slowly as snails.

In restaurant，speak softly and never shout. We should eat quietly when we dine out.We shouldn't eat like greedy lions— roar! Keep your mouth closed and no food on the floor.

In the classroom we must wait for our turn.If everyone has a go, we all can learn. Listen when your teacher tells you what to do.Your teacher always wants the best for you.

We shouldn't play music loudly on the subway. It's a public place, not a private car. People mustn't smoke or eat or drink. All these make the air stink.

Always be on time; we shouldn't be late. It's very impolite to make people wait. Follow the rules and you will see. The world is a better place for you and me.

1.In which two places does the writer say we should wait? (1 🏅)

_____ and _____

2.Find a word in the poem which means "to have a bad smell". (1 🏅)

_____

3.Why does the writer mention snails in Paragraph 2? (2 🏅)

　A.Snails are polite animals.

　B.They move slowly and people should do the same.

　C.He thinks shoppers are like snails.

4.What does the underline word "go" mean? (2 🏅)

　A.Energy "I'm full of go this morning."

　B.A chance to take part in an activity "Do you want to have a go?"

　C.To begin doing something "Let's go!"

5.What is the writer's opinion of rules? (2 🏅)

　A.There are too many rules.

　B.Rules are too difficult to follow.

　C.Rules make life better.

6.Read the statements below and write T for true and F for false. (3 🏅)

(1)We need to quickly get seats on the bus.(　　)

(2)We are not allowed to listen to music on the subway.(　　)

(3)It's not a polite behavior to make others wait.(　　)

Summarize the public rules we've learned in reading

e.g. We should wait patiently at the bus stop.

_____

_____

_____

_____

Polishing of Reading for Writing (15 🏅)

(Choose one writing task according to the ranking of difficulty. ★)

Writing Task 1 A Letter to Mom

3a Read the poem aloud and discuss what the title means with your partner.

Mom Knows Best

When I was a tiny baby crying all night, my mom sang to me and stayed by my side.
When I was tired and hungry, she gave me food and warm arms to sleep in.
When I was two running through the field, she made sure I was safe and kept me from danger.
When I fell and hurt myself, she gave me a hug and lifted me up.

When I was seven coughing badly, she said no ice-cream for me.
But I talked back loudly, "I should be allowed to eat some! Give it to me now!"
When I was nine watching scary movies, she said it'd give me awful dreams.
But I shouted back angrily, "I should be allowed to watch it! I'm not a baby!"

When I was a teen going out with friends, she said, "Please be back by ten!"
But I talked back again — "I should not be told what to do! I'm seventeen now!"

Now I'm an adult, thinking back to those times.
I coughed for days after eating that ice-cream
And had scary dreams after watching that film.
I was late for school from staying out past ten.
I regret talking back, not listening to Mom.
Mom knows best, and for me she wanted only the best!

"Mom, I still remember" (15 🏅)

Mom is our superwoman who is always there for us. After reading 3a, please use the beautiful sentences from it and write a letter to your mom. And READ IT TO HER!

Dear mom,

I still remember, when I was a baby, you _____.

When I was _____ , you _____ .

_____ .

When I grew up, you said that _____ .

But I _____ .

Then _____ .

Now, looking back at those years, I want to say _____

_____ .

Yours,

Son/Daughter

Your mom's words or signature here: _____ (Chinese)

Writing Task 2 Rules of Using the Internet(★★★)

We have stayed at home for three months and have classes online. Many students spend too much time using their phone or computer to do things like chatting, playing games or watching videos instead of study. And it caused a lot of trouble.

（可参考以下三个方面：网课如何保持专注；休闲放松适度；交友安全）

Rules Online

These days, we have more time online than before and many students got lost because of that. So we need to make rules to control our use of Internet.

First, we should not be allowed to do other things when _____

_____

_____

_____

_____ .

Only by obeying the rules can we _____ .

Writing Task 3 A Letter to Liu Yu (15 🏅)★★

After reading the story between Liu Yu and his parents，what's your opinion about "Should teens be allowed to make decisions by themselves?".Liu Yu writes a letter to ask for your help.

Please think about the questions below and write back.

1. Your point：I agree/disagree that "…should be allowed to…"

2.Your reasons ：(1～3 pieces)to support your idea.

3.You suggestions：(1～2)"Maybe you could…Why not…"

Dear Liu Yu，

I'm a teen at your age and it's normal to have these feelings.In fact，I agree/disagree that _____.

The reasons are as follows.Firstly，_____

_____.

Maybe you could _____.

Hope things work out.

Yours，

_____

····· UNIT 7 ···················

2a Discuss the questions in your groups.

Are you allowed to make your own decisions at home? What kinds of decisions?

2b First, look at the title of the passage. Answer "yes" or "no". Find out how many in your group agree with you. Then read the passage. Does your answer change?

LEARNING ACTIVELY
When you learn any new language, actively use it in new sentences of your own.

Should I Be Allowed to Make My Own Decisions?

Many teenagers have hobbies. But sometimes these can get in the way of their schoolwork, and parents might worry about their success at school. Teenagers often think they should be allowed to practice their hobbies as much as they want. Do you agree?

Liu Yu, a fifteen-year-old boy from Shandong, is a running star. He is on his school team and has always wanted to be a professional runner when he grows up. However, his parents won't allow him to train so much. "Of course we want to see him achieve his dreams," says Mr. Liu. "And we know how much he loves running. My wife and I have supported every one of his races. We have nothing against running! But we think our son needs to think about other possible jobs. He's getting older now, so he needs to think about what will happen if he doesn't end up as a professional runner."

Liu Yu doesn't really agree. "Well, I think I should be allowed to decide for myself," he says. "My parents have always taught me how important it is to work hard at school and enter university. I understand this, but I'm serious about running. It's the only thing I've ever wanted to do."

His parents believe that Liu Yu should study hard in the evenings so they don't allow him to practice running at night. "Maybe he thinks it's too strict or unfair," says Mrs. Liu. "But we think we're doing the right thing. He needs to spend more time on his homework because it is difficult to become a professional sports star."

But Liu Yu still disagrees. "I know my parents care about me. They always talk about what will happen if I don't succeed. But I will! I'm a quick runner! I think I should be allowed to make this choice myself. Only then will I have a chance to achieve my dream."

54

Part Three: Practicing Thinking and Exploring

Group Cooperation: Doing a Survey(21 🏅)

Make a survey on the rules which students <u>like best</u> in our school and the ones students <u>want to change</u> with useful solutions and set up the rules they think that are necessary. You can use a pie chart or bar chart to show the results and do a report in front of class.

	Description of rules	Number of students	Reasons to keep them
Rules students agree with most			
	Description of rules	Number of students	How to improve them
Rules students disagree with most			

Giving a Report in Your Group 🏅

Good morning, everyone. Today our group is going to talk about the rules we like and dislike most in our class with our reasons.

_____

_____

_____

（参考句型:…are/aren't allowed to…I think…should not be allowed to…Because…）

Name:　　Group:	Self Assessment	Group Assessment	Teacher Assessment
Participation 参与度 2'			
Performance 表现力 2'			
Profession 学科专业性 3'			

Name of group:_____ Members:_____

Time of survey: from _____ to _____

Full marks for group work: _____ (self + group + teacher assessments)

Part Four: Summary and Reflection

Summarize the Rules We've Learned in This Unit. (9 🏅)

At home

We should（not）be allowed to

_____

_____

_____

Rules

Opinions & Reasons

For schoolwork

We should（not）be allowed to

_____

_____

In society

We should（not）be allowed to

_____

_____

_____

The Importance of Rules (6 🏅)

Rules at home help us _____ 🕐

Rules for schoolwork help us _____ 🏠

Rules in public help us _____ 🌐

10 核心素养视域下初中英语单元作业设计的思考与案例评析

海沧区教师进修学校　　沈学娜

　　作业的编制与批阅是教师教学工作的组成部分之一。教师普遍认同作业是教学的重要环节,是巩固和反馈教学的重要手段。然而,随着社会的发展,作业所承载的功能日益丰富,作业还具有"培养学习的责任心和毅力、培养学习兴趣和学习自信、培养元认知能力、培养解决问题和创新实践的能力、培养自主管理时间的能力"等功能。但是,作业设计质量不高制约着其多元功能的有效发挥。《义务教育英语课程标准(2022年版)》指出:教师应基于单元教学目标,兼顾个体差异,整体设计单元作业和课时作业。单元作业是单元设计的重要组成部分,如何使作业符合英语课程要求、满足学生的学习需求是一线教师需要研究的一项课题。

一、初中英语主题意义探究视角下的单元作业设计理念

　　主题意义探究视角下的单元作业设计倡导以主题语境为统领,以主题语篇为依托,引导学生在完成情境化作业的过程中加深对单元所学语言知识和文化知识的理解和内化,并能够在新的情境中迁移应用。"以主题语境为统领,以主题语篇为依托"强调作业内容和形式与单元主题相关,增强作业的"可理解性";"情境化的作业"指向语用和功能,旨在引导学生得体且恰当地运用目标语言与他人沟通和交流,提升有效运用英语和灵活应变的能力。基于主题意义探究的单元作业设计符合语言学习的规律和学生的认知规律。

二、初中英语单元作业设计案例评点与建议

唐慧老师所设计的人教版《英语》九年级第七单元的作业对一线教师如何基于主题意义探究设计单元作业具有借鉴意义。

1.整合单元内容，聚焦主题理解

作业开始之前，采用简单、生动的图示呈现单元的主要内容，便于学生快速回顾单元主题内容，形成结构化知识，在完成作业之前激活相关的学习体验和知识储备，明确该作业的设计目标和意图。

整份单元作业由四个模块组成：Consolidation（基础巩固）、Enhancement of Skills（技能提升）、Practicing Thinking and Exploring（运用迁移）、Summary and Reflection（总结反思）。四个模块的设计具有进阶性，有助于实现"巩固运用所学词汇和结构功能谈论规则，并就不同规则表达观点和阐述理由；反思自己的行为，提高规则仪式，感悟师长的合理建议对成长的重要作用"的单元作业目标。学生在完成作业的过程中需综合运用语言、思维、学习策略和文化等相关的综合知识和能力，从而加深对"规则"这一主题语境的理解和探究，形成对规则的正确态度和认识，提升社会责任感。

2.创设真实情境，任务驱动学习

整份作业设计基于三个子主题：rules at home、rules for school、rules in public，创设"帮助 Larry 完成给父母的邮件""为学校图书馆制作新冠肺炎疫情期间规则的海报""与校长对话谈论校规""商议网课期间用网规则""学习、总结公共场所的规则"等情境和任务，将学生带入真实的、具有情绪色彩的、生动具体的语言使用场景中，使学生产生情感、态度、体验，从而进一步激发完成作业的动力，积极主动地探究如何根据谈话的场所、对象等，选择不同的语言形式得体地陈述规则，表达对各类规则的看法并阐述原因。

3.尊重学生差异，探索多元评价

学生的语言学习基础、认知方式、学习风格差异较大，单一的作业形式、统一的评价标准和评价方式不利于学生持续学习。在本单元的作业设计中，唐慧老

师在丰富作业类型、探索多元评价等方面进行了有益尝试。

例如,在听说部分的作业中设计了视频录制作业,提供了"流利度""准确度""展示的自信度"三个评价维度,引导学生在完成作业的过程中审视并优化自己的作品;在运用迁移部分的调查结果汇报中,设计了评价表格,个人、小组、教师三个不同的评价群体,从"参与度""表现力""学科专业性"三个维度对学生的汇报展示进行评价,关注学生思维品质、学习能力、文化意识等学科核心素养而不再单一评价学生的语言能力水平。评价维度结合了主题情境和任务特点,有助于引导学生结合评价要求完成相应的任务,在实践性和拓展性的作业中体会、认同遵守规则的重要性。

总体而言,整份单元作业设计是对英语新课标所提出的大单元、主题意义探究理念的初步尝试,也为海沧区的初中英语单元作业设计提供了新思路。结合海沧区的学生情况,近阶段的单元作业设计实践可在以下两个方面进一步探索:

1.应用网络平台,提供"菜单式"作业

受作业版面的限制,目前的单元作业分层体现不明显,更多面向中等水平的学生,缺乏针对学习困难生的支架式作业和较高水平学生的综合性作业。在作业设计过程中,可根据同一学习目标,编制不同难度的作业,利用网络平台的社群分组功能,引导学生结合自身水平,在提供的作业菜单中自主选择。

2.细化评价标准,优化评价效果

建构主义学习理论将理想的学习者视为自我调节的学习者。在作业中提供自我评价量表,有助于学生对作业效果进行显性的判断,了解和反思自己阶段性学习中的不足,从而调整学习方案,提高学习效率,并逐步形成自主学习的能力。目前我区的大部分老师具有评价促学导学的意识,在评价维度的设计上有诸多尝试,但在制定具体的评价标准方面较为欠缺。建议教师可以对三个年级同一主题的实践性、综合性作业进行案例式研究,细化评价标准,使不同层次的学生能够对照标准反思提升,充分发挥评价的促学和导学作用。

参考文献

[1] 中华人民共和国教育部.义务教育英语课程标准(2022 年版)[S].北京:北京师范大学出版社,2022.

[2] 王月芬.重构作业:课程视域下的作业设计研究[M].北京:教育科学出版社,2021:10-13.

[3] 沈学娜.例谈初中英语单元作业有效设计的策略[J].校园英语,2020(29):165-166.

问题驱动 促进整体认知

——湘教版《地理》七年级下册第七章"了解地区"

单元作业设计

厦门市海沧区北附学校 黄 荣

◆单元名称

湘教版《地理》七年级下册第七章"了解地区"

◆单元作业规划与目标

"了解地区"这一单元是按照教材的自然单元来划定的,它是湘教版《地理》七年级下册教材第七章的内容。这个单元由五节组成,分别为"第一节 东南亚""第二节 南亚""第三节 西亚""第四节 欧洲西部""第五节 北极地区和南极地区"。具体课时及作业安排如下(见表1):

表1 "了解地区"单元课时及作业安排

教材章节	课时安排	作业安排
第一节 东南亚	第1、2课时	1个课时作业
第二节 南亚	第3、4课时	1个课时作业
第三节 西亚	第5、6课时	1个课时作业
第四节 欧洲西部	第7课时	1个课时作业
第五节 中北极地区和南极地区	第8、9课时	1个课时作业
单元综合练习	第10课时	1个单元综合作业

本单元在课程标准中属于"认识地区"模块,依据课程标准的要求,并参考地理学科教学基本要求的相关内容,同时结合教材内容和学生的学习水平与发展需要(义务教育优质校学生),制定了如下单元作业目标(见表2):

表 2 "了解地区"单元作业目标设计表

序号	单元目标描述	学习水平
1	能在某地区地图上,找出该地区的范围、主要国家及其首都,从纬度位置、海陆位置、方位三个维度,说出某地区的地理位置,掌握描述某地区地理位置的方法	理解应用
2	能运用世界地图,简要评价某地区的地理位置特点	应用
3	能运用某地区的地形图和地形剖面图,归纳某地区地势和地形特点;举例说明某地区地形地势特点与人口分布、农业生产等方面的关系	理解应用
4	能运用某地区的各类气候图表,归纳某地区气候特点;举例说出某地区气候特点对农业类型、分布、收成等农业生产方面,以及对人类饮食习惯、民居、服饰等生活方面的影响	理解应用
5	能通过阅读地形图,分析某地区地形地势特点对河流流向、河流特征的影响,理解地形与河流分布的关系、河流与城市分布的关系;学会说出城市分布在河流沿岸和河口三角洲的利弊条件,理解河流对城市分布的影响	理解应用
6	能在地图和其他资料中,指出某地区对当地或世界经济发展影响较大的自然资源的名称和主要分布国家;学会运用地图和资料,归纳出这些自然资源的生产、出口情况	理解
7	理解某地区发展旅游业的优势条件应从以下几个方面进行分析:自然环境、旅游资源(自然或人文景观、民俗等)、旅游基础设施、旅游客源、交通、政策等	分析
8	学会运用资料来描述某地区衣食住行等风俗习惯,理解该地区文化习俗与地理环境的关系	理解
9	识记南、北极地区的范围、自然环境特点及其特有动物	记忆
10	能运用两极地图,说出南、北极地区自然环境的特殊性。举例说出极地考察和极地环境保护的重要性,明确我国极地科考站建设以及考察南北极时间,并能简要分析其原因	理解应用

本单元作业适宜使用的对象是九年一贯制学校七年级学生。

总的来说,本单元作业以本单元的核心"初步掌握认识地区的一般方法"为出发点,要求学生利用地图对所学区域进行准确的定位,了解地区地理位置的描述方法,地理位置对自然环境中地形、气候、水文、自然资源等自然要素的影响,并了解这些自然要素之间的相互关系以及自然环境特征对人类活动的影响,通过不同地区的比较,了解地区之间的差异及其原因,从而进一步掌握认识区域的一般方法,发展地理学科核心素养。

◆单元作业设计构想

本单元作业分为"学习目标""知识建构""反馈练习""反馈练习评价区""综合实践活动或问题探究"等部分,作业量少而精,以期提升作业设计质量,达到减负增效的作用。其中,"学习目标"有助于让学生明确单元作业的总体要求与学习任务,体现单元作业设计的整体架构。"知识建构"设计在每节的第一部分,以知识结构图的形式呈现,旨在帮助学生梳理、整合某一个地区的知识,建构地理要素之间的联系。"反馈练习"主要帮助学生通过练习检测对所学的基础知识的掌握情况,不同课时侧重点不同,设计某地区独特的地理环境,且能力层级不断提升。"反馈练习评价区"主要从复习巩固、能力提升、实践拓展三个方面给予评价,并通过自评与教师评价等多种方式对学生进行质性评价反馈,让学生明确下一步学习目标,增强学习信心。"综合实践活动或问题探究"并不是每一节都有设计,适当的设计有利于学生通过联系身边的生活生产实践,提高综合思维能力和实践能力,发展地理核心素养,同时体现学习生活中的地理、学习对终身发展有用的地理、构建开发的地理课程的理念。

◆单元作业双向细目表

单元作业细目表见表 3～表 8。

表 3　东南亚

题号	题型		知识点	认知目标				思维方法					图表技能			预估难度
	选择题	非选择题		识记	理解	简单应用	综合应用	逻辑思维	创新思维	实践能力	空间思维	其他	阅读地图	阅读图表	绘制图表	
1	√		马六甲海峡	√							√		√			0.7
2	√		东南亚国家	√							√		√			0.7
3	√		中南半岛地势		√			√			√		√			0.9

续表

题号	选择题	非选择题	知识点	识记	理解	简单应用	综合应用	逻辑思维	创新思维	实践能力	空间思维	其他	阅读地图	阅读图表	绘制图表	预估难度
4	√		中南半岛城市与河流		√						√		√			0.9
5	√		中南半岛农业条件				√	√					√			0.7
6(1)		√	纬度位置		√						√		√			0.7
6(2)		√	火山地震带	√							√		√			0.8
6(3)		√	板块构造学说				√			√			√			0.6

表 4　南亚

题号	选择题	非选择题	知识点	识记	理解	简单应用	综合应用	逻辑思维	创新思维	实践能力	空间思维	其他	阅读地图	阅读图表	绘制图表	预估难度
1	√		南亚气候		√					√				√		0.8
2	√		南亚气候				√				√		√			0.6
3	√		南亚气候与生活				√			√			√			0.7
4(1)		√	南亚地形	√	√						√		√			0.6
4(2)		√	南亚的气候				√		√				√			0.7
4(3)		√	气候的影响			√		√	√				√			0.5

表 5　西亚

题号	选择题	非选择题	知识点	识记	理解	简单应用	综合应用	逻辑思维	创新思维	实践能力	空间思维	其他	阅读地图	阅读图表	绘制图表	预估难度
1	√		西亚民俗	√		√				√	√		√			0.9
2	√		西亚气候				√				√		√			0.8
3(1)		√	大洲位置	√							√		√			0.7

续表

题号	选择题	非选择题	知识点	识记	理解	简单应用	综合应用	逻辑思维	创新思维	实践能力	空间思维	其他	阅读地图	阅读图表	绘制图表	预估难度
3(2)		✓	西亚石油分布	✓							✓		✓			0.9
3(3)		✓	石油运输、海陆位置	✓		✓		✓		✓			✓			0.7
3(4)		✓	石油输出路线	✓							✓		✓			0.6

表 6　欧洲西部

题号	选择题	非选择题	知识点	识记	理解	简单应用	综合应用	逻辑思维	创新思维	实践能力	空间思维	其他	阅读地图	阅读图表	绘制图表	预估难度
1	✓		欧洲西部地理位置	✓				✓						✓		0.9
2	✓		欧洲西部旅游业			✓				✓				✓		0.7
3(1)		✓	欧洲西部位置与气候特征			✓	✓	✓	✓		✓		✓			0.7
3(2)		✓	欧洲西部地形与气候			✓					✓		✓			0.6
3(3)		✓	欧洲西部气候与农业			✓							✓			0.7
3(4)		✓	地形、气候对河流水文特征的影响			✓					✓		✓			0.5
3(5)		✓	欧洲西部的人口	✓		✓							✓			0.6

表 7　北极地区和南极地区

题号	选择题	非选择题	知识点	识记	理解	简单应用	综合应用	逻辑思维	创新思维	实践能力	空间思维	其他	阅读地图	阅读图表	绘制图表	预估难度
1	✓		南极地区的纬度判读		✓						✓		✓			0.8
2	✓		南极地区的气候				✓	✓					✓			0.7

续表

题号	题型		知识点	认知目标				思维方法					图表技能			预估难度
	选择题	非选择题		识记	理解	简单应用	综合应用	逻辑思维	创新思维	实践能力	空间思维	其他	阅读地图	阅读图表	绘制图表	
3	✓		南极地区的自然环境		✓			✓					✓			0.6
4(1)		✓	极地地区的海陆位置		✓			✓			✓		✓			0.8
4(2)		✓	经纬度位置与地理现象		✓			✓			✓		✓			0.7
4(3)		✓	南北极地区的气候差异				✓	✓			✓		✓			0.5
4(3)		✓	极地地区自然资源				✓	✓					✓			0.5

表8　单元综合练习

题号	题型		知识点	认知目标				思维方法					图表技能			预估难度
	选择题	非选择题		识记	理解	简单应用	综合应用	逻辑思维	创新思维	实践能力	空间思维	其他	阅读地图	阅读图表	绘制图表	
1	✓		地理位置				✓	✓			✓		✓			0.8
2	✓		地理位置	✓				✓			✓		✓			0.8
3	✓		意大利地理环境			✓		✓		✓						0.7
4(1)		✓	板块运动与火山地震		✓			✓			✓		✓			0.7
4(2)		✓	地势与河流		✓			✓					✓			0.6
4(3)		✓	交通建设与地理环境				✓	✓	✓				✓			0.5
4(4)		✓	火山活动对人类的有利影响				✓	✓	✓	✓			✓			0.5

◆单元作业设计

亲爱的同学：

上一单元我们学习了大洲，学会了从哪些地理要素来描述大洲的特征，知道了描述地理特征的方法。本单元我们学习的是地区，这是比大洲小一点的地理区域,比如前三节的东南亚、南亚、西亚就是亚洲的三个分区,欧洲西部是欧洲的西半部分,第五节的北极地区和南极地区是根据这里独特的地理位置划分的区域。我们会继续使用认识大洲的一些方法来了解地区,但世界是丰富多样的,每一个地区都有其独特的地方,尺度缩小,我们对人文地理特征的了解也会更多。地理位置决定一个地区的自然条件,从而影响当地的社会经济特征。

　　我们的单元作业是按照课本章节的顺序设计的,包括5个课时作业和1份单元综合作业共6份作业。作业包含反馈练习及实践活动等不同类型,力求通过作业进一步巩固课堂学习内容,提升地理素养,提高地理思维能力和实践力。每课时反馈练习之前,老师整理了一个知识结构图,便于了解该地区的地理特征及其相互联系,请根据知识结构图先进行复习,然后再做反馈练习。书面的反馈练习一般包括1~2组单项选择题和1组非选择题,完成时间在10分钟之内,请尽量闭卷、独立、限时完成,并认真订正;实践活动、问题探究作业根据要求,与同伴合作完成,并进行自我评价。

　　以下是本单元的基本学习框架,如图1所示。

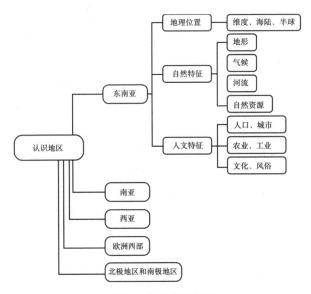

图1　单元学习框架

第一课时：东南亚

(一)本课学习目标

(1)你能阅读东南亚地图，描述东南亚的地理位置、范围，并学会在地图中找出某地区的纬度位置、相对位置、大致范围以及主要国家和首都的方法。

(2)你能阅读东南亚地形图和气候图，概括其自然环境特点，并学会归纳某地区地势和地形特点的方法，分析某地区地形地势特点、气候特点对河流流向、河流特征的影响，理解地形、气候与河流的关系。

(二)知识建构(见图2)

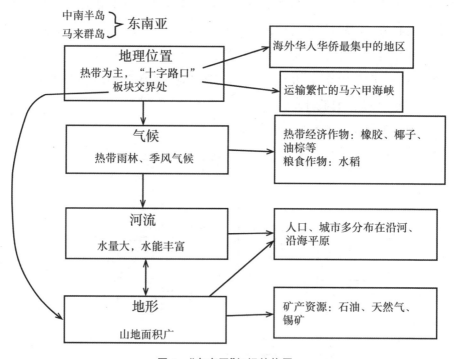

图 2　"东南亚"知识结构图

(三)反馈练习

(改编)革命老前辈陈毅同志赠友人诗句"……山山皆向北，条条南流水"，描述了中南半岛的山河大势。请参照中南半岛区域示意图，完成第1～3题。

1.中南半岛区域的地势特征是(　　)。

　　A.南高北低　　　　B.东高西低　　　　C.北高南低　　　　D.西高东低

2.该区域内大多数大城市的分布特点是(　　)。

　　A.沿海岸线分布　　　　　　　B.沿河流分布

　　C.沿国境线分布　　　　　　　D.沿山脉分布

3.该区域种植水稻的有利自然条件是(　　)。

　　A.地形以平原为主　　　　　　B.热量充足

　　C.河流水源充足　　　　　　　D.人口稠密

4.(原创)2020年4月11日0时44分在菲律宾棉兰老岛附近海域发生5.9级地震,多次发生余震,厦门有震感。请参照东南亚及其附近板块分布及棉兰老岛位置示意图,完成下列各题。

(1)棉兰老岛的纬度大致是_____,从地球五带来看,位于_____带。

(2)菲律宾位于_____火山地震带。

(3)印度尼西亚主要位于_____群岛,该国有"火山国"之称,请简述该国多火山的原因:_____。

(四)反馈练习评价区

	复习巩固 (必备知识)	能力提升 (关键能力)	实践拓展 (核心素养)
实际水平等级 (A、B、C、D)			
学生自评 (自己的收获,存在的困难,解决措施)			
教师评语			

(五)综合实践活动

东南亚是世界上最受欢迎的旅游目的地之一,拥有众多美丽的海滩,生活方式悠闲,并且相对来讲消费还不高。对于中国游客来说,飞往东南亚的航班众多,甚至坐上大巴就能远走异国他乡,非常方便。

以小组为单位,分工合作,设计暑假去东南亚的旅行路线,制作旅游攻略。

要求:至少游览两个国家,旅行时间大约 10 天,花费在 6000 元以内,要说明你们所设计线路的特色,并制作宣传海报。

综合实践活动评价标准见表 9、表 10。

表 9　小组合作学习学生表现评价量规

评价指标	4 分	3 分	2 分	1 分
表现效果	小组同学都能参与讨论,有效果,有活动方案,查找资料途径准确,和谐地参与小组活动,表现积极	小组同学能有表现,准确和谐地参与小组活动,有表现能力	小组能准确地查找资料	小组不能够准确、和谐地组织活动,表现混乱
分工合作	小组成员分工明确,紧密配合,有组织者,有方法,能高效率地完成探究任务,并有良好的表现效果	小组成员分工明确,有组织者,能完成探究任务,有良好的表现效果	小组分工合理,能完成探究任务,但效果一般	小组探究进度较慢,组织无序,探究效果一般

表 10　旅游攻略设计学生评价量规

评价指标	4 分	3 分	2 分	1 分
线路优化	设计至少游览两个国家,旅行时间大约 10 天,花费在 6000 元以内,交通、食宿等选择合理,具体可行	设计至少游览两个国家,旅行时间大约 10 天,花费或者具体安排有部分遗漏	设计路线基本合理,但具体安排不够详细	设计路线不合理,方案不具体
宣传海报	有旅游路线图,有景点介绍,图文并茂,生动活泼,学生投票多	缺少路线图或者部分特色景点介绍,学生投票相对少	比较简略,配图或者文字、版面相对较差,投票较少	比较简略,配图或者文字、版面不美观,投票最少

第二课时:南亚

(一)本课学习目标

(1)能通过阅读东南亚地图,说出主要国家和首都,描述农作物及矿产、人口分布及特点。

(2)能读图归纳河流对城市分布的影响。

(二)知识建构(见图 4)

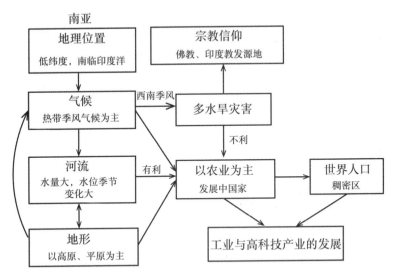

图4　"南亚"知识结构图

(三)反馈练习

(原创)据了解,印度一直饱受极端天气的侵害,特别容易出现高温天气。自1992年以来,已经有超过2.5万印度人因为高温死亡。图5示意孟买年内各月气温、降水量图,据此完成第1~3题。

1.印度最容易出现高温天气的时段是(　　)。

　A.12月—次年2月

　B.3月—5月

　C.6月—9月

　D.10月—11月

2.描述孟买的气候特点(　　)。

　A.全年高温多雨

　B.全年高温,分旱、雨两季

　C.全年高温少雨

　D.夏季高温多雨,冬季温和少雨

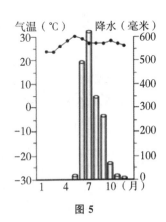

图5

3.仅从气候条件考虑,最适合去印度旅游的季节是(   )。

A.春季   B.夏季   C.秋季   D.冬季

4.(改编)南亚自然地理环境优越,耕地广阔,物产丰富多样。请根据南亚地形图和南亚雨季降水量分布图,完成下列各题。

(1)南亚地形类型以_____、_____为主,大部分地区地势_____,耕地广阔。

(2)南亚雨季盛行风风向是_____,该季风来自_____洋。由于该季风不稳定,容易发生_____灾害。

(3)西高止山西侧降水比东侧_____,原因是_____。

(四)反馈练习评价区

项目	复习巩固 (必备知识)	能力提升 (关键能力)	实践拓展 (核心素养)
实际水平等级 (A、B、C、D)			
学生自评 (自己的收获,存在的困难,解决措施)			
教师评语			

第三课时:西亚

(一)本课学习目标

(1)能在西亚地图和其他资料中,指出西亚地区对当地或世界经济发展影响较大的自然资源的名称和主要分布国家,归纳出其生产、出口情况。

(2)学会运用资料描述西亚居民特征,说明文化习俗与地理环境的关系。

(二)知识建构(见图6)

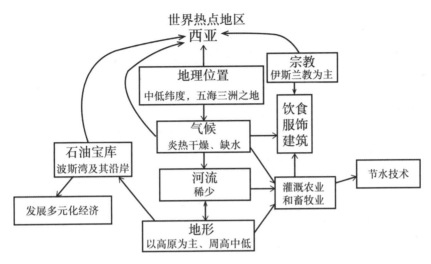

图6　"西亚"知识结构图

(三)反馈练习

(改编)一个地区人们衣食住行等风俗习惯深受地理环境的影响。图7示意西亚民居及传统服饰,据此完成第1~2题。

1.该地区的阿拉伯人普遍信奉(　　)。

　A.基督教　　　　B.伊斯兰教

　C.佛教　　　　　D.犹太教

2.图中的服饰和建筑反映了该地的气候特征是(　　)。

图7

　A.高温多雨　　B.温和湿润　　C.炎热干燥　　D.寒冷少雨

3.**(原创)**石油被称为"工业的血液"。2020年4月13日,沙特阿拉伯主导的石油输出国组织成员国和俄罗斯等部分非欧佩克产油国达成原油减产协议,连续一个多月的全球原油价格战宣布结束。请阅读校本作业中的世界局部区域图,据此完成下列各题。

　(1)沙特阿拉伯位于_____洲。

　(2)沙特阿拉伯所在的地区石油集中分布在_____及其沿岸地区。

（3）石油输出路线中输送石油使用的运输工具是_____，三条输出路线的必经之地是_____海峡。

（4）线路输往日本，需途经东南亚的_____海峡；线路和目标市场是欧洲西部各国，其中路程较短的是_____。

（四）反馈练习评价区

项目	复习巩固 （必备知识）	能力提升 （关键能力）	实践拓展 （核心素养）
实际水平等级 （A、B、C、D）			
学生自评 （自己的收获，存在的困难，解决措施）			
教师评语			

（五）问题探究

1.为什么西亚长期以来是世界关注的热点地区？

要求：以小组为单位，分工合作，查阅相关资料，形成调研报告，制作课件在班级分享。

2.评价标准（见表11）

表11　搜集信息能力表现评价量规

分值	标准
1分	能搜集与西亚相关的信息
2分	能搜集到和西亚石油争端、民族冲突等问题相关的信息（含地图信息），但存在信息不足问题
3分	能搜集到和西亚地理位置、石油争端、民族冲突等相关的信息（含地图信息），但存在信息过剩的问题
4分	能搜集到和西亚地理位置、石油争端、民族冲突等相关的信息，并能合理解释自己的论点

第四课时：欧洲西部

（一）本课学习目标

（1）能读欧洲西部地图，描述欧洲西部的地理位置、范围；

（2）能根据地图等资料分析欧洲西部发展乳畜业的有利条件及发展旅游业的优势条件。

(二)知识建构(见图8)

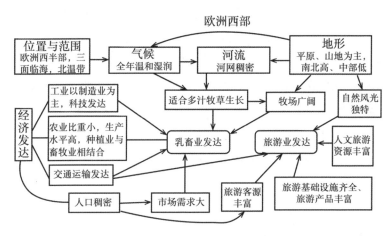

图8　"欧洲西部"知识结构图

(三)反馈练习

(原创)小明在欧洲西部游览某城市后,绘制了该城市著名建筑分布示意图,如图9所示,据此完成第1~2题。

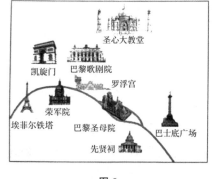

图9

1.该城市位于(　　)。

　A.英国　　　　　B.法国

　C.德国　　　　　D.意大利

2.欧洲西部发展旅游业的优势条件有(　　)。

　A.丰富多样的旅游资源

　B.气候温凉,多雨多雾

　C.交通便利,出行方便

　D.居民收入低,消费低

3.(改编)自然地理环境由位置、地形、河流、气候等要素组成,它们相互作用、相互制约,构成一个整体,同时它们又会影响这里的人类活动。请根据欧洲西部地形和汉堡气候资料图,完成下列各题。

(1)欧洲西部绝大部分地区位于地球五带的_____带,受来自大西洋上的气流影响,形成地中海气候和终年_____(填气候特征)的温带海洋性气候(如汉堡)。

(2)欧洲西部地形以_____和山地为主,南部山脉大致呈_____走向,大陆轮廓破碎,海湾深入,利于盛行西风进入,因而温带海洋性气候面积广大。

(3)受气候影响,本区中部农业生产不适宜发展种植业,适合发展_____业。

(4)受地形和气候的影响,莱茵河流量较_____,流速_____,通航能力强。

(5)欧洲西部是世界上_____人种的主要分布区。从经济发展水平来看,欧洲西部大多数国家属于_____国家。该地区人口增长缓慢,由此带来的社会问题主要有_____。

(四)反馈练习评价区

	复习巩固 (必备知识)	能力提升 (关键能力)	实践拓展 (核心素养)
实际水平等级 (A、B、C、D)			
学生自评 (自己的收获,存在的困难,解决措施)			
教师评语			

第五课时 北极地区和南极地区

(一)本课学习目标

(1)能读图记住南北极地区的范围、自然环境特点、各自代表动物的名称,了解我国极地科考站建设成就;

(2)能读图说出南、北两极地区自然环境的特殊性,认识极地考察和极地环境保护的重要性,了解极地科学考察时间并能简单分析原因。

(二)知识建构(见图10)

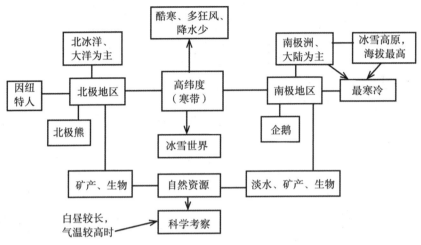

图10　"北极地区和南极地区"知识结构图

(三)反馈练习

(改编)南极地区是一片纯粹的冰雪世界,冰层的平均厚度达到了2000米以上,最厚的地方有4000多米。请根据南极地区图,完成第1～3题。

1.下列科学考察站中,纬度最高的是(　　　)。

　　A.长城站　　　　B.中山站　　　　C.泰山站　　　　D.昆仑站

2.南极科考活动要克服的恶劣天气是(　　　)。

　　A.酷寒、狂风　　　B.飓风、暴雨　　　C.暴雨、雷电　　　D.台风、寒潮

3.关于南极地区冰层来源的说法,正确的是(　　　)。

　　A.亿万年降雪的积累形成　　　　B.南极地区降水极其丰富

　　C.由于海水结冰形成　　　　　　D.从其他大陆漂移而来

4.**(改编)**极地环境保护问题是一个严重的问题。请根据两极地区略图及气候比较图(见图11),完成下列各题。

(1)图中为北极地区的是图_____(甲/乙),你的判断依据是:_____

_____。

(2)乙图中科考站A位于_____(东/西)半球,_____(有/无)极昼极夜现象。

项目	南极地区	北极地区
平均气温	-50 ℃	-18 ℃
最低气温	-88.3 ℃	-66.7 ℃
年平均降水量	55毫米	200毫米
年平均风速	18米/秒	10米/秒

图 11　两极地区气温、降水

(3)南极地区和北极地区相比较,更寒冷的是＿＿＿＿＿＿地区,造成两地区气温不同的主要原因是＿＿＿＿＿＿＿＿＿＿＿＿＿＿＿＿＿。

(4)科学工作者生活在北极地区,需要大量能源资源,最适宜开发利用的能源是＿＿＿＿＿＿。

(四)反馈练习评价区

项目	复习巩固 (必备知识)	能力提升 (关键能力)	实践拓展 (核心素养)
实际水平等级 (A、B、C、D)			
学生自评 (自己的收获,存在的困难,解决措施)			
教师评语			

第六课时:单元综合练习

(一)本课学习目标

(1)掌握通过读图描述某地区地理位置特点的方法。

(2)能运用地图和图表,归纳某地区地势地形、气候、河流特点等自然环境特征,解释其对当地农业生产、城市分布、人类生活等的影响。

(3)认识开展极地考察和保护极地环境的重要性。

(二)单元知识梳理与建构(见图 12)

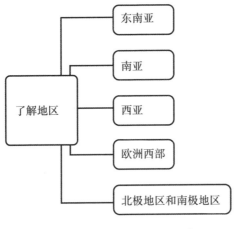

图 12　单元知识结构图

认识地区的一般方法：

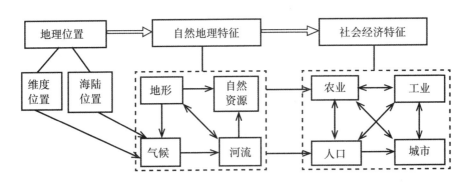

在复习的时候特别注意以下三点：

(1)读图定位；

(2)要素特征描述及相互联系；

(3)进行区域比较。

(三)反馈练习

(原创)"一带一路"新闻合作联盟秘书处 2020 年 3 月 25 日在北京面向全球成员单位发出《共筑抗疫防线　共建健康丝路》公开信,倡议联盟成员单位推动

"一带一路"共建国家在这场全人类与病毒的斗争中风雨同舟、团结合作,最终共同战胜新冠肺炎疫情。请根据"一带一路"示意图,完成第1~3题。

1.下列地区中,21世纪海上丝绸之路和丝绸之路经济带都有经过的地区是( )。

　　A.东南亚　　　　B.南亚　　　　C.西亚　　　　D.中亚

2.海上丝绸之路从福州出发,到达意大利,途经的海洋描述正确的是( )。

　　A.太平洋—白令海峡—印度洋—土耳其海峡—地中海

　　B.太平洋—马六甲海峡—印度洋—苏伊士运河—地中海

　　C.大西洋—直布罗陀海峡—地中海—红海

　　D.大西洋—霍尔木兹海峡—阿拉伯海—红海

3.意大利在我国汶川地震时是第一个派遣救援队的欧洲国家,这个国家抗震经验丰富,主要原因是( )。

　　A.经济发达,科学技术先进　　　　B.是距离中国最近的欧洲国家

　　C.位于板块交界处,多地震　　　　D.都是发展中国家,南南合作

4.(改编)2019年6月9日,苏门答腊岛锡纳朋火山喷发,火山灰高达5.5万英尺(1英尺=0.3048米),强烈的爆炸导致巨大的火山灰柱升到数英里(1英里=1609.344米)外的天空。请根据苏门答腊岛的地理位置及其地理事物分布,完成下列各题。

(1)苏门答腊岛多火山的原因是＿＿＿＿＿＿＿＿＿＿＿＿。

(2)该岛主要河流流向为＿＿＿＿＿＿,由此推测其地势倾斜为＿＿＿＿＿＿。

(3)火山喷发会引发巨大灾害,但许多村镇仍然分布在火山附近,试分析其原因:＿＿＿＿＿＿＿＿＿＿＿＿＿＿＿＿＿＿＿。

(四)反馈练习评价区

项目	复习巩固 (必备知识)	能力提升 (关键能力)	实践拓展 (核心素养)
实际水平等级 (A、B、C、D)			
学生自评 (自己的收获,存在的困难,解决措施)			
教师评语			

参考资料

[1] http://www.chinanews.com/gj/2020/04-11/9153632.shtml。

[2] https://www.y5000.com/shbt/43556.html。

[3] 世界原油价格战结束,https://news.china.com/t_5LiW55WM5Y6f5rK55Lu35
qC85oiY57uT5p2f.html。

[4] 中国一带一路网,https://baijiahao.baidu.com/s? id=1662343091124448366&
wfr=spider&for=pc。

12 核心素养视域下初中地理 单元作业设计的思考与案例评析

海沧区教师进修学校　陈秋萍

地理学科核心素养是指学生在学习地理知识的过程中逐步形成的、在解决真实情境中的问题时所表现出来的正确价值观念、必备品格与关键能力,主要包括人地协调观、区域认知、综合思维和地理实践力。2022 年版课标强调:"提高作业质量,增强针对性,丰富类型、合理安排难度,有效减轻学生过重学业负担。"地理作业是地理教学重要组成部分之一,是对学生地理学业评价和地理学科能力测量的重要标杆,是课堂教学的有效补充与拓展;也是教师了解学情、调整教学策略的重要手段,是提高地理教学质量的重要载体。初中地理作业设计在形式上不能局限于书面基础性作业,还可以适当增加分层、弹性和个性化作业;在内容上不能局限于知识层面,还应与学生生活实际相联系,注重设计内容丰富、真实的活动(如野外考察、地理实验、社会调查等),让学生在活动中体会地理作业的乐趣,激发学生对地理学习的积极性。

一、初中地理单元作业设计遵循的原则

1.素养导向

要以正确的价值引领为路径,瞄准立德树人根本任务的落实,以聚焦学生发展核心素养和地理学科核心素养的形成指向,以思维的进阶和提升为中心,根据学生实际情况,围绕知识建构、课程整合、问题解决来设计作业。要准确清晰、科学合理,能增长学生知识、拓展思维和具有教育意义。考察、实验、调查等是地理学重要的研究方法,是地理课程重要的学习方式,是落实地理核心素养培

育的有效途径。教师设计一些让学生亲自参与的生活实践类作业,让学生运用所学地理知识去解释生活中的地理现象,在完成这类作业的过程中发展地理核心素养。

2.精减题量

作业设计既要符合学情,立足学生的最近发展区,又要围绕地理学科大概念来设计"少而精""少而优"的作业,精选题目。既要考虑学生的知识与能力全方位、多角度的培养和提升,也要考虑培养所需时间的长短。作业数量与难度也要符合学生实际,学生能在合理的时间里保质保量完成,让学生做有所思、做有所得、做有所获。作业设计的标准就是适量,就是不能超过学生的承受能力。

3.体现层次

作业设计既要符合课堂的教学结构、学生的认知结构,还要符合地理学科的知识结构,做到"三构"合一,让学生对作业感兴趣,进而达到想做、想学、乐学的境界。作业有难易之分,要区分基础题、创新题等,对于不同学生要有不同的要求。从基础出发,同时要凸显"梯度",最大程度地激发学生积极性,学生能够发现自己的亮点,将其发展为个人的优势并使其极致地发挥。

二、初中地理单元作业设计案例评点与建议

基于新的理念引领,黄荣老师设计的湘教版教材《地理》七年级下册第七单元作业做出了许多有益的尝试。

这一单元包括"东南亚""南亚""西亚""欧洲西部""北极地区和南极地区"五个不同区域,通过不同区域独特的地理环境特征的差异学习,培养学生区域认知和综合思维素养。具体来说,黄老师的作业设计具有以下几个突出亮点:

1.思维导图,促进整体认知

要实现深度学习,教师要将教学内容转化为学生能够进行思维操作和加工的教学材料,帮助学生建立新旧知识之间联系、知识与方法之间的联系以及知识与生活之间的联系,形成结构化的知识。黄老师设计的作业通过思维导图呈现每一课及单元结构化知识,帮助学生复习所学内容,促进深度学习。

2.类型多样,体现差异教学

初中生具有较强的好奇心和探究兴趣,教师利用学生的心理特点和个性差异设计不同类型的作业。这样做可以增强作业的个性化。例如"东南亚"一节在基础性作业之后,针对东南亚是中国人常去的旅游目的地,开展实践活动设计。要求学生以小组为单位,分工合作,设计暑假去东南亚的旅行路线,制作旅游攻略,满足了不同学生的个性化学习需求。

3.问题驱动,促进探究学习

"西亚"开放性的问题探究活动,使学生在挑战性问题的引领下,查阅资料,归纳整理,小组讨论,逐步形成自己的答案。主题要贴近学生的日常生活实际,完成的方式可以个人独立完成,也可以以学习小组的形式合作完成,甚至可以由学生与教师、家长共同完成。

当然,这份案例也还存在些许不足,可以考虑从以下三个角度加以完善:

1.各课时之间学习目标的关联性略显不足

该案例有体现"总—分—总"的单元架构,但从学习目标的描述来看,课时之间的联系略显不足。作业设计中,应重视以大概念为核心,确定单元目标和可供学生测量和评价的课时目标。

2.客观题比例偏大,思维能力培养有待提升

要评价学生的思维能力,需要设计基于真实情境下的真问题。客观题在展现学生思维结构方面存在不足,建议地理作业中以设计主观题为主,增加开放性题目的设计,通过学生的表达了解学生的思维结构。

3.学生地理学习过程性评价需要加强

对于地理作业的评价,应采用发展性评价,遵循激励性、多元化、个性化等原则。对学生的学习过程进行评价,按照不同学习阶段设计不同的评价项目和形式,包括小组学习活动单、项目作业、成果展示的内容简介、参与地理实践活动的简介和照片、活动心得、小论文、研究报告、成长表现等。通过评价,教师要把学生对评价结果的关注引导为对学习过程的关注、对个人素质全面发展的关注。

探索物质的奥秘

——沪科版《物理》八年级第五章"质量与密度"单元作业设计

厦门双十中学海沧附属学校　高张榕

◆单元名称

沪科版《物理》八年级第五章"质量与密度"单元作业

◆单元学习与前后内容联系

质量是物体的一种属性,是物体惯性大小的量度,是学习力与运动的基础,又与能量有联系。密度是表征物质特性的一个重要物理量,也是学习压强、浮力的必备知识。因此本章是初中物理的重要章节。

本章涉及的主要方法是比值定义法。比值定义法是初中物理定义概念最常见的方法,速度是学生接触的第一个用比值定义的物理量,可基于此进行密度的教学。密度是质量与体积的比,与质量变化、体积变化无关,反应的是物质的特性。基于速度概念的建立,密度概念的建立让学生对比值定义法的理解得到巩固与拓展。

◆单元教材简述与教学思路

本单元涉及的主要物理概念有质量、密度,对质量的要求是了解,对密度的要求是理解;学生需要掌握的操作技能是使用托盘天平、量筒;在实验探究中,学生需要能按照实验方案操作获得实验数据,会用简单的物理图像描述数据并根据图像特点对结果做出解释,在运用密度知识解决实际问题的过程中获得成就感。

第一课时,需要建立质量的概念。通过列举一杯水与一桶水说明物体所含物质的多少有区别,引出质量概念,再通过定量测量证明物体所含物质的多少与物体形状、状态以及空间位置变化无关,认识质量是物体的基本属性,将抽象的概念形象直观化。再通过生活中的包装认识质量的单位以及换算,加深对质量的理解。

第二课时,需要学会正确使用托盘天平与量筒。在介绍天平时,先向学生展示产品说明书,要求学生学会参照说明书提出的方法对照托盘天平进行调试,调试工作完成之后再组织小组活动测量固体以及液体的质量。在介绍量筒时,组织学生阅读教材,进行量筒、量杯的正确读数。本节课主要通过学生的自主阅读、动手操作,培养学生的主动学习能力及操作技能。

第三课时,需要定义密度以及理解密度的概念。先分别测量体积分别为V_1、V_2、V_3的铁块、铝块、铜块各三块的质量,然后通过数据表格及图像分析质量与体积的关系,发现相同物质质量与体积比值相同,不同物质质量与体积比值不同,让学生经历发现物质的特性——密度的过程,从而知道密度概念的由来。通过比值定义法认识密度的另一种表述与测量方法——密度公式,明确组合单位的物理意义。

第四课时,需要应用密度解决实际问题。先通过阅读课本的密度表格以及生活中的实际问题,概括出密度可以用来鉴别物质,还可以用来估测质量、估测体积,体会学习密度的重要意义。

◆单元重难点突破与作业设计构想

一、教学重难点与突破策略

1.教学重点

本章教学重点在于学习物质主题下中两个重要物理量——质量与密度。掌握天平与量筒的使用方法,设计实验测量物质的密度。理解密度的概念,解释生活中与密度有关的现象,通过计算解决与密度有关的实际问题。

2.教学难点

用多种方法测量固体、液体的密度,利用密度公式解决实际问题。

3.突破策略

(1)设计科学探究型实验作业。创设问题情境,让学生经历设计实验、实验操作、数据分析等过程,学会独立操作天平、量筒进行质量、体积、密度的测量,掌握相应的操作技能,建立密度概念。

(2)设计生活体验型实践作业。设置三个拓展活动,制作红糖馒头、调制鸡尾酒、改进产品标志,让学生对质量大小有具体的感知,建立密度的模型,并学会运用密度解决生活中的实际问题,培养学生的物理观念以及科学探究素养。

(3)设计进阶习题组单元作业。以习题组形式,由浅入深探究密度的测量方法,以及密度公式的应用,逐步构建模型,同时实现作业的分层设计。

二、单元作业编制说明

物理学科是人类科学文化的重要组成部分,是研究物质、相互作用和运动规律的自然科学。义务教育物理课程应综合反映人类在探索物质、相互作用和运动规律中的成果。本单元是学生认识物质的起点,结合内容特点,本单元的作业设计的意图和主要特色如下。

1.整体介绍

根据教材以及课标,本单元主要分为五个学习目标:知道质量的含义,会测固体和液体的质量,通过实验理解密度,会测量固体和液体的密度,解释生活中一些与密度有关的物理现象。学习目标之间环环相扣,从易到难,分步推进,符合学生螺旋式认知特点。

依据本单元教材特点及学习目标,结合课标要求以及学情,设计四个单元作业目标(见表1),分别对应质量、质量体积测量、密度测量、密度应用四个课时。在每个课时作业中,再将单元作业目标进行细分,力求提高单元作业设计的有效性。

单元作业设计不仅要巩固知识与技能,还要发展学生的能力与素养。因此在题目编制时,笔者以实验题和进阶题组形式为依托,帮助学生掌握等效替代法和模型建构法;利用三个课外拓展活动以及若干生活情境,体现从生活走向物理、从物理走向社会的理念;通过创设问题情境,培养学生实验设计能力、数据处理能力以及误差分析能力;在素材的选取上力求丰富,例如有冰雕、国产飞机、消防员等,渗透学科育人,培养学生科学态度与社会责任感。

2.作业特点

(1)突出重点,提效减负

在整体规划单元作业的基础上,明确密度的测量以及密度的应用两个重点,采用习题组的形式实现学生能力在单元学习过程中进阶发展。测量密度由常规测量方法展开,到缺少仪器用等效替代法进行特殊方法测量,培养学生的实验能力以及分类对比的思想。密度的应用主要围绕鉴别物质、估测质量、估测体积进行,对每一个素材采用变式的形式对内容进行深挖,培养学生分析综合以及建模的能力。

(2)重视体验,学科育人

在课后作业中,设置多种活动,重视学生在实践中培养科学探究以及科学思维的素养。作业中既有利用实验室器材进行体积、密度测量的实验,也有在家中利用电子秤、空瓶进行红糖馒头制作、鸡尾酒调制、厨房测量仪器改良等拓展性活动。丰富的创新性活动让学生在做中学,与生活中具体事物建立联系,既达到熟练操作的目的,亦用物理知识提高生活品质,激发学生的兴趣。情境中提及消防战士身穿质量大的装备、国产飞机,培养学生的社会责任感及爱国意识;引用《孟子》、冰雕渗透美育。课后作业力求落实立德树人,作业设置由易到难,让学生学习拾级而上,激发学生的学习自信。

◆单元作业设计

一、单元作业目标

说明:单元作业目标编号说明,如"0810501",第一、二位"08"表示八年级(即初二);第三位"1"表示第一学期;第四、五位"05"表示第五章;第六、七位"01"是课时,指该单元的第几个课时,见表1。

表1

单元作业目标编号	单元作业目标	学习水平
0810501	知道质量的含义	知道
0810502	会测量固体和液体的质量及体积	知道
0810503	通过实验,理解密度的概念 会测量固体和液体的密度	理解应用
0810504	会进行密度的计算 会解释生活中一些与密度有关的物理现象	综合应用

二、课后作业目标

编制说明:

课后作业目标编号说明,第一、二两位代表课时,第三、四两位代表教学目标,如"0101"代表第一课时的第一个教学目标。

题目序号第一、二两位代表课时,第三、四两位代表教学目标,第五、六两位代表题号,依次类推。

第一课时:质量

(一)课后作业目标(见表2)

表2

课后作业目标编号	课后作业目标	对应单元作业目标编号
0101	会比较物体所含物质的多少,判断质量是否发生变化	0810501
0102	能估测常见物体的质量,认识质量单位及其换算	0810501

(二)课后作业题目属性分析表(见表3~表5)

表 3

题目序号	010101	对应目标	081050101	完成时长	1 min
题目类型	☐选择题　☐填空题　☐作图题　☐实验题　☐综合题　☑实践题 ☑是/☐否真实情境　☐是/☑否合作完成　☑是/☐否长时作业				
学习水平	☑知道　☐理解　☐应用　☐综合				
题目来源	☐引用　☐改编　☑自编 ☐是/☑否创新				
题目	在家中测量装满水的矿泉水瓶的质量,然后将其放入冷冻室,待结成冰后拿出。 (1)观察体积大小是否发生变化; (2)判断质量大小是否发生变化,并说出自己的判断依据; (3)用家中的电子秤测量从冷冻室拿出的矿泉水瓶质量,对比前后实验数据分析质量是否发生变化,得出结论。 (4)在安全的前提下,将冰块进行雕刻,物体的质量是否会发生变化? (5)冰雕在常温下熔化一段时间后,冰的质量是否会减少? 冰与水的总质量是否会变化?				
答案	从物质的多少是否会变化进行每种情况的质量变化分析				
难度	易				
设计意图	结合生活实践,逐步探究,通过理论分析、定量测量理解质量的概念				

表 4

题目序号	010201	对应目标	081050102	完成时长	1 min
题目类型	☑选择题　☐填空题　☐作图题　☐实验题　☐综合题　☐实践题 ☑是/☐否真实情境　☐是/☑否合作完成　☐是/☑否长时作业				
学习水平	☑知道　☐理解　☐应用　☐综合				
题目来源	☑引用　☐改编　☐自编 ☐是/☑否创新				
题目	消防战士们是和平年代的英雄,是世界上最帅的"逆行者"。据测量,消防员一身装备的质量与一名初中生的质量相当,据此可知这样一身装备的质量约为(　　) A.5 kg　　　　B.10 kg　　　　C.40 kg　　　　D.200 kg				
答案	C				
难度	易				
设计意图	问题情境培养学生的社会责任感;结合物理知识进行估测				

表 5

题目序号	010202	对应目标	081050102	完成时长	1 min
题目类型	☐选择题 ☐填空题 ☐作图题 ☐实验题 ☑综合题 ☐实践题 ☑是/☐否真实情境 ☐是/☑否合作完成 ☐是/☑否长时作业				
学习水平	☑知道 ☐理解 ☐应用 ☐综合				
题目来源	☐引用 ☐改编 ☑自编 ☐是/☑否创新				
题目	与妈妈一同去菜市场采购食材,感受生活中"斤""两"的大小; 回家后用电子秤进行复称,并自学"斤""两"与 kg、g 的单位换算				
答案	开放性答案				
难度	易				
设计意图	感受生活中的质量大小,学会估测				

第二课时:学习使用天平和量筒

(一)课后作业目标(见表6)

表 6

课后作业目标编号	课后作业目标	对应单元作业目标编号
0201	能正确调节与使用托盘天平,测量固体质量	0810502
0202	会用天平测量液体的质量	0810502
0203	会正确使用量筒,测量固体、液体体积	0810502

(二)课后作业题目属性分析表(见表7～表10)

表 7

题目序号	020101	对应目标	081050201	完成时长	5 min
题目类型	☐选择题 ☐填空题 ☐作图题 ☑实验题 ☐综合题 ☐实践题 ☐是/☑否真实情境 ☐是/☑否合作完成 ☐是/☑否长时作业				
学习水平	☐知道 ☐理解 ☑应用 ☐综合				
题目来源	☐引用 ☑改编 ☐自编 ☐是/☑否创新				

续表

题目序号	020101	对应目标	081050201	完成时长	5 min

题目	在使用托盘天平测量一块小石头的质量的操作过程中(如图所示),请回答: (1)天平应放在_____上。 (2)如图甲是小王调节天平横梁平衡的情景,你认为他操作中存在的错误是_____。 (3)纠正错误后,若发现指针指在分度盘的右侧,此时应将平衡螺母向____(填"左"或"右")调节,使天平平衡。 图乙中的操作存在哪些错误?_____ 纠正图乙中的错误之后,在称量过程中,当放入最小的砝码后指针向右偏转,接下来的操作应该是_____。 (6)天平横梁调节平衡后,在左盘放金属块,向右盘加减砝码并移动游码使天平重新平衡,如图乙所示,金属块的质量 $m =$ _____。
答案	(1)水平台;(2)游码没有归零;(3)左; (4)用手拿砝码,没有左物右码; (5)取下最小的砝码,调节游码;(6)27 g
难度	易
设计意图	培养学生托盘天平的操作技能,以及解问题的能力

表 8

题目序号	020201	对应目标	081050202、 081050203	完成时长	5 min
题目类型	☐选择题　☐填空题　☐作图题　☐实验题　☐综合题　☑实践题 ☑是/☐否真实情境　☐是/☑否合作完成　☐是/☑否长时作业				
学习水平	☐知道　☐理解　☑应用　☐综合				
题目来源	☐引用　☐改编　☑自编 ☑是/☐否创新				

续表

题目序号	020201	对应目标	081050202、081050203	完成时长	5 min

题目	将一瓶写着净含量286毫升的饮料(见图)带到班级,验证饮料是不是286毫升,以及瓶中饮料的质量。 (1)需要用到哪些测量仪器? _____ (2)设计实验步骤,完成体积与质量的测量。 _____ (3)设计数据记录表格。 _____ (4)在测量体积时,如何读数? _____ (5)分析在测量过程中存在的误差。 _____

净含量286毫升

答案	(1)量筒、电子秤(超过托盘天平量程) (2)先将饮料瓶放在电子秤上测质量,再将饮料全部倒入量筒中(尽可能干净),测量空饮料瓶。 (3) （表格如下） (4)视线与液体的凹液面相平。 (5)饮料瓶中有液体残留,因此质量与体积测量值都偏小。

烧杯和液体总质量 m_1/g	烧杯和剩余液体总质量 m_2/g	瓶中饮料的质量 m_3/g

难度	易

设计意图	结合生活实际,动手练习使用,培养实际操作能力以及实验表格的设计能力,体会物理实验方法在生活中的运用

表 9

题目序号	020301	对应目标	081050203	完成时长	8 min

题目类型	☐选择题　☐填空题　☐作图题　☑实验题　☐综合题　☑实践题 ☑是/☐否真实情境　☑是/☐否合作完成　☐是/☑否长时作业
学习水平	☐知道　☐理解　☑应用　☐综合
题目来源	☐引用　☑改编　☐自编 ☐是/☑否创新

续表

题目序号	020301	对应目标	081050203	完成时长	8 min
题目	固体在水中,有的会沉底,如图甲的石块,有的会漂浮,如图乙③的木塞,用量筒测量体积时需要采取不同的方法。 图甲中石块的体积是____ cm³;若石块会吸水,则测量值会偏____。图乙中木塞的体积是____ cm³。 (2)对于漂浮于水面的木塞,思考还有什么方法可以测出体积? (3)若要测量一块形状不规则肥皂的体积,讨论如何测量。 				
答案	(1)20,小,6;(2)用针将木塞压进水中;(3)将肥皂用保鲜膜包起来				
难度	中等				
设计意图	通过问题串的形式,对比不同固体物质体积测量的不同,培养学生对比分析能力以及误差分析能力				

表 10

题目序号	020302	对应目标	081050201、 081050202、 081050203	完成时长	拓展活动
题目类型	☑选择题　□填空题　□作图题　□实验题　□综合题　☑实践题 ☑是/□否真实情境　□是/☑否合作完成　☑是/□否长时作业				
学习水平	□知道　□理解　☑应用　□综合				
题目来源	□引用　□改编　□自编 ☑是/□否创新				

续表

题目序号	020302	对应目标	081050201、081050202、081050203	完成时长	拓展活动
题目	按照步骤制作红糖馒头，并做展示汇报 一、准备工作 1.先徒手分别估测 1 kg 面粉、10 g 酵母粉、100 g 红糖，放入容器中备用。 2.用家中称量工具检验自己估测的准确度，精确称出净重 1 kg 面粉、10 g 酵母粉、100 g 红糖。 二、和面 1.加入适量的温水和成面团。 2.和面结束后，测量出和 1 kg 面所需的水的质量。 三、发酵 1.将和好的面放在 40 ℃环境中约 1 h。 2.1 h 后观察面团体积前后变化，分析发酵前后面团质量的变化；观察发酵前后面团内部孔隙的变化。 四、总结 品尝红糖馒头的味道，再经过多次尝试改进比例，最后汇成自己的独门配方					
答案	开放性					
难度	易					
命题意图	培养学生劳动能力；在实践过程中对质量大小进行估测；掌握生活中质量的称量方法，并为下一节课密度的概念奠定认知基础					

第三课时：科学探究：物质的密度

（一）课后作业目标（见表 11）

表 11

课后作业目标编号	课后作业目标	对应单元作业目标编号
0301	通过实验理解密度概念	0810503
0302	会利用天平、量筒测量固体密度，并分析和减小误差	0810503
0303	会利用天平、量筒测量液体密度，并分析和减小误差	0810503

（二）课后作业题目属性分析表（见表 12～表 20）

表 12

题目序号	030101	对应目标	081050301	完成时长	3 min
题目类型	☐选择题　☐填空题　☐作图题　☑实验题　☐综合题　☐实践题 ☑是/☐否真实情境　☐是/☑否合作完成　☐是/☑否长时作业				
学习水平	☐知道　☑理解　☐应用　☐综合				
题目来源	☐引用　☑改编　☐自编 ☑是/☐否创新				
题目	某同学做探究物体的质量跟体积关系的实验,数据如下表所示: 	物体	质量/g	体积/cm³	质量与体积的比值
---	---	---	---
铁块 1	79	10	7.9
铁块 2	158	20	7.9
铁块 3	237	30	7.9
铝块 1	54	20	2.7
铝块 2	108	40	2.7
铝块 3	162	60	2.7 | (1)根据这个实验结果,可得到: 相同物质,质量与体积的比值_____; 不同物质,质量与体积的比值_____。 (2)在做这个实验时,为什么要选取多种物质,且对每种物质都要收集多组数据?_____。 (3)上述实验图像如右图所示,图线_____反映了_____铝块的实验情况。 (4)根据比值定义法,质量与体积的比值我们定义为物质的密度,单位可以是_____。				
答案	(1)相同,不同;(2)多次实验寻找普遍规律;(3)b;(4)g/cm³				
难度	易				
设计意图	通过实验建立密度的概念,并培养学生图像表格分析能力				

表 13

题目序号	030102	对应目标	081050301	完成时长	2 min
题目类型	☐选择题　☑填空题　☐作图题　☐实验题　☐综合题　☐实践题 ☐是/☑否真实情境　☐是/☑否合作完成　☐是/☑否长时作业				
学习水平	☐知道　☑理解　☐应用　☐综合				
题目来源	☐引用　☑改编　☐自编 ☐是/☑否创新				

续表

题目序号	030102	对应目标	081050301	完成时长	2 min
题目	判断下列情况中物质密度的变化(填"变大"、"变小"或"不变")。 (1)桶中的水用掉一半,密度_____。 (2)水结成冰,质量_____,体积_____,密度_____。 (3)冰从冷冻室搬到展厅,密度_____。 (4)冰被雕刻成冰雕后,密度_____。 (5)掉落在地上的乒乓球被路过的同学踩扁,但未破损漏气,乒乓球中的气体质量_____,体积_____,密度_____;这位同学将乒乓球放入热水中,令乒乓球恢复原状,恢复原状的过程中,乒乓球中的气体密度_____。				
答案	(1)不变;(2)不变,变大,变小; (3)不变;(4)不变;(5)不变;变小;变大;变小				
难度	易				
设计意图	理解密度的概念,对比分析固体、液体、气体密度的变化				

表 14

题目序号	030103	对应目标	081050301	完成时长	1 min
题目类型	□选择题 ☑填空题 □作图题 □实验题 □综合题 □实践题 □是/☑否真实情境 □是/☑否合作完成 □是/☑否长时作业				
学习水平	□知道 ☑理解 □应用 □综合				
题目来源	□引用 ☑改编 □自编 □是/☑否创新				
题目	《孟子》中记载:"金重于羽者,岂谓一钩金与一舆羽之谓哉?"文中提到"金重于羽",从物理学的角度解释"重"的含义				
答案	密度				
难度	中等				
设计意图	跨学科融合,通过传统知识对学生进行美育,同时培养学生的质疑能力、物理观念、科学思维				

表 15

题目序号	030201	对应目标	081050302	完成时长	3 min
题目类型	□选择题 □填空题 □作图题 ☑实验题 □综合题 □实践题 □是/☑否真实情境 □是/☑否合作完成 □是/☑否长时作业				
学习水平	□知道 ☑理解 □应用 □综合				
题目来源	□引用 ☑改编 □自编 □是/☑否创新				

续表

题目序号	030201	对应目标	081050302	完成时长	3 min

<table>
<tr><td rowspan="5">题目</td><td colspan="5">小明在回家的路边捡到一块漂亮的鹅卵石,但因为形状不规则,于是小明用调好的天平和量筒进行密度的测量并得出相应数据,如图所示。</td></tr>
<tr><td colspan="5"></td></tr>
<tr><td colspan="5">甲　　　　　　　　　　乙</td></tr>
<tr><td colspan="5">请对图中测量顺序进行合理的安排并写出测量过程
a:＿＿＿＿＿＿＿＿＿＿＿＿＿＿＿＿＿＿＿;
b:＿＿＿＿＿＿＿＿＿＿＿＿＿＿＿＿＿＿＿。
(2)鹅卵石的密度是＿＿＿＿＿＿ kg/m³。
(3)若小石块吸水,本实验测得的小石块密度会＿＿＿＿＿(填"偏大"、"偏小"或"不变")。
(4)(选做题)请针对小石块的吸水问题,提出一种解决方法:
＿＿＿＿＿＿＿＿＿＿＿＿＿＿＿＿＿＿＿。</td></tr>
</table>

答案	(1)用天平测出小石块质量;量筒中装水 40 mL,放入小石块,记录此时的体积。(2)2.67×10³。(3)偏大。(4)称出小石块吸水后的质量
设计意图	理解密度的概念,对比分析固体、液体、气体密度的变化
难度	易
设计意图	培养学生实验设计、评估能力

表 16

题目序号	030202	对应目标	081050302	完成时长	5 min
题目类型	□选择题　□填空题　□作图题　☑　实验题　□综合题　□实践题 □是/☑否真实情境　□是/☑否合作完成　□是/☑否长时作业				
学习水平	□知道　☑理解　□应用　□综合				
题目来源	□引用　☑改编　□自编 □是/☑否创新				

续表

题目序号	030202	对应目标	081050302	完成时长	5 min
题目	小明回到家中发现一块破碎的瓷片,想要测量瓷片的密度,在测量体积时却发现放不进量筒,改用如图所示的方法测瓷片的体积。 (1)往烧杯中加入适量的水,把石块浸没,_____,然后取出石块; (2)再往量筒装入 38 mL 的水,_____,量筒里剩余水的体积如图所示,则瓷片的体积为_____ cm³。				
答案	(1)标记此时水位;(2)向烧杯中倒水直至水面到达刚才的标记处,记录量筒中剩余水的体积,12				
难度	中等				
设计意图	培养学生等效替代法的思想				

表 17

题目序号	030203	对应目标	081050302	完成时长	8 min
题目类型	□选择题　□填空题　□作图题　☑实验题　□综合题　□实践题 □是/☑否真实情境　□是/☑否合作完成　□是/☑否长时作业				
学习水平	□知道　☑理解　□应用　□综合				
题目来源	□引用　☑改编　□自编 □是/☑否创新				
题目	(选做题)在测量密度实验中只有天平,没有量筒,为了测出石块体积进行了如图所示的实验操作: (1)_____; (2)取出小石块,测得烧杯和水的总质量为 153 g; (3)_____,再测出此时_____的总质量为 183 g; (4)计算出小石块的体积为_____ cm³。 				
答案	(1)将小石块放入水中,标记此时的液面;(3)向烧杯中再次注水至水面到达刚才标记处,烧杯和水;(4)30				
难度	难				
设计意图	培养学生等效替代法的思想和综合解题能力				

表 18

题目序号	030301	对应目标	081050303	完成时长	10 min
题目类型	□选择题　□填空题　□作图题　☑ 实验题　□综合题　□实践题 □是/☑否真实情境　□是/☑否合作完成　□是/☑否长时作业				
学习水平	□知道　☑理解　□应用　□综合				
题目来源	☑引用　□改编　□自编 □是/☑否创新				
题目	小明妈妈为家里自酿了很多红葡萄酒,小明想知道自酿葡萄酒的密度。于是和学习小组的同学们一起利用天平、量筒进行测量。他们的操作如图所示: 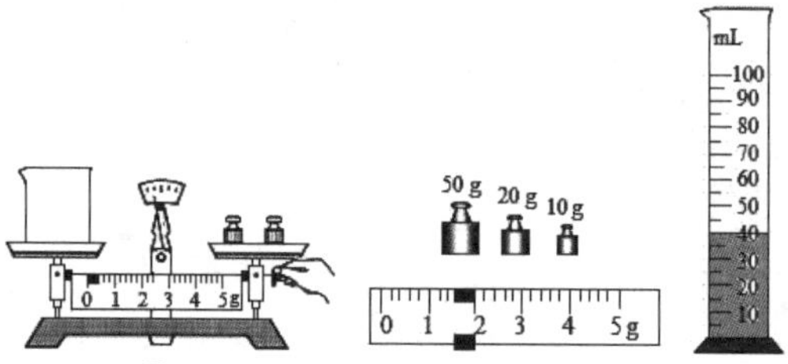 (1)用天平测量空烧杯的质量,如图甲是小明测量过程中的情景,他的错误是_____。纠正错误后,测得空烧杯的质量是 41.6 g。 (2)取适量的葡萄酒倒入烧杯中,用天平测葡萄酒和烧杯的总质量,天平平衡时,右盘中砝码及游码的位置如图乙所示,其总质量为_____g。 (3)将烧杯中的葡萄酒全部倒入量筒中(如图丙所示),则量筒中葡萄酒的体积是_____cm³。 根据测量数据计算出葡萄酒的密度是_____g/cm³。 (4)分析上述方法,测出葡萄酒的密度会偏_____(填"大"或"小")。 (5)实验中不小心将量筒摔坏,老师又给了他们一个瓶子(带盖)和水,同样测出了葡萄酒的密度,小明的实验步骤如下: 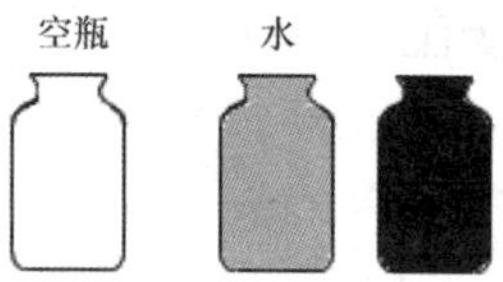 ①用天平测出空瓶的质量为 m_1; ②用天平测出_____的质量 m_2; ③用天平测出_____的质量 m_3; 则葡萄酒密度的表达式为 $\rho=$_____。				
答案	(1)测质量时调平衡螺母;(2)81.6;(3)40,1;(4)大; (5)②瓶子装满水;③瓶子装满葡萄酒,$\dfrac{m_3-m_1}{m_2-m_1}\rho_水$				
难度	难				
设计意图	培养学生实验设计、信息分析能力,以及等效替代法的思想				

表 19

题目序号	030302	对应目标	081050303	完成时长	开放性
题目类型	□选择题　□填空题　□作图题　□实验题　□综合题　☑实践题 ☑是/□否真实情境　□是/☑否合作完成　☑是/□否长时作业				
学习水平	□知道　□理解　□应用　☑综合				
题目来源	□引用　□改编　☑自编 ☑是/□否创新				
题目	用家里的仪器测量不同液体的密度,并利用得到的数据制作色彩斑斓的"鸡尾酒"。提供的器材有:家用电子秤、水、厨房中的空瓶,以及自己选定的若干种液体。				
答案	开放性				
难度	难				
命题意图	(1)取材于生活,从物理走向生活,将密度知识应用于生活中。 (2)学会根据实验目的设计实验 (3)学会利用已知密度的水,用特殊方法测量密度。				

表 20

题目序号	030303	对应目标	081050301、 081050302、 081050303	完成时长	2 min
题目类型	□选择题　□填空题　□作图题　□实验题　☑综合题　□实践题 □是/☑否真实情境　☑是/□否合作完成　☑是/□否长时作业				
学习水平	□知道　☑理解　□应用　□综合				
题目来源	□引用　□改编　☑自编 □是/☑否创新				
题目	小组讨论,结合上述测量固体、液体的实验,根据测量密度的方法完成下列思维导图 $\rho=\dfrac{m}{V}$ ── 质量测量 ── 仪器 ── [　　　] 　　　　 └─ 体积测量 ── 仪器 ── 量筒 　　　　　　　　　　　 └─ 无量筒 ── 步骤 ── [　　　]				
答案	天平;用水替代				
难度	中等				
设计意图	总结方法,建立联系,形成框架				

第四课时:密度知识的应用

(一)课后作业目标(见表21)

表 21

课后作业目标编号	课后作业目标	对应单元作业目标编号
0401	会用密度知识解决问题,解释生活中的有关现象	0810504

(二)课后作业题目属性分析表(见表22~表30)

表 22

题目序号	040101	对应目标	081050401	完成时长	1 min
题目类型	☑选择题　□填空题　□作图题　□实验题　□综合题　□实践题　□计算题 □是/☑否真实情境　□是/☑否合作完成　□是/☑否长时作业				
学习水平	☑知道　□理解　□应用　□综合				
题目来源	☑引用　□改编　□自编 □是/☑否创新				
题目	如图所示是我国自行研制的 C919 大型喷气式客机,它的机身和机翼均采用了极轻的碳纤维材料。这种材料的优点是(　　) A.密度小　　　　　　　　B.弹性小 C.体积小　　　　　　　　D.硬度小				
答案	A				
难度	易				
设计意图	增进民族自豪感,了解科技前沿				

表 23

题目序号	040102	对应目标	081050401	完成时长	1 min
题目类型	☑选择题　□填空题　□作图题　□实验题　□综合题　□实践题　□计算题 □是/☑否真实情境　□是/☑否合作完成　□是/☑否长时作业				
学习水平	□知道　☑理解　□应用　□综合				
题目来源	☑引用　□改编　□自编 □是/☑否创新				
题目	人体密度和水的密度差不多,一名初中生的体积最接近下列选项中的(　　) A.$5 \times 10^4 cm^3$　　　B.$5 \times 10^5 cm^3$　　　C.$5 \times 10^6 cm^3$　　　D.$5 \times 10^7 cm^3$				
答案	A				

续表

题目序号	040102	对应目标	081050401	完成时长	1 min
难度	中等				
设计意图	利用密度知识估测体积				

表 24

题目序号	040103	对应目标	081050304	完成时长	1 min
题目类型	□选择题 ☑填空题 □作图题 □实验题 □综合题 □实践题 □计算题 □是/☑否真实情境　□是/☑否合作完成　□是/☑否长时作业				
学习水平	□知道 ☑理解 □应用 □综合				
题目来源	☑引用 □改编 □自编 □是/☑否创新				
题目	一只氧气瓶总质量为 60 kg,刚启用时瓶内氧气密度为 ρ,使用 1 h 后,氧气瓶的总质量变为 45 kg,瓶内氧气的密度为 $\frac{2}{3}\rho$;再使用一段时间,氧气的总质量变为 24 kg,则此时氧气瓶内氧气的密度为＿＿＿＿＿。				
答案	$\frac{1}{4}\rho$				
解析	氧气体积不变,质量变化,密度变化				
难度	中等				
设计意图	了解气体密度与固体、液体密度的不同之处,培养学生的物理观念				

表 25

题目序号	040104	对应目标	081050401	完成时长	8 min
题目类型	□选择题 □填空题 □作图题 □实验题 □综合题 □实践题 ☑计算题 □是/☑否真实情境　□是/☑否合作完成　□是/☑否长时作业				
学习水平	□知道 ☑理解 □应用 □综合				
题目来源	□引用 ☑改编 □自编 □是/☑否创新				
题目	有一个质量 234 g、体积 30 cm³ 的铁球,已知铁的密度为 $7.8×10^3\ kg/m^3$,这个铁球是空心的吗? 变式 1.1　质量 156 g、体积 30 cm³ 的铁球,这个铁球空心部分的体积是多少? 将空心部分注入水,则铁球的总质量是多少? 变式 1.2　质量均为 156 g、体积均为 30 cm³ 的铜球、铁球,哪一个空心部分大? ($\rho_{铁}<\rho_{铜}$)				
答案	不是;10;116;铜球大				

续表

题目序号	040104	对应目标	081050401	完成时长	8 min
难度	难度进阶,由容易到中等				
设计意图	简单的问题背景让学生熟练运用密度知识辨别物质,识别空心实心物体; 铜球与铁球空心部分的对比,让学生更深入理解密度概念				

表 26

题目序号	040105	对应目标	081050401	完成时长	8 min
题目类型	□选择题　□填空题　□作图题　□实验题　☑综合题　□实践题　☑计算题 □是/☑否真实情境　□是/☑否合作完成　□是/☑否长时作业				
学习水平	□知道　□理解　□应用　☑综合				
题目来源	□引用　☑改编　□自编 □是/☑否创新				
题目	5 g 的水全部结成冰后体积是多大? 变式 1.1　5 m³ 冰熔化成水后,水的质量是多大? 变式 1.2　易拉罐装的饮料都有禁止冷冻的说明。如图所示为易拉罐冷冻后炸开的图片。请你结合所学知识简要说明原因。 (已知 $\rho_{水}=1$ g/cm³,$\rho_{冰}=0.9$ g/cm³)				
答案	5.56;4500 g;饮料中的主要成分是水,水结成冰质量不变。由于冰的密度比水小,水结冰后体积会变大,所以会炸开。				
难度	难度进阶,从易到中等				
解析	冰熔化成水,质量不变,即 $m_{水}=m_{冰}=\rho_{冰} V_{冰}$				
设计意图	题组的形式,理解同质量问题;通过计算解释生活中的问题,从生活走向物理,从物理走向社会,培养学生的物理观念				

表 27

题目序号	040106	对应目标	081050401	完成时长	15 min
题目类型	□选择题　□填空题　□作图题　□实验题　□综合题　□实践题　☑计算题 □是/☑否真实情境　□是/☑否合作完成　□是/☑否长时作业				
学习水平	□知道　☑理解　□应用　□综合				
题目来源	□引用　☑改编　□自编 □是/☑否创新				

续表

题目序号	040106	对应目标	081050401	完成时长	15 min
题目	一个玻璃杯盛满水,水的质量是 200 g,玻璃杯的容积是多少? 变式 1.1　一个 50 g 玻璃杯盛满水,总质量是 250 g,盛满某种油时质量是 160 g,求这种油的密度。 变式 1.2　一个玻璃杯盛满水,水的质量是 200 g,求这个玻璃瓶最多能装多少克的酒精。($\rho_{酒精}=0.8\times10^3$ kg/m³) 变式 1.3　一个恰好能装 1 kg 水的瓶子,它一定____(填"能"或"不能")装下 1 kg 酒精。					
答案	200 cm³;0.8 g/cm³;160 g;不能					
解析	$V=\dfrac{m}{\rho}=\dfrac{200\ g}{1\ g/cm^3}=200\ cm^3$ 变式 1.1　隐含信息水和油的体积相等 $V_油=V_水=\dfrac{m_水}{\rho_水}=\dfrac{250\ g-50\ g}{1\ g/cm^3}=200\ cm^3$ $\rho_油=\dfrac{m_油}{V_油}=\dfrac{160\ g-50\ g}{200\ cm^3}=0.55\ g/cm^3$ 变式 1.2　同容器的隐含条件是,酒精与水的体积相同,因此与变式 1.1 步骤相同,需先算出水的体积。最多能装多少的问题就是装满的问题。 变式 1.3　根据 $m=\rho V$,容器相同,所装的液体密度越小,质量越小。					
难度	难度进阶,从中等到难					
设计意图	题组的形式,深入研究同体积问题,培养学生提取分析信息的能力					

表 28

题目序号	040107	对应目标	081050401	完成时长	8 min
题目类型	☐选择题　☐填空题　☐作图题　☐实验题　☐综合题　☐实践题　☑计算题 ☐是/☑否真实情境　☐是/☑否合作完成　☐是/☑否长时作业					
学习水平	☐知道　☑理解　☐应用　☐综合					
题目来源	☑引用　☐改编　☐自编 ☐是/☑否创新					
题目	在测量液体密度的实验中,小明利用天平和量杯测量出液体和量杯的总质量 m 及液体体积 V,得到几组数据并绘出如图所示的 m-V 图像,求 (1)该液体密度; (2)量杯质量; (3)40 cm³ 的该液体质量。					
答案	1 g/m³;20 g;40 g					

续表

题目序号	040107	对应目标	081050401	完成时长	8 min
解析	设量杯的质量为 $m_{杯}$,液体的密度为 ρ, 读图可知,当液体体积为 $V_1=20\ cm^3$ 时,液体和杯的总质量 $m_{总1}=m_1+m_{杯}=40\ g$, $\rho\times20\ cm^3+m_{杯}=40\ g$,——① 当液体体积为 $V_2=80\ cm^3$ 时,液体和杯的总质量 $m_{总2}=m_2+m_{杯}=100\ g$, 可得:$\rho\times80\ cm^3+m_{杯}=100g$,——② ②—①得液体的密度: $\rho=1\ g/cm^3$; 将 $\rho=1\ g/cm^3$ 代入①得: $1\ g/cm^3\times20\ cm^3+m_{杯}=40\ g$ $m_{杯}=20\ g$; 当液体的体积 $V_3=40\ cm^3$ 时,液体的质量: $m_3=\rho V_3=1\ g/cm^3\times40\ cm^3=40\ g$。				
难度	难				
设计意图	本题考查了 m-V 图像的认识和理解、密度公式的应用,学会从图表中提取信息,分析数据				

表 29

题目序号	040108	对应目标	081050401	完成时长	拓展性活动
题目类型	□选择题　□填空题　□作图题　□实验题　□综合题　☑实践题 ☑是/□否真实情境　☑是/□否合作完成　☑是/□否长时作业				
学习水平	□知道　□理解　☑应用　□综合				
题目来源	□引用　□改编　☑自编 ☑是/□否创新				
题目	在超市中,有一种量勺,它的目的是可以省去我们在烹饪过程中调味品的称量麻烦。如图所示,在量勺上标记了一些参数,直接量取便可同时知道质量与体积,你认为用这样的量勺称量各种调味品精确吗? 为什么? 如果你是量勺的产品制造商,你会如何进行参数标识使你的量勺更加精确科学?				
答案	开放性				
难度	难				
命题意图	将单元知识应用于生活中,解决生活中的问题,培养学生物理观念、科学态度				

表 30

题目序号	040109	对应目标	081050401	完成时长	3 min
题目类型	☑选择题　□填空题　□作图题　□实验题　□综合题　□实践题　□计算题 □是/☑否真实情境　□是/☑否合作完成　□是/☑否长时作业				
学习水平	□知道　☑理解　□应用　□综合				
题目来源	□引用　☑改编　□自编 □是/☑否创新				
题目	用密度为 2.7×10^3 kg/m³ 的铝制成甲、乙、丙三个大小不同的正方体。要求它们的边长分别是 0.1 m、0.2 m 和 0.3 m,制成后让质量检查员称出它们的质量,分别是 3 kg、21.6 kg 和 54 kg,质量检查员指出,有两个不合格,其中一个掺入了杂质,为次品,另一个混入了空气泡,为废品,则这三个正方体(　　) A.甲为废品,乙为合格品,丙为次品 B.甲为合格品,乙为废品,丙为次品 C.甲为次品,乙为合格品,丙为废品 D.甲为废品,乙为次品,丙为合格品				
答案	C				
解析	难				
解析	先分别算出甲、乙、丙三个正方体的体积,然后用它们的质量除以它们的体积算出它们各自的密度,最后将算得的密度与铝的密度进行比较:相等的为合格品,比铝的密度小的是废品(混入空气,则在相同体积情况下,质量会变小,所以密度会变小),剩下的那一个就是次品。				
设计意图	运用密度知识解决实际问题				

三、题目双向分析评估表(见表 31)

表 31

课后作业目标序号	课后作业目标	目标水平				题目难度			预估时间	对应单元作业编号
		知道	理解	应用	综合	易	中等	难		
0101	会比较物体所含物质的多少,判断质量是否发生变化	√				√			1 min	0810501
0102	能估测常见物体的质量,认识质量单位及其换算	√				√			2 min	0810501

续表

课后作业 目标序号	课后作业目标	目标水平				题目难度			预估 时间	对应单元 作业编号
		知道	理解	应用	综合	易	中等	难		
0201	能正确调节与使用托盘天平,测量固体质量			√		√			5 min	0810502
0202	会用天平进行液体测量			√			√		8 min	0810502
0203	会正确使用量筒,测量固体、液体体积			√		√			时间不定	0810502
0301	通过实验理解密度概念	√				√			6 min	0810503
0302	会进行天平、量筒测量固体密度,并减小误差				√		√		16 min	0810503
0303	会进行天平、量筒测量液体密度,并减小误差				√		√		时间不定	0810503
0401	会用密度知识解决问题,解释生活中的有关现象				√			√	时间不定	0810504

四、信息汇总表(见表 32)

表 32

单元作业序号	对应题目序号	相同水平的题		相同难度的题		预估时间
0810501	010101 010201 010202	知道	3	易	3	3 min
0810502	020101 020201 020301 020302	应用	4	易 中等	3 1	时间不定

续表

单元作业序号	对应题目序号	相同水平的题		相同难度的题		预估时间
0810503	030101 030102 030103 030201 030202 030203 030301 030302 030303	知道 应用 综合	3 3 3	易 中等 难	3 3 3	时间不定
0810504	040101 040102 040103 040104 040105 040106 040107 040108 040109	知道 理解 应用 综合	1 6 1 1	易 中等 难	1 4 4	时间不定

◆综合分析

依据沪科版《物理》教材八年级全册第五单元"质量与密度",本单元作业设计在深入研读教材的基础上,依据课程标准及学科核心素养,将单元学习分为4个课时,分别对应4个单元作业目标,再根据教材编写意图以及知识重难点,共分解成9个课后作业目标。在题目的有效性上着力,力求巩固单元知识,提高核心素养,供不同学习能力的学生使用。

本套单元作业题,题目总体水平符合分课时单元的作业要求和物理学科特点。在题目难度上,中等难度题占比40%,容易题次之,占比34%,难题较少,占比26%,基本符合新课学习对学生掌握程度的要求。对于能力层级,重点在理解与应用上,注重质量密度概念的建立、密度的测量与计算,同时注重信息的提取分析、图表的解读、等效替代法的使用。总预估时间为113 min,分散到4个课时的学习中,减小学生课后作业的负担。

本套单元作业除了按照课时分布的课时作业,还有 3 个贯穿单元学习的拓展性活动,旨在从物理走向生活,在生活中感受质量与密度,用所学的知识解决生活中的实际问题,培养学生的物理观念及科学态度,增加物理学科的魅力,激发学生学习物理的积极性。

14 核心素养视域下初中物理单元作业设计的思考与案例评析

海沧区教师进修学校 任少铎 唐华

作业作为教学的重要组成部分之一,对学生而言,其主要有巩固功能、应用功能、发展功能和延伸功能;对教师而言,其作用为检测学生对于物理知识的掌握程度并及时调整教学。单元教学设计有利于核心素养的培育已经成了当前基础教育界的共识,在单元教学设计中,单元作业设计处于关键的地位。

一、单元作业的内涵解读及价值意蕴

单元一般是指同一主题下相对独立并且自成体系的学习内容。这个主题可以是一个话题,或一个专题,或一个关键能力,或一个真实问题,还可以是一个综合性的项目任务等。单元的划分一般有两种方法,以教材原先设计的自然章节作为一个单元和以某个专题或学科关键能力重组单元。

以单元为整体进行作业设计,有其独特的价值意蕴。首先,有助于增强同一单元不同课时作业之间的结构性和递进性。其次,可以更好地实现课时作业之间的统整性,统筹分配知识技能、态度、试题难度、试题类型等方面在各个课时的合理分布。最后,有助于从单元整体的视角,将教学评一体化,从而发挥作业与教学、评价的协同作用,而不是孤立地进行作业设计。

二、初中物理单元作业案例分析与建议

本单元作业以教材的自然章节"质量与密度"作为一个单元,将单元作业分为 4 个课时,分别对应 4 个单元作业目标,再根据教材编写意图以及知识重难

点,共分解成9个课后作业目标。总体来说,该作业设计有以下优点:

1.重视实践作业,提升综合素质

"双减"背景下,中小学课堂教学改革已成为必然。本单元作业的难度和时长安排科学,还特别重视实践性作业。第2课时的制作红糖馒头活动,不仅可以让学生加深对常见物体的质量的感受和体验,还可以亲自体验物体质量的变化情况,加深对质量本质的理解。第3课时的制作"鸡尾酒"活动,让学生应用所学知识,测量生活中常见液体的密度,有助于提高学生的综合能力。通过实践作业,不仅可以锻炼学生劳动技能,发展学生劳动素养,还能更好地培养学生应用知识的能力、分析和解决问题的能力、动手操作的实践能力,以及积极认真的学习态度和乐于实践、敢于创新的精神等综合素质。

2.解决实际问题,聚焦关键能力

物理学科关键能力是学习者在面对与学科相关的生活实践或学习探索问题情境时,高质量地认识问题、分析问题、解决问题所必须具备的能力。本作业非常重视解决实际问题,并以此聚焦关键能力的培养。通过计算分析物体是否为合格品突出对理解能力的培养;通过一系列的特殊法测体积和密度等问题,突出对模型建构能力、实验探究能力和创新能力的培养;通过分析超市的测量勺是否准确并提出改进方案,体现对理解能力、推理论证能力和创新能力的培养。在解决实际问题的过程中,加深了对知识的理解,培养了关键能力,提升了学习兴趣。

3.关注学科融合,发展核心素养

本单元作业非常关注跨学科实践,通过超市里的量勺、气体密度变化、易拉罐装的饮料冷冻不安全等素材,体现了物理学与日常生活的融合;通过空心砖等情境素材,体现了物理学与工程实践的融合;通过国产大飞机的碳纤维材料等素材,体现了物理学与社会发展的融合。跨学科实践提高了学习效率,加快了学习速度,提升了学习深度,进而从本质上保障了学生知识掌握的数量和质量。在学科融合中,更体现了"从生活走向物理,从物理走向社会"的新课程理念。

本作业围绕物质鉴别、质量估测、体积估测等活动渗透物质观,在密度的测量与计算中,注重信息的提取分析、图表的解读、等效替代法的使用,发展科学思维。利用进阶式的习题组,由常规法到特殊法测量密度,锻炼学生的科学推理和模型建构能力,发展科学思维和科学探究素养。通过对量勺标度的质疑,培育学生实事求是、敢于质疑的科学态度与责任。

高老师的这份作业案例已经非常优秀了,但仍可以从以下两个角度进一步提升:

一是,尽管整份作业采用"大情境、大任务"统领单元作业,但整合力度仍可以加大,可以将"大情境、大任务"在作业中贯彻得更加彻底。例如可以结合冬奥会等情境,并基于"鉴别金牌是否为纯金"等大任务设计单元作业,尽量将所有题目都整合到大情境中。

二是,虽然作业有分层思想,但分层设计可以更加精细。作业的难度分为易、中、难三个层次,仍不够精细,可以利用小星星标记难度的方式,从一星级到五星级进行标记,从而将分层做得更加精细。

15　助力学生构建物质变化观

——人教版《化学》九年级上册第五单元"化学方程式" 单元作业设计

厦门双十中学海沧附属学校　魏漫漫

◆单元名称

人教版《化学》九年级上册第五单元"化学方程式"

◆单元学习与前后内容联系

人教版《化学》九年级上册第五单元"化学方程式"是继"物质构成的奥秘"后,学生从宏观和微观尤其是定量角度认识物质的化学变化,是构建"物质变化观"的重要内容,在变化观的形成中起着承前启后的作用。在此之前,学生已从宏观角度对化学变化的特征、现象、条件有所感悟,对微观世界的分子和原子有所了解,亦开始接触化学所特有的语言基础——元素符号和化学式,而质量守恒定律的学习,将实现宏观表征从"质"到"量"的突破,微观表征从"静"到"变"的转化,符号表征从"孤立"到"联系"的完善,从而建立"宏观—微观—符号"表征之间的联系。

从本单元起,学生对化学的学习将由生成何种物质向生成多少物质(即量的方面)展开,这既与质量守恒在化学发展史中的地位相呼应,也是学生在学习化学、认识世界过程中的一次飞跃。且本单元中所学习的原理(质量守恒定律)和技能(正确书写化学方程式、利用化学方程式进行计算)是初中化学的基本内容,也是学生以后学习化学反应及其规律的基础。

◆单元教材简述与教学思路

本单元围绕质量守恒定律这一主线,对知识进行展开,包含"质量守恒定律"、"如何正确书写化学方程式"和"利用化学方程式的简单计算"。质量守恒定律是初中化学的一个核心定律,既是化学方程式的书写的依据,也是化学方程式的计算依据。

课题1通过一系列实验和探究活动,引导学生用定量的科学方法对化学现象进行研究和描述,并得出化学反应所遵循的一项基本规律,为化学方程式的教学做好理论准备,这是学习本单元的基础。教材借助质量守恒定律和化学式,将学生已学过的化学现象用化学的语言进行了科学、定量的描述,抽象为化学方程式。课题2介绍了书写化学方程式的原则、方法和步骤,是对课题1中化学方程式介绍的继续深入,也是第三单元"物质构成的奥秘"、第四单元"化学式与化合价"等知识进一步应用的过程,有助于学生对已学过的化学反应和化学用语进行复习和巩固。化学方程式是中学化学课程中重要的化学用语,有助于学生深入理解化学反应原理,更好地掌握物质的化学性质。课题3根据化学方程式的简单计算,从反应物、生成物的质量关系来研究物质的化学变化,需要以正确书写化学方程式为基础,是化学方程式在化学计算中的具体应用,是学生应用化学知识解决实际问题的初步尝试,有利于学生进一步了解化学在实际生产、生活中的应用。本单元内容结构如图1所示。

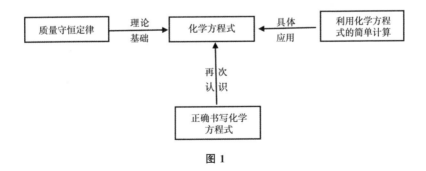

图1

◆单元重难点突破与作业设计构想

一、教学重难点与突破策略

1.教学重点:质量守恒定律,正确书写化学方程式,化学方程式的计算。

2.教学难点:化学方程式的配平。

3.突破策略

(1)基于科学性、针对性原则,设置难度逐级递增的习题组。对每一项教学目标在每个课时要求的层次要做到心中有数,在作业设计中才能做到有的放矢,注意精挑细选。如利用微观过程图书写化学方程式、判断反应类型、计算物质质量比及微粒个数比等,在"质量守恒定律(二)"中,仅设置依据微观过程图书写熟悉的化学方程式;在"如何正确书写化学方程式"中,设置依据微观过程图书写陌生的化学方程式;在单元练习卷中再设置计算物质质量比及微粒个数比等。

(2)基于层次性和综合性原则,设置分层作业。面向全体,因材施教是素质教育对教师提出的要求。由于学生的基础知识和能力发展水平不同,对作业有不同的接受量度和接受难度。因此此份作业设计的课后作业均有 A、B 两个层次,A 层为基础过关层级,B 层为能力提升进阶层级。

(3)基于多样性原则,设计多类型作业。本单元作业类型包括预习作业、纠错型作业、及时巩固型作业、总结反馈型作业和活动与研究性学习类作业等。学生能力的形成是多途径的,学生素质的构成也是多方面因素决定的。因此,作业的设计应该是题型丰富,形式多样,方法常新。这样的作业既能使学生对学习怀有热情,保持兴趣,也有利于学生能力的培养和素质的提高。

二、单元作业编制说明

单元作业是为某个单元教学所设计的所有作业的总和。单元作业设计具有目标导向性的特征,要进行系统的设计,并具有诊断反馈的功能。化学单元作业的设计不仅是为了及时考查学生对化学概念、规律的理解，更重要的是引导学生深入思考，有效地开拓学生思路，培养学生观察分析、类比联想、归纳总结、应用创新等思维品质。化学学科核心素养是学生发展核心素养的重要组成部分，包括"宏观辨识与微观探析"、"变化观念和平衡思想"、"证据推理和模型认知"、"科学探究与创新意识"和"科学精神与社会责任"5个维度，全面展现学生通过化学课程学习形成关键能力和必备品格。因此，搭建单元作业的结构框架，将核心素养与学科知识在作业中有机融合，凸显单元作业设计的特色为本单元作业设计的指导思想之一。本单元作业设计力求打破传统作业形式，基于生本理念，编制具有情境性、开放性、分层性、实践性的学生作业，此为本单元作业设计的指导思想之二。

　　本单元作业设计一共包含"质量守恒定律（一）"、"质量守恒定律（二）"、"如何正确书写化学方程式"、"利用化学方程式的简单计算"、"单元知识梳理与综合练习（A卷·基础篇）"、"单元练习卷（B卷·提升篇）"和"单元实践作业"[①]7份作业。前四份作业为新课作业，每份新课作业包含两部分："预习作业"和"课后作业"。预习作业为课前完成作业，重在帮助学生温习旧知，培养学生独立思考、自主获得新知的能力。如"质量守恒定律（一）"中，预习作业设计了回顾水电解的微观过程，为新课突破质量守恒定律的微观解释做铺垫；"质量守恒定律（二）"中，预习作业通过图文结合帮助学生理解化学方程式中的"质"与"量"的关系，为建构学生"宏-微-符"的三重表征奠定基础。课后作业有三大板块："课后作业（A层）"、"课后作业（B层）"和"活动与研究性学习"。课后作业分层能满足不同学生的不同需求，实现因材施教，而"活动与研究性学习"的设计主要是为了提升学生学习的积极性和主动性，锻炼学生的动手操作能力、解决问题的能力，培育学生的创新精神。

　　本单元作业设计涉及的活动与研究性学习类作业如表1所示。

---

　　① 因篇幅有限，本书未收录。

表 1　活动及研究性学习类作业

课题	活动与研究性学习项目	设计意图
质量守恒定律	质量守恒定律实验优化	重视动手操作、仔细观察、及时记录等获取证据的环节,提高证据的推理与分析能力
	时空之旅	重温科学家建立质量守恒的过程,体会探究过程的曲折和成功的喜悦
	化学反应微观过程作品展示	建构三重表征,提升化学学习趣味性
如何正确书写化学方程式	化学小游戏——轻松学习化学方程式(制作化学纸牌)	将较枯燥的知识记忆转化为趣味游戏,调动学习热情
利用化学方程式的简单计算	大家来找碴——展示计算题格式、纠错	通过互相纠错,纠正在计算题中的高频错误
单元练习卷(B)	设计实验测定酒精的化学式	运用质量守恒定律解决实际问题,增进对质量守恒定律的理解
	小论文——质量守恒定律与辩证唯物主义	挖掘德育内容,树立正确的物质观

综上所述,本单元作业以发展学生能力、培育化学学科核心素养为目的,遵循单元作业设计的整体性原则、层次性原则和探究性原则,结合常规书面作业、拓展性作业设计、实践性作业设计等丰富的作业形式,希望能较有效地调动学生学习的积极性和主动性,能较好地促进学生的全面发展。

◆单元作业双向分析评估

一、单元作业目标

依据《义务教育化学课程标准(2022 年版)》《福建省初中学科教学与考试指导意见》及化学学科核心素养,将"化学方程式"单元内容的水平要求梳理如表 2 所示。

表2　单元内容的水平要求梳理

课题	核心素养		单元作业目标	学习水平
课题1	化学观念	微粒观、变化观、守恒观、物质观、定量观等	认识质量守恒定律,能说明化学反应中的质量关系;能从微观角度认识质量守恒定律的本质含义 宏观辨识、微观探析、平衡思想,社会责任	B
	科学思维	比较、分析、综合归纳等科学方法;证明推理等思维能力		
	科学探究与实践	以实验为主的科学探究能力,与他人分工协作、沟通交流、合作解决问题的能力等		
	科学态度与责任	发展对物质世界的好奇心、想象力和探究欲,培养严谨求实的科学态度等		
课题2	化学观念	变化观、微粒观、守恒观、定量观等	能说明化学方程式所提供的"质"和"量"的意义等信息;初步学会配平简单的化学方程式,能正确书写常见的化学方程式	B
	科学思维	证明推理、建构模型等思维能力		
课题3	化学观念	微粒观、平衡观、定量观等	通过化学方程式中物质间的质量比,初步理解反应物、生成物之间质和量的关系;初步掌握利用化学方程式计算的步骤和方法	C
	科学态度与责任	对化学学科促进人类文明和社会可持续发展的重要价值具有积极的认识		

二、课后作业目标及双向细目表

说明:501代表课题1第1课时,502代表课题1第2课时,503代表课题2, 504代表课题3,505代表单元练习卷(A卷),506代表单元练习卷(B卷),507 代表单元实践作业(见表3)。

表3　课后作业目标及双向细目表

单元作业目标序号	单元作业目标描述	学习水平	对应课程标准内容	题号
课题1第1课时	认识质量守恒定律的含义	A	认识质量守恒定律	50104、50113、50204、50501、50702、
	通过实验探究验证质量守恒定律	B	实验探究化学反应前后的质量关系,认识定量研究对于化学科学发展的重大作用	50112、50502、50509

续表

单元作业 目标序号	单元作业目标描述	学习水平	对应课程标准内容	题号
课题1 第1课时	能从微观的角度认识质量守恒的本质含义；能依据微观过程图书写化学方程式、判断反应类型、计算物质质量及微粒个数比	C	用微粒的观点对质量守恒定律作出解释	50101、50105、50108、50111、50207、50208、50307、50504、50505、50601、50604、50610、
	能应用质量守恒定律推断物质元素种类、确定物质组成、解释常见化学变化中的质量关系等	C	能说明化学反应中的质量关系	50102、50103、50106、50107、50109、50110、50206、50503、50506、50507、50602、50605、50606、50607、50608、50701
课题1 第2课时	能说明化学方程式所提供的"质"和"量"的意义等信息；能准确描述化学方程式的含义	A	能正确书写简单的化学方程式	50201、50202、50203、50205、50207、50401
课题2	理解书写化学方程式的原则，应用于判断化学方程式的正误	A	能正确书写简单的化学方程式	50301、50302
	初步学会配平简单的化学方程式，能正确书写简单的化学方程式	B	能正确书写简单的化学方程式	50303、50304、50305、50306、50307、50508、50603、50609
课题3	通过化学方程式中物质间的质量比，初步理解反应物、生成物之间质和量的关系	C	能根据化学方程式进行简单的计算，认识定量研究对于化学科学发展的重大作用	50401、50406
	利用生成物质量求反应物质量，或利用反应物质量求生成物质量，掌握利用化学方程式计算的步骤和方法	C	能根据化学方程式进行简单的计算，认识定量研究对于化学科学发展的重大作用	50402、50403、50404、50405、50407、50611
	利用质量守恒定律先求某一物质质量，再进行计算	C	能根据化学方程式进行简单的计算，认识定量研究对于化学科学发展的重大作用	50408、50510

◆单元作业设计

第一课时:质量守恒定律(一)

一、本课学习目标

1.理解质量守恒定律的含义,并运用该定律解释一些实验现象。

2.能从微观角度认识质量守恒定律的本质含义。

二、拟定题目

(一)预习作业

(改编)请各小组根据粒子图示的变化示意图,分析反应前后分子的种类、数目是否发生变化,原子的种类、数目是否发生变化,元素的种类是否发生变化。

水通电的微观过程(见图2)

	反应前	反应后
物质		
构成物质的分子		
构成分子的原子		
分子中的原子数		
物质所含的元素		

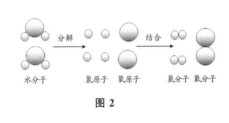

图2

化学反应的实质是_____的过程,在化学反应前后,原子的_____、原子的_____、原子的_____都没有改变(简称"三不变")。

(二)课后作业(A层)

1.(改编)在化学反应前后,下列各项中,肯定不会改变的是_____,肯定会改变的是_____,可能改变也可能不变的是_____。

　　A.分子的种类　　B.原子的种类　　C.分子的数目　　D.物质的总质量

2.蔗糖在隔绝空气加热时,生成碳和水。据此推断蔗糖中一定含有的元素是(　　)。

　　A.碳、氧　　　　B.碳、氢、氧　　　C.碳、氢　　　　D.氢、氧

3.$AgNO_3$固体见光或受热易分解,故保存在棕色瓶中。$AgNO_3$见光分解时产生一种有刺激性气味的气体,该气体可能是(　　)。

A.SO_2　　　　　　B.NH_3　　　　　　C.N_2　　　　　　D.NO_2

4.(**改编**)在物质混合、反应等过程中,存在着"1+1≠2"的有趣现象,通常情况下,下列选项符合"1+1=2"的是(　　)。

A.1 mL 酒精与 1 mL 水混合后的总体积

B.1 g 碳和 1 g 氧气反应后生成物的质量

C.1 g 过氧化氢加入 1 g 二氧化锰完全反应后生成物的总质量为 2 g

D.1 g 酒精与 1 g 水混合后的总质量

5.成语"点石成金",本意为古代方士的一种法术,即能使石头变成黄金,比喻能化腐朽为神奇。有人说 他能把石灰石($CaCO_3$)变成黄金(Au),请你用化学知识说明石灰石不能变成黄金的道理:_____。

6.(**原创**)用质量守恒定律解释下列现象:

(1)铁丝在氧气中燃烧后,所生成的产物的质量比铁丝原质量增加了。

(2)把氯酸钾和二氧化锰的混合物加热后,试管里所剩物质的质量小于原混合物的质量。

(三)课后作业(B层)

7.兰渝铁路广安段的修建将进一步推动经济的发展。在修筑铁路的土石方爆破中要用到黑火药,爆炸时的反应为:$2KNO_3+S+3C=K_2S+3CO_2\uparrow+X\uparrow$,其中 X 的化学式是(　　)。

A.N_2　　　　　　B.NO_2　　　　　　C.NO　　　　　　D.N_2

8.(**改编**)如图 3 表示在一定条件下发生的某化学反应,则下列说法正确的是(　　)。

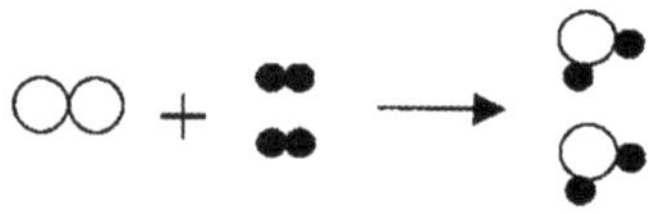

A.该反应属于分解反应

B.该反应符合质量守恒定律

C.该反应前后元素的种类发生了改变

D.两种反应物均为化合物

(其中○和●分别表示两种不同的原子)

图3

9.(**改编**)甲、乙、丙、丁 4 种物质在密闭容器中充分反应,测得反应前后各物质的质量如表 4 所示。下列说法正确的是( )。

表 4

物质	甲	乙	丙	丁
反应前的质量/g	30	3	6	8
反应后的质量/g	16	m	4	24

A.甲和丙两物质中的元素种类与丁的元素种类不同

B.乙一定是反应的催化剂

C.参加反应的甲、丙的质量比为 4∶1

D.甲、丙一定都是单质

10.(**改编**)我国古代典籍中有"银针验毒"的记载,"银针验毒"的反应原理之一 $4Ag+2H_2S+O_2=2X+2H_2O$。下列有关该反应的说法不正确的是( )。

A.反应属于氧化反应

B.X 的化学式是 Ag_2S

C.反应前后元素的种类不变

D.反应前后所有元素的化合价都发生了变化

11.(**原创**)正确、全面理解质量守恒定律,可以从宏观和微观两个角度进行,现有下列各项,①元素种类;②原子种类;③分子种类;④物质种类;⑤原子质量;⑥原子数目;⑦元素质量;⑧反应物与生成物总质量,就化学反应前后进行比较,将上述各项内容填在表 5 空格中。

表 5

项目	守恒	变化
微观		
宏观		

(四)活动与研究性学习

12.活动一:(**原创**)课本实验"碳酸钠和稀盐酸"不能用来验证质量守恒定律。请依据图 4 所提供的的仪器或生活中日常用品进行实验优化,画出改进后的实验装置图(见表6),并以小组为单位提交实验视频(稀盐酸可用食醋替代、碳酸钠可用苏打粉替代,有配乐、剪辑更佳)。

实验目的:_____。

实验药品及器材:_____。

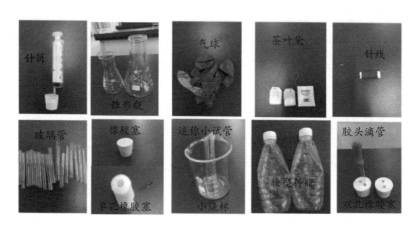

图 4

表 6　实验记录表

实验步骤		实验装置图	实验现象
实验结论			
评价	自我评价		
	组员评价		

13.活动二:**(原创)**时空之旅(见图5)

1673年,波义耳:我叫波义耳,我非常喜欢做实验,有一次我做了这样一个实验:我将称重后的铜片放入密闭瓶中,将其煅烧。烧完后,打开密闭瓶,称量金属,发现变重了。所以我得出结论化学反应后质量会变大。

1756年,罗蒙诺索夫:我不同意波义耳的结论。我把锡放在密闭的容器里煅烧,生成白色的氧化锡,但容器和容器里的物质的总质量在煅烧前后并没有发生变化。

1774 年,拉瓦锡:我研究了氧化汞的分解和合成反应过程。我将 45.0 份质量的氧化汞在密闭容器中进行加热后,恰好得到了 41.5 份质量的汞和 3.5 份质量的氧气。我又做了其他物质的燃烧比如碳燃烧、磷燃烧等,在整个漫长的实验过程中,我发现前后质量变化无法察觉,即在化学反应中,反应前后的总物质保持不变,而且物质的质量也保持不变。

1908 年,德国化学家郎道尔特及 1912 年英国化学家曼莱,用总质量为1000 g左右的容器和反应物进行精确度很高的实验,发现反应前后质量之差小于0.0001 g,质量变化小于一千万分之一,属于误差范围,质量守恒定律得到了普遍认可。

波义耳实验步骤简图　　　　氧化汞分解实验装置图　　　拉瓦锡实验步骤简图

图 5

思考1:你能否反驳波义耳的观点?

思考2:比较波义耳实验和罗蒙诺索夫实验的不同之处,总结罗蒙诺索夫实验的优点。

思考3:比较拉瓦锡实验和郎道尔特实验,说说科学理论被发现和认可的过程对你的启发。

思考4:如果你能回到过去和其中某位科学家进行交谈,你会说些什么呢?

第二课时:质量守恒定律(二)

一、本课学习目标

能说明化学方程式所提供的“质”和“量”的意义等信息。

二、拟定题目

(一)预习作业

(**原创**)自主阅读课本 p96-97,认识化学方程式的含义,完成表 7 的填写。(相对原子质量:H—1,O—16)

表 7　化学方程式的含义

含义		实例:$2H_2O \xrightarrow{\text{通电}} 2H_2\uparrow + O_2\uparrow$
定性角度	①表示反应物、生成物以及反应条件	反应物是 _____,生成物是 _____,条件是_____。
定量角度	② 表示反应物、生成物之间的质量关系(即质量比)	文字表示式:水→氢气+氧气 符号表示式:$H_2O \rightarrow H_2 + O_2$ 球棍分子模型: 体现质量守恒定律:
	③ 表示反应物、生成物之间的粒子数关系(粒子个数比)	化学方程式:$2H_2O \xrightarrow{} 2H_2 + O_2$ 各物质构成的微粒个数比:_____ 相对分子(原子)质量:_____ 质量比关系:_____

(二)课后作业(A 层)(相对原子质量:C—12,O—16,H—1)

1.根据化学方程式不能获得的信息是(　　)。

    A.反应中的反应物和生成物　　　　B.各反应物、生成物之间的质量比

    C.化学反应的快慢程度　　　　　　D.反应发生所需要的条件

2.(**改编**)小明从化学方程式 $S + O_2 \xrightarrow{\text{点燃}} SO_2$ 中总结的信息有:①参加反应的物质是硫和氧气;②反应条件是点燃;③反应前后分子的种类不变;④反应前后元素的种类不变。其中正确的是(　　)。

    A.①②③　　　　B.①②④　　　　C.①③④　　　　D.②③④

3.(**改编**)关于化学方程式"$2H_2 + O_2 \xrightarrow{} 2H_2O$",以下读法中错误的是(　　)。

    A.氢气跟氧气在点燃的条件下反应生成水

    B.2 个氢分子和 1 个氧分子反应生成 2 个水分子

    C.4 份质量的氢气与 32 份质量的氧气反应生成 36 份质量的水

D.2 份氢气与 1 份氧气反应生成 2 份水

4.(改编)下列各组物质,在敞口容器里发生反应,容器内物质的总质量在反应前后不变的是(　　)。

　　A.高锰酸钾受热　　　　　　　　B.在空气中加热铜粉

　　C.在空气中加热硫粉　　　　　　D.将铁钉浸泡在硫酸铜溶液中

5.(改编)科学家正研究在太空建一座把太阳光变成激光的装置,然后用激光照射添加了催化剂二氧化钛(TiO₂)的水,水能有效地分解产生氢气和氧气,即_____。

　　某同学看到此化学方程式,即想到以下两点:①水在激光和催化剂 TiO₂ 的作用下,能分解产生氢气和氧气;②每 36 g 水可以分解生成 4 g 氢气和 32 g 氧气。你还能想到更多吗?请将你的想法填写到下面的空白中(再任写两点)。

　　(1)_____;

　　(2)_____。

(三)课后作业(B 层)

6.环氧乙烷是美英联军对伊拉克的军事打击中使用的一种炸弹的成分之一。环氧乙烷(用 X 表示)充分燃烧的化学方程式为:$2X + 5O_2 \xrightarrow{\text{点燃}} 4CO_2 + 4H_2O$,那么,环氧乙烷的化学式为_____。

7.(改编)氢气和氧气之间发生化学反应的过程,可用图 6 表示。

试回答下列问题:

(1)写出该反应的化学方程式:_____。

(2)从图 6 你还能得到哪些信息?(写出两条即可)

　　A._____;

　　B._____。

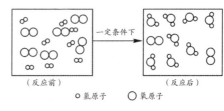

图 6

(四)活动与研究性学习

8.(**原创**)请用卡片或橡皮泥等模拟双氧水分解制取氧气的微观过程,由组长评选出每个小组的最佳作品,于小组风采展示区进行展示(见图 7)。($2H_2O_2$ $\xrightarrow{MnO_2} 2H_2O+O_2\uparrow$)

注意:微观过程需体现质量守恒定律,即原子种类、数目质量不发生改变。

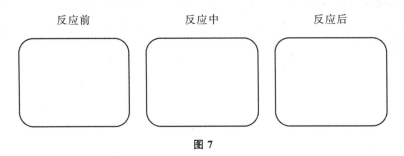

反应前　　　　　　反应中　　　　　　反应后

图 7

第三课时:如何正确书写化学方程式

一、本课学习目标

1.理解书写化学方程式的原则,应用于判断化学方程式的正误。

2.初步学会配平简单的化学方程式,能正确书写常见的化学方程式。

二、拟定题目

(一)预习作业

自学课本 p96-98,完成预习作业。

1.根据化学方程式的原则,判断下列问题:

(1)$Mg+O_2 \xrightarrow{点燃} MgO_2$ 违背了＿＿＿＿＿＿＿＿＿＿＿＿＿＿＿;

(2)$H_2+O_2 \xrightarrow{点燃} H_2O$ 违背了＿＿＿＿＿＿＿＿＿＿＿＿＿＿＿。

2.(**改编**)判断下列化学方程式是否正确,若不正确,请订正。

① $KClO_3 \xrightarrow[\triangle]{MnO_2} KCl+O_2$　　　　② $C+O_2 == CO_2$

③ $Fe_3+O_4 \xrightarrow{点燃} Fe_3O_4$　　　　④ $S+O_2\uparrow \xrightarrow{点燃} SO_2\uparrow$

(二)课后作业(A 层)

3.(选编)配平大比拼,看谁能在配平中傲视群雄!

(1)最小公倍数

　　①＿＿ P＋＿＿ O$_2$ $\xrightarrow{\text{点燃}}$ ＿＿ P$_2$O$_5$

　　②＿＿ Al＋＿＿ O$_2$ $\xrightarrow{\text{点燃}}$ ＿＿ Al$_2$O$_3$

(2)观察法

　　①＿＿ KMnO$_4$ $\xrightarrow{\triangle}$ ＿＿ K$_2$MnO$_4$＋＿＿ MnO$_2$＋＿＿ O$_2$↑

　　②＿＿ KClO$_3$ $\xrightarrow{\triangle}$ ＿＿ KCl＋O$_2$↑

(3)带有原子团的配平

　　①＿＿ CuSO$_4$＋＿＿ NaOH ＝＿＿ Cu(OH)$_2$↓＋＿＿ Na$_2$SO$_4$

　　②＿＿ Fe$_2$(SO$_4$)$_3$＋＿＿ NaOH ＝Fe$_2$(OH)$_3$↓＋＿＿ Na$_2$SO$_4$

(4)含碳、氢、氧元素的化合物和氧气反应的配平

　　①＿＿ CH$_4$＋＿＿ O$_2$ $\xrightarrow{\text{点燃}}$ ＿＿ CO$_2$＋＿＿ H$_2$O

　　②＿＿ C$_2$H$_5$OH＋＿＿ O$_2$ $\xrightarrow{\text{点燃}}$ ＿＿ CO$_2$＋＿＿ H$_2$O

(5)(改编)和小组同学一起,合作完成下列反应的化学方程式

①电解水:＿＿＿＿＿＿＿＿＿＿＿＿＿＿＿＿＿＿＿＿＿＿＿＿；

②氢氧化钠溶液和硫酸铜溶液反应生成氢氧化铜沉淀和硫酸钠溶液;

＿＿＿＿＿＿＿＿＿＿＿＿＿＿＿＿＿＿＿＿＿＿＿＿＿＿＿＿＿；

③图 8 为氧化汞受热分解时的微观过程示意图。

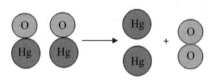

图 8

根据示意图,写出该反应的化学方程式:＿＿＿＿＿＿＿＿＿＿＿＿；

(三)课后作业(B层)

6.(选编)根据下列反应事实写出相应的化学方程式。

(1)发射卫星的火箭用液态联氨(N_2H_4)作为燃料,和液态氧化剂四氧化二氮反应,燃烧尾气由氮气与水蒸气组成。写出该反应的化学方程式:_____。

(2)剧烈运动后血液中产生了较多乳酸($C_3H_6O_3$),使人肌肉酸痛,经过一段时间放松,由于乳酸与吸入的氧气反应,生成二氧化碳和水,酸痛感消失。写出该反应的化学方程式:_____。

(3)汽车尾气(含有 CO,SO_2 与 NO 等物质)是城市空气的污染物,治理的方法之一是在汽车的排气管上装一个催化转换器,其特点是使 CO 与 NO 反应,生成一种空气中含量最多的气体和另一种可参与植物光合作用的气体。写出 CO 与 NO 反应的化学方程式:_____。

(4)一氧化氮是大气污染物之一,目前有一种治理的方法,即在 400℃ 左右、有催化剂的条件下,用氨气(NH_3)和一氧化氮反应生成水和一种气体单质。则该反应的化学方程式为:_____。

(5)北京奥运会火炬使用的燃料是丙烷(C_3H_8),这是一种价格低廉的燃料,它燃烧后火焰的颜色具有较好的可视性,其完全燃烧的产物不会对环境产生污染。则该反应的化学方程式为:_____。

(6)(选编)工业上制取硅的反应微观示意图如图 9 所示:该反应的化学方程式为_____。

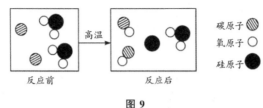

碳原子
氧原子
硅原子

反应前　　　　反应后

图 9

(四)活动与研究性学习:化学小游戏——轻松学习化学方程式

7.(原创)将化学物质的名称制作成化学纸牌,通过物质之间的反应,可以让你轻松学习化学方程式。一边打牌,一边记忆化学方程式,很方便,也很有效。

你想试试吗？请以小组为单位设计化学纸牌及游戏规则,设置游戏规则如图10所示。

图10

第四课时:利用化学方程式的简单计算

一、本课学习目标

1.初步掌握利用化学方程式计算的步骤和方法。

2.通过化学方程式中物质间的质量比,初步理解反应物、生成物之间质和量的关系。

二、拟定题目

(一)预习作业

1.(改编)氢气是未来的理想能源。氢动力燃料电池汽车是一种将氢气与氧气反应产生的化学能直接转化为电能作为动力的汽车,1 kg 的氢气大约可使一辆功率为 50 kW 的汽车跑 100 km。试想:18 kg 水分解所产生的氢气可使这种汽车跑多远?

能否利用化学方程式中各物质之间的量的关系来计算生成物(产品)或反应物的质量呢?

$$2H_2O \xrightarrow{\text{通电}} 2H_2\uparrow + O_2\uparrow$$

2×18　　　2×2　　　16×2

若　36 kg　(　　)　(　　)

若　18 g　(　　)　(　　)

若　3.6 t　(　　)　(　　)

若　18 kg　（　　）　（　　）

在化学反应中,各反应物与生成物间的质量成_____关系,利用这一关系即可根据某一反应物(或生成物)的质量求其他生成物(或反应物)的质量。

2.(原创)阅读课本 p102 例题 1,讨论归纳解题步骤和格式规范。

(1)设未知量:规范写出"解:设……"(X 后_____单位);

(2)写方程式:根据题意写出反应的化学方程式;

(3)标相关量:标出相关物质的_____,以及_____、_____

(一一对应,上下对齐);

(4)列比例式;

(5)求未知量(上下相比);

(6)回答问题。

(二)课后作业(A 层)(相对原子质量:Ca—40,C—12,K—39,Cl—35.5,O—16,Mn—55)

3.(改编)用加热氯酸钾与少量二氧化锰混合物的方法,制得氧气 9.6 kg,求被分解的氯酸钾的质量是多少?($2KClO_3 \xrightarrow[\triangle]{MnO_2} 2KCl + 3O_2 \uparrow$)

解:设[_____]。(X 已含单位)

写 □

标 □

（注意对齐）

列 □

算 □

答 □

4.(原创)在学习了"利用化学方程式的简单计算"后,小洋的练习存在错误,请你把它们找出来并加以改正。

题目:加热 15.8 g 高锰酸钾,充分反应后可制得氧气的质量是多少?

$$(2KMnO_4 \xrightarrow{\triangle} K_2MnO_4 + MnO_2 + O_2\uparrow)$$

解:设生成 X g 氧气。

$$2KMnO_4 \xrightarrow{\triangle} K_2MnO_4 + MnO_2 + O_2\uparrow$$

158				32
15.8 g				X g

$$X = 3.2 \text{ g}$$

答:加热 15.8 g 高锰酸钾充分反应可制得氧气 3.2 g。

我的更正:

5.工业上高温燃烧石灰石(按 $CaCO_3$ 纯净物计算),可制得生石灰(按 CaO 纯净物计算),但同时会产生大量二氧化碳。它是一种温室气体,排进大气中,会影响生态环境。试计算每制得 100 t 氧化钙的同时会产生二氧化碳多少吨?

$$(CaCO_3 \xrightarrow{\text{高温}} CaO + CO_2\uparrow)$$

6.(原创)4 g 氢气和 40 g 氧气反应是否生成 44 g 的水? 简述理由。

(三)活动与研究性学习:大家来找碴

7.(改编)实验室需用氯酸钾制取氧气,现用 29.4 g 氯酸钾与二氧化锰混合加热。完全反应可生成氧气的质量是多少? (将此道题完成在便笺纸或小卡片上,粘贴至作业展示区,互相完成批改纠错。$2KClO_3 \xrightarrow[MnO_2]{\triangle} 2KCl + 3O_2\uparrow$)

(四)课后作业(B层)(相对原子质量:K—39,O—16,Mn—55)

8.(改编)小明同学用加热高锰酸钾的方法制取氧气,他将 20 g 高锰酸钾放在试管中加热一段时间后,冷却称量,得剩余固体的质量为 18.4 g。求:

(1)生成氧气的质量是多少?

(2)剩余固体是什么? 质量各是多少? ($2KMnO_4 \xrightarrow{\triangle} K_2MnO_4 + MnO_2 + O_2\uparrow$)

(五)自我评价

我最容易出错的地方有_____。

第五课时:单元知识梳理与综合练习(A卷·基础篇)

一、知识梳理

要想学习成绩好,知识梳理与总结少不了! 课后复习是学习不可或缺的环节,它可以帮助我们巩固学习效果,弥补知识缺漏,提高学习能力。请完成本单元的思维导图(见图 11)。

图 11

二、单元自我评价

明确学习目标及主要的学习方法是提高学习效率的首要条件,要做到心中有数(见表 8)。

表 8 自我评价

学习目标	自我评价				
	10	8	6	4	2
认识质量守恒定律,能说明化学反应中的质量关系					
能从微观角度(原子三不变)认识质量守恒定律的本质含义					
能说明化学方程式所提供的"质"和"量"的意义等信息					
学会配平简单的化学方程式,能正确书写常见的化学方程式					
通过化学方程式理解反应物、生成物之间质和量的关系					
掌握利用化学方程式计算的步骤和方法					

三、综合练习(相对原子质量:K—39,Cl—35.5,O—16)

1.下列有关质量守恒定律的认识中不正确的是(　　)。

　A.质量守恒定律揭示了化学变化中宏观物质之间的质量关系,与微观过程无关

B.通过化学变化,只能改变世界上物质的种类,不能改变物质的总质量

C.质量守恒定律为定量揭示化学变化的规律提供了理论依据

D.随着科技的发展,精密仪器为我们定量研究化学变化创造了条件

2.兴趣小组的同学利用图 12 的装置探究化学反应前后物质的质量是否守恒,应选用的药品是(　　　)。

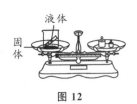

图 12

　A.过氧化氢和二氧化锰　　　　　B.氯化钠晶体和水

　C.碳酸钠粉末和稀盐酸　　　　　D.铁钉和硫酸铜溶液

3.钠着火不能用二氧化碳灭火。钠在二氧化碳中燃烧生成炭黑和一种白色固体,它可能是(　　　)。

　A.碳酸钠　　　　B.硫酸钠　　　　C.碳酸氢钠　　　　D.氢氧化钠

4.甲烷燃烧的微观示意图如图 13 所示,其中方框中需要补充的是(　　　)。

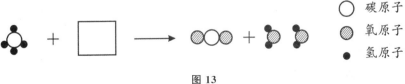

图 13

A.　B.　C.　D.

5.(改编)"宏观—微观—符号"三重表征是化学独特的表示物质及其变化的方法。某化学反应的微观示意图如图 14 所示,下列说法不正确的是(　　　)。

　A.从反应价值看:该反应能获取清洁能源

　B.从物质分类看:该反应涉及 2 种氧化物

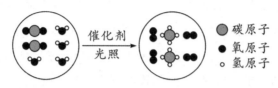

图 14

C.从微观构成看:4 种物质均由分子构成

D.从表示方法看:该反应的化学方程式为 $CO_2 + H_2O = CH_4 + O_2$

6.甲、乙、丙、丁 4 种物质在反应前后的质量关系如图 15 所示,下列有关说法错误的是(   )。

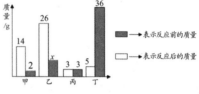

A.参加反应的甲和乙质量比为 2:7

B.丙可能是该反应的催化剂

C.丁一定是化合物

D.x 的值是 7

图 15

7.超氧化钾(KO_2)常备于急救器和消防队员背包中,能迅速与水反应放出氧气:$2KO_2 + 2H_2O = 2KOH + X + O_2 \uparrow$,关于此反应的说法不正确的是(   )。

A.X 的化学式为 H_2O_2

B.反应前后元素种类发生变化

C.反应前后氧元素化合价发生变化

D.反应前后物质状态发生变化

8.(**改编**)火柴头上主要含有氯酸钾、二氧化锰、硫黄、玻璃粉;火柴盒两边的摩擦层是由红磷和玻璃粉调和而成的。火柴着火的主要过程是:①火柴头在火柴盒上划动时产生的热量使磷燃烧;②磷燃烧放出的热量使氯酸钾分解;③氯酸钾分解产生的氧气与硫反应,放出的热量使火柴梗着火。请写出以上①②③中反应的化学反应式(或化学方程式)。

① _____;

② _____;

③_____。

9.(**改编**)某兴趣小组设计如下实验探究质量守恒定律。

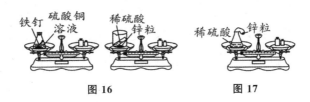

图 16   图 17

(1)如图 16 所示,小明将装有硫酸铜溶液的锥形瓶和铁钉放在天平左盘,调节天平平衡。然后取下锥形瓶将铁钉放入锥形瓶中,一段时间后,再把锥形瓶放回天平左盘,最后天平_____(填"平衡"或"不平衡")。

(2)如图 17 所示,反应前,托盘天平的指针指向刻度盘的中间;两种物质反应后,天平的指针_____(填"向左"、"向右"或"不")偏转,原因是_____。

(提示:锌粒与稀硫酸反应有氢气产生。)

(3)有同学认为图 16 装置不需要密闭就可以用来验证质量守恒定律,你是否认同他们的观点?为什么? _____。

(4)小张对图 17 装置进行改进,把烧杯换成锥形瓶(如最右图所示,装置气密性良好),你认为改进后的装置能否验证质量守恒定律并阐述理由:_____

_____。

10.(**改编**)某学习小组在实验室中用加热 $KClO_3$ 和 MnO_2 混合物的方法制取 O_2,反应过程中固体质量变化如图 18 所示,请计算:$(2KClO_3 \xrightarrow[\triangle]{MnO_2} 2KCl + 3O_2 \uparrow)$

(1)制取 O_2 的质量是多少?

(2)原混合物中 $KClO_3$ 的质量是多少?(写出计算过程)

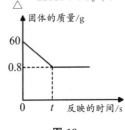

图 18

第六课时:单元练习卷(B卷·提升篇)

可能用到的相对原子质量:H—1,C—12,O—12,Ca—40,Cl—35.5,N—14

1.(改编)对于化学反应 $4P+5O_2 \xrightarrow{点燃} 2P_2O_5$,下列说法正确的是(   )。

①参加反应的物质是磷和氧气;②反应前后分子总数不变;③反应前后元素的种类不变;④反应前后原子的种类和数目不变;⑤反应前后物质的总质量不变;⑥反应前后元素的化合价不变。

    A.①②⑥   B.②③④⑤   C.①②③④⑤   D.①③④⑤

2.(改编)纯净物 M 在密闭容器中微热就分解为 NH_3、H_2O 和 CO_2,根据这一实验事实能得出的结论是(   )。

    A.M 由四种元素组成   B.M 的化学性质很稳定

    C.M 中有氨气   D.M 是氧化物

3.嫦娥五号于 2020 年发射,发射火箭所用的燃料液态偏二甲肼($C_2H_8N_2$)与 N_2O_4 发生的反应可写作:$C_2H_8N_2+2N_2O_4 \xrightarrow{点燃} 3N_2\uparrow+2CO_2\uparrow+nH_2O$,则 n 等于(   )。

    A.2   B.3   C.4   D.5

4.汽车尾气净化装置中装有铂催化剂,尾气在催化剂表面反应的微观过程如图 19 所示。下列有关说法错误的是(   )。

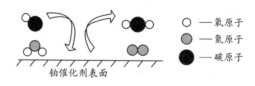

图 19

A.反应前后铂催化剂的质量不变

B.反应前后分子的种类发生改变

C.反应中二氧化氮与氮气的分子个数之比为 1∶1

D.“●○、○●○、○●”这三种微粒构成的物质均为化合物

5.(**改编**)在一个密闭容器中,有甲、乙、丙、丁、戊五种物质,在一定条件下发生反应,测得反应前后各物质的质量变化量如图 20 所示(图中正数表示物质质量的增加量,负数表示物质质量的减少量,0 表示物质质量不变),下列说法正确的是( )。

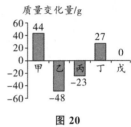

A.该反应一定属于化合反应

B.戊一定是该反应的催化剂

C.参加反应的乙、丙的质量比一定为 48∶23

D.该反应中甲、丁的相对分子质量之比一定为

44∶27

图 20

6.三种物质在密闭容器中发生反应,反应前后质量比例的变化关系如图 21 所示。下列说法正确的是( )。

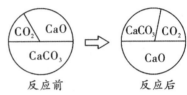

A.反应中 CaO 为催化剂

B.该反应是复分解反应

C.反应后容器中固体质量减少

D.反应后容器中氧元素质量分数增大

图 21

7.某有机物在 9.6 g O_2 中恰好完全燃烧,生成 8.8 g CO_2 和 5.4 g H_2O,下列说法正确的是( )。

A.该有机物只含碳、氢两种元素

B.该有机物中一定含有碳、氢、氧三种元素

C.该有机物一定含有碳、氢元素,可能含有氧元素

D.无法确定

8.下列图像能正确反映其对应操作中各量变化关系的是( )。

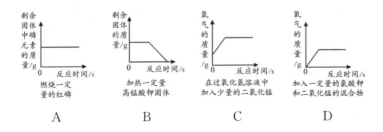

A B C D

9.(**改编**)干粉灭火器在我们身边随处可见,常见的一种 ABC 型灭火器内充装物的主要成分是磷酸二氢铵($NH_4H_2PO_4$),使用时,磷酸二氢铵受热分解,产生有刺激性气味的氨气(NH_3),同时生成两种常见的氧化物,试写出磷酸二氢铵受热分解的化学方程式_____。

10.(**选编**)将宏观、微观及化学符号联系在一起是化学学科的特点。

(1)A、B、C、D 表示四种物质,其微观示意图见图 22:

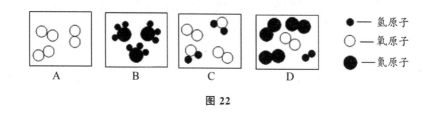

图 22

①从微观角度看,B 图表示:_____(填化学式)。

②从宏观角度看,图中表示混合物的是_____(填字母符号)。

(2)在一定条件下,A 和 B 能发生化学反应生成 E 和 F,其微观示意图见图 23:

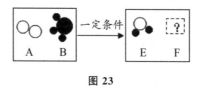

图 23

①若 F 为空气中体积分数最大的气体,则该反应中生成的 E 和 F 的质量比为_____。

②若 F 为氧化物,且 A 和 B 的分子个数比为 5∶4,则该反应的化学方程式为_____。

11.(**改编**)航天飞船上常安装盛有 Na_2O_2(过氧化钠)的装置作为氧气再生剂备用。其反应原理的化学方程式为 $2Na_2O_2+2CO_2 \!=\!=\!= 2Na_2CO_3+O_2$。

①神舟九号载人飞船有 3 人,在太空停留 13 天。如果每人每天消耗氧气约

为 1.6 kg,则须提供氧气的质量为＿＿＿＿＿＿＿＿＿＿＿＿＿＿＿＿；

②产生这些氧气需要准备多少千克 Na_2O_2？(列出计算过程)

③通过刚才的计算,请你从数据的层面解释载人飞船上盛有过氧化钠的装置为什么只作为氧气再生剂备用,而不作为唯一的供氧来源？

第七课时：单元实践作业(二选一)

1.活动一：测定酒精(乙醇)的化学式。

在抗击新型冠状病毒感染的肺炎疫情中,常用医用酒精(75％乙醇)、84 消毒液和过氧乙酸($C_2H_4O_3$)消毒。在学习完质量守恒定律之后,你能否设计实验测定乙醇的化学式呢？请写出具体的实验方案(见表 9),并交流评价。

【资料】浓硫酸、无水硫酸铜、氢氧化钠均易吸收水分;氢氧化钠吸收二氧化碳生成碳酸钠和水;酒精完全燃烧生成二氧化碳和水。

表 9　实验记录表

实验方案设计		
实验装置图		
实验评价	自我评价	
	组员评价	

2.活动二：小论文(提交电子版或纸质版)

"世界是物质的世界",学习完质量守恒定律之后,你是如何理解这句话的？请写出一篇 600 字左右的小论文,结合质量守恒定律,谈谈你对辩证唯物主义观的理解。

16　核心素养视域下初中化学
单元作业设计的思考与案例评析

海沧区教师进修学校　邓联胜

　　作业是学生学习的一个重要环节,是课堂学习的延续和加强。单元作业是为某个单元教学所设计的所有作业的总和,是为复习、检测、满足个性发展需求,进一步达成单元学习目标而布置给学生的利用课外时间完成的学习任务,具有复习巩固、拓展延伸和素养提升等功能。单元作业设计具有目标导向性的特征,要进行系统的设计。要切实发挥好作业的育人功能,布置科学、合理、有效的作业,帮助学生巩固知识、形成能力、培养习惯,帮助教师检测教学效果、精准分析学情、改进教学方法,促进学校完善教学管理、开展科学评价、提高教育质量。

一、化学单元作业设计要求

　　化学学科核心素养是学生发展核心素养的重要组成部分,初中化学课程核心素养包括"化学观念"、"科学思维"、"科学探究与实践"和"科学态度与责任"四个维度,全面展现学生通过化学课程学习形成关键能力和必备品格。化学单元作业的设计不仅是为了及时考查学生对化学概念、规律的理解,更重要的是引导学生深入思考,有效地开拓学生思路,培养学生观察分析、类比联想、归纳总结、应用创新等思维品质。化学单元作业是化学单元教学的重要组成部分,单元作业目标应与单元教学目标一致,应系统化选编、改编、创编符合学习规律、体现素质教育导向的基础性作业,作业难度不得超过国家课程标准要求。要提高作业的针对性和实效性。作业内容要体现课上、课下学习的连续性,作业类型既要有知识巩固类,也要有能力提升类及学科实践类。鼓励布置分层作业、弹性作业和个性化作业,科学设计探究性作业和实践性作业,探索跨学科综合性作业;单元作业的规划及设计要体现整体性、多样性、选择性和进阶性。

二、化学单元作业设计点评

该单元作业设计呈现了单元学习与前后内容联系、单元教材简述与教学思路、单元重难点突破与作业设计构想、单元作业双向分析评估等内容。作业设计的最大亮点是搭建了单元作业的结构框架,将核心素养与学科知识在作业中进行有机融合以及力求打破传统作业形式,编制具有情境性、开放性、分层性、实践性的学生作业。具体来说:

1.关注课程核心素养

该作业设计依据《义务教育化学课程标准(2022年版)》对单元的每一个课题都从初中化学课程核心素养中的"化学观念""科学思维""科学探究与实践""科学态度与责任"四个维度进行了梳理、分析,提出了不同课题在化学课程核心素养方面的侧重点,如课题1对课程核心素养的四个维度均有所体现,课题2侧重"化学观念"和"科学思维",而课题3则侧重"化学观念"和"科学态度与责任"。同时还明确了不同课题的单元作业目标和学习水平。在此基础上,有选择性地设计符合课程核心素养的习题,这样的作业设计是基于课程核心素养的设计,关注了对学生课程核心素养的培育。

2.突出学科大概念

作业设计紧扣初中化学"物质的化学变化"学习主题,围绕"物质的变化与转化"这一学科大概念,帮助学生对化学反应的认识实现宏观表征从"质"到"量"的突破,微观表征从"静"到"变"的转化,符号表征从"孤立"到"联系"的完善,从而建立"宏观—微观—符号"表征之间的联系。这种基于学科大概念的作业设计符合学生的认知发展水平,也较好地发挥了概念统领和素养导向功能。

3.体现思维进阶

作业设置了难度逐级递增的习题组,对每一项教学目标在每个课时要求的层次做到了精准把握,力求做到习题的选择与目标的一致性。每个课题的课后作业均设置了 A、B 两个层次，A 层为基础过关层级，B 层为能力提升进阶层级，体现了循序渐进原则和因材施教原则。

4.丰富作业形式

该份作业面向全体学生，尊重学生的个体差异，设计了多种形式的作业，作业形式包括预习作业、纠错型作业、及时巩固型作业、总结反馈型作业和活动与研究性学习类作业等，较好地做到了作业形式多样与内容丰富的统一，体现了作业设计的多样性原则。

这份作业如果在题目的选择和设计上更加重视情境，更加突出社会热点，同时适当关注跨学科实践、科普阅读等方面的内容，则会更加完美。

17　神奇的微生物世界

——人教版《生物学》八年级上册第五单元"细菌、真菌和病毒"单元作业设计

厦门双十中学海沧附属学校　　邵志超

◆单元名称

人教版《生物学》八年级上册第五单元"细菌、真菌和病毒"

◆单元学习内容与前后联系

一、单元教材分析

在人教版初中生物课本中，"细菌、真菌和病毒"属于八年级上册第五单元第四章和第五章。除了大型真菌，细菌、真菌、病毒一般归于微生物的范畴，它们数量巨大，分布广泛，鉴于此而放在同一单元。

教材原内容安排：第一节"细菌和真菌的分布"、第二节"细菌"、第三节"真菌"、第四节"细菌和真菌在自然界中的作用"、第五节"人类对细菌和真菌的利用"，最后是"病毒"内容。在教学实践中，发现学生容易混淆细菌、真菌和病毒相关知识。

本单元在教学内容做了如下调整：先安排了细菌、真菌和病毒的发现和观察，让学生感知细菌、真菌和病毒的存在，探究它们的分布。再深入认识细菌、真菌和病毒在形态、结构、生殖方面的特点，然后关注细菌、真菌和病毒在自然界中的作用，人类对细菌、真菌和病毒的利用。按照"宏观—微观—宏观"的顺序呈现，采用比较、归纳等方法，帮助学生建立立体概念。"细菌、真菌和病毒"单元课时安排如表1所示。

表1 "细菌、真菌和病毒"单元课时安排表

课时	课时名称	教学内容
第一课时	细菌和真菌的分布	菌落,培养细菌和真菌的一般方法,探究细菌和真菌的分布、生存的一般条件
第二课时	细菌、真菌和病毒的发现及观察	多细胞真菌的观察、单细胞真菌的观察、细菌的发现、病毒的发现、真菌的形态分类、细菌的形态分类、病毒的形态分类
第三课时	细菌、真菌和病毒的结构及营养方式	真菌的结构及营养方式、细菌的结构及营养方式、病毒的结构及营养方式
第四课时	细菌、真菌和病毒的繁殖及生活方式	真菌的生殖、细菌的生殖、病毒的生殖,细菌和真菌的腐生生活、细菌真菌和病毒的寄生生活、细菌真菌与动植物的共生生活
第五课时	人类对细菌、真菌和病毒的利用	细菌真菌与食品制作和保存、抗生素治疗细菌性疾病、超级细菌、疫苗与预防疾病、狂犬病及狂犬病病毒
第六课时	细菌、真菌和病毒的小结及生物技术	画出以细菌、真菌、病毒为核心的思维导图,清洁能源与环境保护,生物防治,基因工程

二、学情分析

学情分析情况见表2。

表2 学情分析表

知识储备	初一年级上学期有涉及微生物的内容,例如细菌真菌是生态系统中的分解者。单细胞生物里面也有认识一些细菌和真菌,以及生物的特征里面提到病毒没有细胞结构等。但是对于细菌、真菌和病毒的基本特征并没有系统的认识;没有比较明确的概念,也很少将它们的形态结构与它们的生活环境相联系;也没有认识到它们与动植物的本质区别。
能力水平	初二年级的学生思维活跃,处在感性思维向理性思维转变的阶段,认知水平也在不断提高。该年龄段的学生好奇心重,动手能力也比较强,能自主进行一些简单的探究活动,但还需要进一步加强。

续表

生活经验	在日常生活中,不少同学的家里可能有利用微生物制作过食品,例如葡萄酒、酸奶等;生活中也经常听到关于流行性疾病的新闻。不少同学对于微生物的认识可能来自阅读科普读物、观看与微生物有关的视频或参观有关场馆等。所以本单元中,有关细菌、真菌和病毒的相关内容,比较容易找到与学生经验相结合的点。教师要将课堂联系生活实际,将抽象的知识具体化,而非仅仅停留在表层联系上面。
兴趣与动机	学生普遍对微生物较感兴趣,愿意搜集有关微生物的知识。面对本单元制作酸奶、葡萄酒等实验,学生普遍会较为兴奋,积极性较高。学生也往往较为关心一些社会热点,如细菌、真菌、病毒等引起的流行性疾病等。教师要利用学生兴趣来达成教学目的,不要仅仅停留在兴趣本身上面。

◆单元作业设计构想

一、单元作业目标

在充分研读《义务教育生物学课程标准》和《福建省初中生物学科教学与考试指导意见》、人教版《生物学》教科书教材内容和分析学情的基础上,确定了本单元的教学目标,然后依据"细菌、真菌和病毒"的单元教学目标,制定单元作业目标。在制定"细菌、真菌和病毒"单元各课时作业目标时,要在单元教学目标的基础上进行细化,同时在单元作业目标制定时,从知识与技能、过程与方法、情感态度价值观三个维度确定单元作业目标。具体见表 3。

表3　教学目标与作业目标对照表

单元教学目标	课时教学目标	课时作业目标
通过本单元的教学活动,应使学生在以下几个方面得到发展: 1.认识到细菌和大多数真菌个体微小,它们在自然界是广泛分布的;细菌细胞中没有成形的细胞核,是原核生物,它们靠分裂生殖;真菌的细胞里有细胞核,是真核生物,它们可以通过产生大量的孢子繁殖后代;细菌和真菌在自然界中发挥着重要作用,它们作为分解者,在自然界的物质循环中起着十分重要的作用;细菌和真菌还与许多动物和植物共生;细菌和真菌虽然会引起植物(包括农作物)以及人在内的动物患病,但是它们也在人类的生产生活中发挥着重要十分重要作用;病毒十分微小,需要借助电子显微镜才能观察到病毒的形态;病毒的结构简单,由蛋白质外壳和内部的遗传物质组成,没有细胞结构;病毒不能独立生活,必须寄生在其他生物的细胞内,复制自己的遗传物质中的遗传信息,利用寄主细胞的物质,制造出新的病毒;病毒分布广泛,会引发各种疾病,对人类的生活造成极大危害,然而,人类在研究病毒的过程中,也取得了可喜的成果,如人类研制出疫苗可以预防病毒性的疾病,人类可以利用病毒携带基因的能力进行转基因操作和基因治疗。 2.尝试采用细菌和真菌培养的一般方法,进行"检测不同环境中的细菌和真菌"的探究活动,进行"观察酵母菌和霉菌"的实验,尝试制作米酒和酸奶。 3.认同科学发展与技术的进步密切相关;认同科学的新发现是建立在缜密的思维和精细的实验基础上;关注细菌、真菌与动植物和人类的关系;关注细菌和真菌在食品制作、食品保存、疾病防治、清洁能源和环境保护等方面的利用;关注病毒与生物圈中其他生物的关系,特别是与人类的关系。	第一课时: 1.说出细菌和真菌分布的特点。 2.尝试采用细菌和真菌培养的一般方法,进行"检测不同环境中的细菌和真菌"的探究活动。	第一课时: 1.通过习题训练,理清细菌和真菌的分布的知识框架,理解其内涵和外延。 2.利用一定情境的问题,培养学生观察、提问和实验设计等科学探究的能力。 3.通过动手实践,提升学生运用知识解决问题的能力和实践能力。
	第二课时: 1.描述多细胞真菌和单细胞真菌的特点。 2.了解细菌和病毒的发现过程。 3.进行"观察酵母菌和霉菌"的实验。 4.举例说出生活中常见的真菌种类、细菌种类、病毒种类。	第二课时: 1.通过习题训练,理清细菌、真菌和病毒的发现科学史的知识框架,理解其内涵和外延。 2.通过列表对比,引导学生掌握和运用归纳与概括。 3.通过观察记录实践活动,培养学生观察能力,提升学生运用知识解决问题的能力和实践能力。
	第三课时: 1.概述细菌、真菌和病毒的主要结构特征。 2.通过将"结构"和"营养方式"相联系,认同生物学观念"生物体结构和功能相适应"。	第三课时: 1.通过习题训练,理清细菌、真菌和病毒的结构及其营养方式的相关知识点,理解其内涵和外延。 2.通过将"结构"和"营养方式"相联系,加深对生物学观念"生物体结构和功能相适应"的理解。 3.通过列表对比,引导学生掌握和运用归纳与概括。 4.通过观察记录实践活动,进一步培养学生观察能力,提升学生运用知识解决问题的能力和实践能力。
	第四课时: 1.说出细菌和真菌在物质循环中的作用。 2.关注细菌、真菌、病毒与动植物和人类的关系。 3.说明细菌、真菌和病毒的繁殖方式。	第四课时: 1.通过习题训练,梳理细菌、真菌和病毒的生殖方式及其生活方式的知识框架,理解其在自然界中的作用和与人类的关系,理解其内涵和外延。 2.通过列表对比,引导学生掌握和运用归纳与概括。 3.通过观察记录实践活动,进一步培养学生观察能力,提升学生运用知识解决问题的能力和实践能力。
	第五课时: 1.举例说出人类对细菌、真菌的利用。 2.说明食品腐败的原因。 3.尝试制作米酒和酸奶。 4.关注细菌和真菌在食品制作、食品保存、疾病防治等方面的利用。	第五课时: 1.通过习题训练,巩固学生对知识框架"人类对细菌、真菌和病毒的利用"的掌握,理解其内涵和外延。 2.利用一定情境的问题,培养学生观察、分析、综合等科学思维能力。 3.通过观察记录实践活动,进一步培养学生观察能力,提升学生运用知识解决问题的能力和实践能力。
	第六课时: 1.通过写出以"真菌""细菌""病毒"为核心概念的思维导图,构建知识结构。 2.关注真菌、细菌在环境保护和清洁能源中的利用。 3.关注以菌治虫等生物防治方法;关注病毒在基因工程中的利用。	第六课时: 1.通过写出以"真菌""细菌""病毒"为核心概念的思维导图,构建知识结构。 2.通过习题训练,巩固学生对细菌、真菌和病毒相关知识的掌握,理解其内涵和外延。 3.通过观察记录实践活动,培养学生观察能力,提升学生运用知识解决问题的能力和实践能力。
	单元形成性评价作业目标: 检测学生是否能描述细菌、真菌形态结构的主要特征、主要营养方式和生殖方式,是否能描述病毒的主要特点;检测学生是否能用自然选择学说解释超级细菌的产生过程;检测学生是否能基于科学资料,初步运用归纳、概括的科学思维;检测学生是否能概述细菌、真菌和病毒与人类的关系,关注与微生物有关的生物技术在人类生产生活中的应用。	

上述内容反映：本单元作业的设计根据《义务教育生物学课程标准》、本单元特征以及本校学生学情等情况进行编制和使用。单元作业目标与本单元教学目标一致并进一步细化。

二、单元作业设计意图

本单元的作业包含 6 份课时作业组以及 1 份单元形成性评价作业（囿于本书篇幅，形成性评价作业未收录）。

每份课时作业组均由"学习目标""知识结构"（或"自主学习"）"达标检测""兴趣作业"等四个模块组成。"学习目标"用于使学生明确本课时学习的目标和水平要求；"知识结构"用于帮助学生建构课时知识框架，明确知识点之间的相互关系，同时也有助于学生学习整理知识的方法；"达标检测"的设计重在帮助学生诊断学习目标达成情况，进一步学习运用知识解决问题；"兴趣作业"贴近学生生活实际，贯穿整个单元学习，意在激发学生学习兴趣，并检测学生运用知识和技能解决问题的实践探究能力。

单元形成性评价作业依据单元学习目标进行整体规划，用于检测学生是否能描述细菌、真菌形态结构的主要特征、主要营养方式和生殖方式及病毒的主要特点，是否能用自然选择学说解释超级细菌的产生过程，是否能基于科学资料初步运用归纳、概括的科学思维；以及检测学生是否能概述细菌、真菌和病毒与人类的关系，关注与微生物有关的生物技术在人类生产生活中的应用。

三、单元作业及形成性评价的特色

在设计"细菌、真菌和病毒"单元作业和形成性评价时，遵循以下原则，凸显单元作业特色。具体如下：

1.适切性原则

编制的作业内容要符合学生的年龄特征，根据学校学情编制符合当下需求的作业。单元作业的作业目标切合单元的教学目标、教学实际需要。

（1）利用作业培养学生生物学科核心素养

根据《义务教育生物学课程标准》，生物科学是自然科学中的基础学科之一，是研究生命现象和生命活动规律的一门学科。本单元在作业设计中，尽可能体现本学科的特点以及培养学生的生物学科核心素养。例如题目 Z01005，让学生在完成试题的同时，参与探究过程，这在体现生物学科特点的同时，也提升了学生的理性思维和科学探究的核心素养。

(2)单元作业凸显情境性，并与时代发展适切

生物科学发展日新月异，在设计作业时要体现出时代性和接近生活现实，将理论学习与生活实际相联系，融合生物相关的现代研究的新成果。例如题目 Z07016，题目中结合了 NDM-1 超级细菌、新型冠状病毒感染的肺炎疫情防控和利用噬菌体治疗细菌感染编制成作业，学生在完成作业的过程中，其科学思维、社会责任等核心素养自然而然得到提升。

(3)作业的编制以课程标准为依据，并与本校学情适切

作业编制以本校学情为基础，具体见表 2。编制时以《义务教育生物学课程标准》为依据编制作业，详见"细菌、真菌和病毒"单元作业和表 5。

2.多样性原则

本单元作业遵循多样性原则，根据课型需要和本学科特点，设计了多样化的作业。多种形式的作业可有效提升学生对生物学的学习兴趣和培养学生多项能力。

(1)作业形式根据单元教学灵活设计

单元作业的设计应当根据单元教学的需要进行灵活设计，通过完成作业来达成单元的部分教学目标。例如第三课时"细菌、真菌和病毒的结构及营养方式"，课堂上采取的是小组合作探究及任务驱动教学法，学生通过教师提供的学习材料、仪器、实物等完成作业，达成学习目标。相关资料详见第三课时作业及其学习材料。

(2)作业习题类型多样化

在本单元的作业设计中，包含常见的题型，如选择题、填空题、判断题、材料分析题、简答题等，除此之外，还包含操作活动类作业，如 Z01006、Z02008、Z03014、Z04010、Z05009、Z06008 等，分布在每个课时作业中并形成一个连续的

活动作业,后一个活动作业是在前一个活动作业的基础上层层递进,引导学生观察并记录霉菌的生长及变化,并在最后一次作业形成一份总结性的活动报告。多样化的题型有利于激发学生学习生物的兴趣。操作类作业有利于培养学生理性思维以及科学探究等方面的科学核心素养。

3.层次性原则

单元作业的设计应当遵循层次性原则,关注不同层次的学生,兼顾不同层次的学生,让不同层次的学生都能得到充分的发展。在本单元作业设计中,每一份作业都是按照从易到难的顺序编排,难度和作业量都有所控制。例如第一课时"细菌和真菌的分布"作业中有填空题 1 道、选择题 3 道、简答题 1 道、兴趣作业题 1 道。为了顾及不同层次的学生,兴趣作业可灵活安排,学有余力者可选择完成。这样可以达到多个层次的学生都得到充分发展。

4.系统性原则及科学性原则

单元作业的设计应该遵循单元知识的系统性,通过完成单元作业,帮助学生构建完整的知识框架结构;并且构建的知识框架应当符合科学性原则,避免出现科学性错误。每个课时作业中的第二部分"知识结构"有助于学生科学构建本节课的知识框架。例如:Z01001、Z02001、Z04001、Z05001、Z06001、Z06002、Z06002 等。

5.规范性原则与创新性原则

(1)规范性

单元作业的设计遵循科学规范,具备可操作性,根据学情进行适当创新型开发。在本单元作业中,题目的设计尽量简洁明了,条理清晰,让学生易于操作。例如 Z06008 这道操作活动题,为了降低难度,在总结观察现象并记录的报告中已经列好记录条目,学生只需要将自己观察所得如实记录即可。

(2)创新性

本单元作业设计注重在符合规范性、科学性和本校学情的情况下进行创新性开发。本单元作业的设计来源有引用、改编和原创(见表 4),本单元作业设计中直接引用的题目约占 27%,改编题目约占 40%,原创题目约占 32%。

表 4　题目统计表

	引用	改编	原创
题目数	11	20	25
比例	19.64%	35.71%	44.64%

四、单元目标设计表

在充分研读《义务教育生物学课程标准(2011年版)》和《福建省初中生物学科教学与考试指导意见》、人教版《生物学》教科书教材内容和分析学情的基础上,确定了本单元的教学目标,然后依据"细菌、真菌和病毒"的单元教学目标,制定单元作业目标。单元目标编码设计详见表5。

表 5　单元作业目标设计表

单元目标编码	目标描述	目标维度	学习水平
SWX080101	说出细菌和真菌分布的特点	知识	了解
SWX080102	尝试采用细菌和真菌培养的一般方法,进行"检测不同环境中的细菌和真菌"的探究活动	技能	模仿
SWX080201	描述多细胞真菌和单细胞真菌的特点	知识	了解
SWX080202	说出细菌和病毒的发现过程	知识	了解
SWX080203	进行"观察酵母菌和霉菌"的实验	技能	模仿
SWX080204	举例说出生活中常见的真菌种类、细菌种类、病毒种类	知识	理解
SWX080301	概述细菌、真菌和病毒的主要结构特征	知识	理解
SWX080302	通过将"结构"和"营养方式"相联系,认同生物学观念"生物体结构和功能相适应"	情感	反应
SWX080401	说出细菌和真菌在物质循环中的作用	知识	了解
SWX080402	关注细菌、真菌、病毒与动植物和人类的关系	情感	反应
SWX080403	说明细菌、真菌和病毒的繁殖方式	知识	理解
SWX080501	举例说出人类对细菌、真菌的利用	知识	了解
SWX080502	说明食品腐败的原因	知识	理解
SWX080503	尝试制作米酒和酸奶	技能	模仿
SWX080504	关注细菌、真菌和病毒在食品制作、食品保存、疾病防治等方面的利用	情感	反应

续表

单元目标编码	目标描述	目标维度	学习水平
SWX080601	通过写出以"真菌""细菌""病毒"为核心概念的思维导图,构建知识结构	知识	理解
SWX080602	关注真菌、细菌在环境保护和清洁能源中的利用	情感	反应
SWX080603	关注以菌治虫等生物防治方法;关注病毒在基因工程中的利用	情感	反应

注:1.表格中的目标描述、目标维度、学习水平参考《义务教育生物学课程标准》。

2.表格中单元目标编码指主题、课时和目标,例:SWX080101指生物学第八主题生物的多样性,单元教学课时安排第一课时的目标1。

五、作业属性表

作业属性详见表6～表11。

表 6　第一课时作业属性表

作业名称	第一课时:细菌和真菌的分布
作业类型	□口头　■书面　■实验操作　□社会调查　□模型制作　□电子小报　□其他
作业时间	8～15 min
学习水平	■A 级　　　　■B 级　　　　■C 级 (A 指了解水平,B 指理解水平,C 指应用水平,下同)
作业难度	□低于学习水平要求　■同于学习水平要求　□高于学习水平要求
作业资源	□配套练习　■改编　■自编　□其他
反馈方式	□自评　□互评　■师评
作业内容	见"单元作业设计"

表 7　第二课时作业属性表

作业名称	第二课时:细菌、真菌和病毒的发现及观察
作业类型	□口头　■书面　■实验操作　□社会调查　□模型制作　□电子小报　□其他
作业时间	8～10 min
学习水平	■A 级　　　　■B 级　　　　■C 级
作业难度	□低于学习水平要求　■同于学习水平要求　□高于学习水平要求
作业资源	□配套练习　■改编　■自编　□其他
反馈方式	□自评　□互评　■师评
作业内容	见"单元作业设计"

表 8　第三课时作业属性表

作业名称	第三课时：细菌、真菌和病毒的结构及营养方式
作业类型	□口头　■书面　■实验操作　□社会调查　□模型制作　□电子小报　□其他
作业时间	8～12 min
学习水平	■A级　　　■B级　　　■C级
作业难度	□低于学习水平要求　■同于学习水平要求　□高于学习水平要求
作业资源	□配套练习　■改编　■自编　□其他
反馈方式	□自评　□互评　■师评
作业内容	见"单元作业设计"

表 9　第四课时作业属性表

作业名称	第四课时：细菌、真菌和病毒的繁殖及生活方式
作业类型	□口头　■书面　■实验操作　□社会调查　□模型制作　□电子小报　□其他
作业时间	8～18 min
学习水平	■A级　　　■B级　　　■C级
作业难度	□低于学习水平要求　■同于学习水平要求　□高于学习水平要求
作业资源	□配套练习　■改编　■自编　□其他
反馈方式	□自评　□互评　■师评
作业内容	见"单元作业设计"

表 10　第五课时作业属性表

作业名称	第五课时：人类对细菌、真菌和病毒的利用
作业类型	□口头　■书面　■实验操作　□社会调查　□模型制作　□电子小报　□其他
作业时间	8～15 min
学习水平	■A级　　　■B级　　　■C级
作业难度	□低于学习水平要求　■同于学习水平要求　□高于学习水平要求
作业资源	□配套练习　■改编　■自编　□其他
反馈方式	□自评　□互评　■师评
作业内容	见"单元作业设计"

表 11　第六课时作业属性表

作业名称	第六课时：细菌、真菌和病毒的思维导图及生物技术
作业类型	□口头　■书面　■实验操作　□社会调查　□模型制作　□电子小报　□其他
作业时间	8～15 min

续表

学习水平	■A 级　　　　　■B 级　　　　　■C 级
作业难度	□低于学习水平要求　■同于学习水平要求　□高于学习水平要求
作业资源	□配套练习　■改编　■自编　□其他
反馈方式	□自评　□互评　■师评
作业内容 2	见"单元作业设计"

◆单元作业设计

第一课时:细菌和真菌的分布

一、学习目标

1.说出细菌和真菌分布的特点。

2.尝试采用细菌和真菌培养的一般方法,进行"检测不同环境中的细菌和真菌"的探究活动。

二、知识结构

1.根据图 1 完成填空。

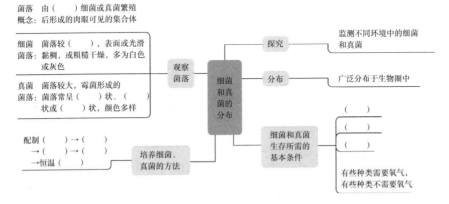

图 1 　"细菌和真菌的分布"思维导图

(本题对应题目编码 Z01001,题目属性详见表 12。)

表 12　题目 Z01001 属性对照表

题目编码	所属课时	对应目标编码	学习水平	题目类型	题目难度	题目完成方式	预计完成时间	题目来源	备注
Z01001	一	SWX080101 SWX080102	A 了解	填空题	易	书面	1 min	引用	

三、达标检测

2.受潮的粮食容易发霉长毛,而干燥的粮食不易发霉。由此推测霉菌的生活环境需要(　　)。

　　A.适宜的温度　　B.较大的湿度　　C.充足的氧气　　D.丰富的有机物

(本题对应题目编码 Z01002,题目属性详见表 13。)

3.食品保存在冰箱中不易变质的原因是(　　)。

　　A.无菌　　　　　　　　　　B.细菌数量极少

　　C.低温能杀死细菌　　　　　D.低温能抑制细菌繁殖

(本题对应题目编码 Z01003,题目属性详见表 13。)

4.细菌和真菌的生活也需要一定的条件,下面属于它们生活必要条件的是(　　)。

　　①水分　　②空气　　③有机物　　④适宜的温度　　⑤阳光　　⑥土壤

　　A.①③⑤　　　　B.④⑤⑥　　　　C.①④⑥　　　　D.①③④

(本题对应题目编码 Z01004,题目属性详见表 13。)

表 13　题目 Z01002、Z01003、Z01004 属性对照表

题目编码	所属课时	对应目标编码	学习水平	题目类型	题目难度	题目完成方式	预计完成时间	题目来源	备注
Z01002	一	SWX080101	B 理解	选择题	易	书面	0.5 min	改编	
Z01003	一	SWX080102	B 理解	选择题	中	书面	0.5 min	改编	
Z01004	一	SWX080102	B 理解	选择题	中	书面	1 min	改编	

5.2008年世界卫生组织将每年的10月15日确立为"世界洗手日"。某校生物兴趣小组的甲、乙两位同学利用盛有无菌培养基的培养装置,分别设计了洗手能减少手上细菌数量的实验(见图2)。

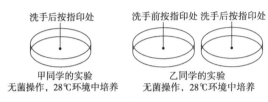

洗手后按指印处　　　洗手前按指印处 洗手后按指印处

甲同学的实验　　　　　乙同学的实验
无菌操作,28℃环境中培养　　无菌操作,28℃环境中培养

图2

(1)甲、乙两位同学设计的方案中比较合理的是＿＿＿,因为＿＿＿＿＿。

(2)这个实验要探究的问题是＿＿＿＿＿＿＿＿＿＿＿＿＿＿＿＿＿＿?

(3)为了保证实验变量唯一,按手印的面积应该＿＿＿＿＿＿＿＿＿。

(4)乙同学的实验结果如表14。

表14　实验结果表

培养皿编号	取样处	实验结果
1	洗前的手	出现许多菌落
2	洗后的手	出现个别菌落

你可以得出的结论是＿＿＿＿＿＿＿＿＿＿＿＿＿＿＿＿＿。

(5)如果要使这个实验更严谨,应该＿＿＿＿＿＿＿＿＿＿＿＿＿。

(本题对应题目编码 Z01005,题目属性详见表15。)

表15　题目 Z01005 属性对照表

题目编码	所属课时	对应目标编码	学习水平	题目类型	题目难度	题目完成方式	预计完成时间	题目来源	备注
Z01005	一	SWX080102	C 应用	简答题	难	书面	3 min	改编	

四、兴趣作业

6.利用家里的橘子、芦柑、面包等培养青霉和曲霉,并每天记录生长状况。

(1)联系生活实际,在什么条件下,水果和面包容易发霉(见图3)?

图3

(2)利用家里的橘子、芦柑等培养青霉和曲霉并观察记录。

(3)为了尽快开始培养和观察霉菌,你将从哪里获得即将发霉或已经发霉的橘子或芦柑?

A.家里完好的橘子　　　　　　B.自己去水果店挑选将要腐烂的橘子

(4)观察的起始日期:_____年_____月_____日。

橘子或芦柑的质量是_____克。

橘子或芦柑的状态是_____。

(本题对应题目编码 Z01006,题目属性详见表 16。)

表 16　题目 Z01006 属性对照表

题目编码	所属课时	对应目标编码	学习水平	题目类型	题目难度	题目完成方式	预计完成时间	题目来源	备注
Z01006	一	SWX080102	C 应用	操作活动	难	观察记录	多天	原创	

第二课时:细菌、真菌和病毒的发现及观察

一、学习目标

1.描述多细胞真菌和单细胞真菌。

2.了解细菌和病毒的发现过程。

3.进行"观察酵母菌和霉菌"的实验。

4.举例说出生活中常见的真菌种类、细菌种类、病毒种类。

二、知识结构

1.根据图 4 完成填空。

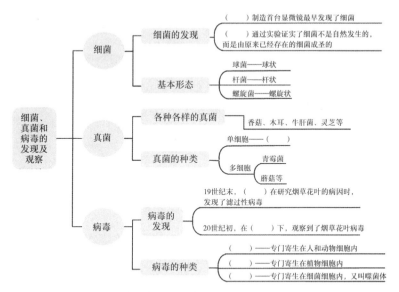

图 4 "细菌、真菌和病毒的发现及观察"思维导图

(本题对应题目编码 Z02001,题目属性详见表 17。)

表 17 题目 Z02001 属性对照表

题目编码	所属课时	对应目标编码	学习水平	题目类型	题目难度	题目完成方式	预计完成时间	题目来源	备注
Z02001	二	SWX080203 SWX080204 SWX080205 SWX080206	A 了解	填空题	易	书面	2 min	原创	

三、达标检测

2.下列生物中不属于真菌的是(　　　)。

　A.青霉　　　　　B.金针菇　　　　　C.乳酸菌　　　　　D.木耳

(本题对应题目编码 Z02002,题目属性详见表 18。)

3.细菌的发现者是(　　　)。

　A.荷兰人列文虎克　　　　　　　B.英国人罗伯特·虎克

　C.法国人路易斯·巴斯德　　　　D.俄国人伊万诺夫斯基

（本题对应题目编码 Z02003,题目属性详见表 18。）

4.被称为"微生物之父"的是（　　）。

    A.荷兰人列文虎克　　　　　　　B.英国人罗伯特·虎克

    C.法国人路易斯·巴斯德　　　　D.俄国人伊万诺夫斯基

（本题对应题目编码 Z02004,题目属性详见表 18。）

5.下列生物属于病毒的是（　　）。

    A.痢疾杆菌　　　　　　　　　　B.烟草花叶病毒

    C.痢疾杆菌噬菌体　　　　　　　D.大肠杆菌

（本题对应题目编码 Z02005,题目属性详见表 18。）

6.下列有关微生物的说法,错误的是（　　）。

    A.病毒、细菌和真菌在光学显微镜下都可见

    B.真菌具有多细胞的种类,也有单细胞的种类

    C.细菌细胞的形态具有球状、杆状和螺旋状

    D.病毒都是寄生的

（本题对应题目编码 Z02006,题目属性详见表 18。）

表 18　题目 Z02002、Z02003、Z02004、Z02005、Z02006 属性对照表

题目编码	所属课时	对应目标编码	学习水平	题目类型	题目难度	题目完成方式	预计完成时间	题目来源	备注
Z02002	二	SWX080206	A 了解	选择题	易	书面	0.5 min	改编	
Z02003	二	SWX080204	A 了解	选择题	易	书面	0.5 min	改编	
Z02004	二	SWX080204	A 了解	选择题	易	书面	0.5 min	改编	
Z02005	二	SWX080206	A 了解	选择题	易	书面	0.5 min	改编	
Z02006	二	SWX080204 SWX080206	B 理解	选择题	中	书面	1 min	改编	

7.列表对比细菌、真菌和病毒的形态和分类,填写表 19。

表 19　细菌、真菌和病毒的形态和分类对比表

	形态	分类
细菌	细菌都是个体,其外部形态千差万别,大致可以分为三类:球形、杆形、螺旋形	1._____,例如葡萄球菌等 2._____,例如大肠杆菌等 3.螺旋菌,例如空肠弯曲菌等
真菌	真菌具有单细胞种类,也有多细胞种类	1._____,例如酵母菌等 2._____,例如青霉、曲霉等 3._____,例如蘑菇、银耳等
病毒	病毒外部形态千差万别,具有杆形、球形和蝌蚪形等	1._____病毒,例如烟草花叶病毒等 2._____病毒,例如乙肝病毒等 3._____病毒,例如大肠杆菌噬菌体

(本题对应题目编码 Z02007,题目属性详见表 20。)

表 20　题目 Z02007 属性对照表

题目编码	所属课时	对应目标编码	学习水平	题目类型	题目难度	题目完成方式	预计完成时间	题目来源	备注
Z02007	二	SWX080206	A 了解	填空题	易	书面	2 min	原创	

四、兴趣作业

8.记录霉菌的生长状况(见图 5)。

(1)今天是培养霉菌的第_____天。

(2)你的橘子的质量是_____克。

(3)今天橘子或芦柑表面的霉菌是什么颜色的?(　　)(多选)

图 5

　　A.白色　　　　　　　　　　B.青色

　　C.黑色　　　　　　　　　　D.没有什么变化

(本题对应题目编码 Z02008,题目属性详见表 21。)

9.若你的橘子和芦柑已经有白色菌落,请将发霉的橘子或芦柑带来学校,利用放大镜和显微镜观察菌丝。观察结束后,将橘子带回家继续培养。

(1)取一块发霉的橘子皮,利用放大镜观察,可以看到一条条直立生长的白色绒毛,这就是霉菌的_____。

(2)如果白色绒毛顶端长有青色或黑色的结构,请制成临时装片,置于显微镜下观察。白色绒毛的顶端的颜色是_____,它们是霉菌产生的_____。

(本题对应题目编码 Z02009,题目属性详见表 21。)

表 21　题目 Z02008、Z02009 属性对照表

题目编码	所属课时	对应目标编码	学习水平	题目类型	题目难度	题目完成方式	预计完成时间	题目来源	备注
Z02008	二	SWX080102	C 应用	操作活动	难	观察记录	多天	原创	
Z02009	二	SWX080201	C 应用	操作活动	难	观察记录	多天	原创	

第三课时:细菌、真菌和病毒的结构及营养方式

一、学习目标

1.概述细菌、真菌和病毒的主要结构特征。

2.通过将"结构"和"营养方式"相联系,认同生物学观念"生物体结构和功能相适应"。

二、自主学习

根据学习材料(附后)、实物、仪器自主完成以下五个任务,并派小组代表上台交流学习。

(一)多细胞真菌结构

学习材料:八年级上册课本 p77、海鲜菇实物(可以撕开,看菌柄和菌盖是由什么组成的)、显微镜及青霉菌永久装片。

1.填写图 6 和图 7 青霉结构和蘑菇结构的名称。

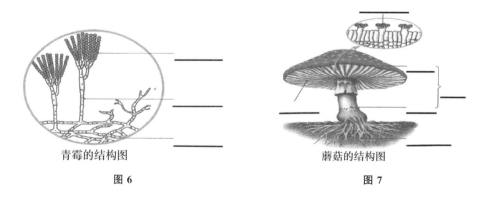

青霉的结构图　　　　　　　　　蘑菇的结构图

图 6　　　　　　　　　　　　图 7

(本题对应题目编码 Z03001,题目属性详见表 22。)

2.海鲜菇、青霉菌等真菌的菌丝是由许多_____连接起来形成的。

（本题对应题目编码 Z03002,题目属性详见表 22。）

表 22　题目 Z03001、Z03002 属性对照表

题目编码	所属课时	对应目标编码	学习水平	题目类型	题目难度	题目完成方式	预计完成时间	题目来源	备注
Z03001	三	SWX080301	A 了解	填空题	易	书面	1 min	原创	
Z03002	三	SWX080301	B 理解	填空题	易	书面	0.5 min	原创	

(二)单细胞真菌的结构及真菌的营养方式

学习材料:八年级上册课本 p76,显微镜,酵母菌永久装片,酵母菌相关资料。

3.填写图 8 和图 9 酵母菌结构的名称,并和植物细胞做比较。

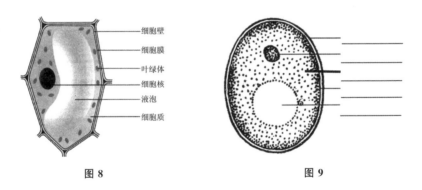

图 8　　　　　　　　　　图 9

（本题对应题目编码 Z03003,题目属性详见表 23。）

4.酵母菌是单细胞真菌。细胞内有成形的_____,它们属于_____生物。

（本题对应题目编码 Z03004,题目属性详见表 23。）

5.和植物细胞相比,真菌细胞没有_____,只能利用现成的_____生活,营养方式为_____。

（本题对应题目编码 Z03005,题目属性详见表 23。）

表 23　题目 Z03003、Z03004、Z03005 属性对照表

题目编码	所属课时	对应目标编码	学习水平	题目类型	题目难度	题目完成方式	预计完成时间	题目来源	备注
Z03003	三	SWX080301	A 了解	填空题	易	书面	2 min	原创	
Z03004	三	SWX080301	A 了解	填空题	中	书面	1 min	原创	
Z03005	三	SWX080301	B 理解	填空题	中	书面	1 min	原创	

(三)细菌的结构及营养方式

学习材料:八年级上册课本 p72-73、细菌相关资料。

6.填写图 10 和图 11 细菌结构的名称,并和植物细胞比较。

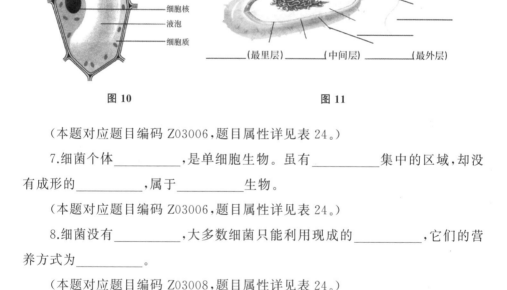

细胞壁
细胞膜
叶绿体
细胞核
液泡
细胞质

（最里层）　　　（中间层）　　　（最外层）

图 10　　　　　　　　　　　　图 11

(本题对应题目编码 Z03006,题目属性详见表 24。)

7.细菌个体_____,是单细胞生物。虽有_____集中的区域,却没有成形的_____,属于_____生物。

(本题对应题目编码 Z03006,题目属性详见表 24。)

8.细菌没有_____,大多数细菌只能利用现成的_____,它们的营养方式为_____。

(本题对应题目编码 Z03008,题目属性详见表 24。)

表 24 题目 Z03006、Z03007、Z03008 属性对照表

题目编码	所属课时	对应目标编码	学习水平	题目类型	题目难度	题目完成方式	预计完成时间	题目来源	备注
Z03006	三	SWX080301	A 了解	填空题	易	书面	2 min	原创	
Z03007	三	SWX080301	A 了解	填空题	中	书面	1 min	原创	
Z03008	三	SWX080301	B 理解	填空题	中	书面	1 min	原创	

(四)病毒的结构及营养方式

学习材料:八年级上册课本 p89-90 页,噬菌体病毒的拼接模型。

9.填写图 12 和图 13 噬菌体病毒和烟草花叶病毒的结构名称。

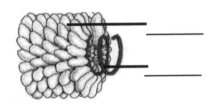

图 12

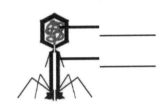

图 13

(本题对应题目编码 Z03009,题目属性详见表 25。)

10.病毒结构简单,由_____外壳和内部_____的组成,没有_____结构。它的营养方式为_____。

(本题对应题目编码 Z03010,题目属性详见表 25。)

表 25 题目 Z03009、Z03010 属性对照表

题目编码	所属课时	对应目标编码	学习水平	题目类型	题目难度	题目完成方式	预计完成时间	题目来源	备注
Z03009	三	SWX080301	A 了解	填空题	易	书面	2 min	原创	
Z03010	三	SWX080301	B 理解	填空题	易	书面	1 min	原创	

(五)填写归纳表

11.填写下列归纳表(表 26)

表 26 植物细胞、动物细胞、细菌、真菌、细菌和病毒对比表

细胞结构	植物细胞	动物细胞	真菌	细菌	病毒
细胞壁	有	无			
细胞膜	有	有			
细胞质	有	有			
成形的细胞核	有 （核生物）	有 （核生物）	（核生物）	（核生物）	
叶绿体	有	无			
营养方式	自养	异养			

（本题对应题目编码 Z03011，题目属性详见表 27。）

12.生物学观点：生物体的_____与相适应。

（本题对应题目编码 Z03012，题目属性详见表 27。）

表 27 题目 Z03011、Z03012 属性对照表

题目编码	所属课时	对应目标编码	学习水平	题目类型	题目难度	题目完成方式	预计完成时间	题目来源	备注
Z03011	三	SWX080301	A 了解	填空题	易	书面	2 min	原创	
Z03012	三	SWX080302	B 理解	填空题	中	书面	0.5 min	原创	

三、达标检测

13.请将属于细菌、真菌和病毒的特征区分开，把序号填写在空格上。

①个体微小，细胞内没有成形的细胞核。

②有单细胞的种类，也有多细胞的种类，细胞内有真正的细胞核。

③个体极其微小，用电子显微镜观察，没有细胞结构。

④没有叶绿体，营养方式为异养。

(1)细菌的特征是_____。

(2)真菌的特征是_____。

(3)病毒的特征是_____。

（本题对应题目编码 Z03013，题目属性详见表 28。）

表 28　题目 Z03013 属性对照表

题目编码	所属课时	对应目标编码	学习水平	题目类型	题目难度	题目完成方式	预计完成时间	题目来源	备注
Z03013	三	SWX080301	B 理解	填空题	中	书面	1.5 min	改编	

四、兴趣作业

14.记录霉菌的生长状况(见图 14)。

(1)今天是培养霉菌的第_____天。

(2)你的橘子或芦柑的质量是_____克。

图 14

(3)今天橘子或芦柑表面的霉菌是什么颜色的?(　　)(多选)

　　A.白色　　　　　　B.青色　　　　　　C.黑色　　　　　　D.没有什么变化

(4)小王观察到橘子表面霉菌的颜色从白色渐渐变成黑色,黑色是_____的颜色,这些霉菌是_____(青霉/曲霉)。

(本题对应题目编码 Z03014,题目属性详见表 29。)

15.利用家中的新鲜蘑菇制作孢子印,将孢子印印在以下方框中。见书本 p78。

记录:真菌名称:_____　　　　　　制作日期:_____

(本题对应题目编码 Z03015,题目属性详见表 29。)

表 29　题目 Z03014、Z03015 属性对照表

题目编码	所属课时	对应目标编码	学习水平	题目类型	题目难度	题目完成方式	预计完成时间	题目来源	备注
Z03014	三	SWX080102 SWX080201	C 应用	操作活动	难	观察记录	多天	原创	
Z03015	三	SWX080403	C 应用	操作活动	难	观察记录	1 天	原创	

附：第三课时学习材料

任务一：多细胞真菌结构

学习材料：八年级上册课本 p77、海鲜菇实物（可以撕开，看菌柄和菌盖是由什么组成的）、显微镜及青霉菌永久装片。

任务二：单细胞真菌的结构及真菌的营养方式

学习材料：八年级上册课本 p76，显微镜，酵母菌永久装片，酵母菌相关资料。

任务三：细菌的结构营养方式

学习材料：八年级上册课本 p72-73、细菌相关资料。

任务四：病毒的结构及营养方式

学习材料：八年级上册课本 p89-90 页，噬菌体病毒的拼接模型。

注：酵母菌学习材料和细菌学习材料为教师补充，其余材料为书本及实物材料。

第四课时：细菌、真菌和病毒的繁殖及生活方式

一、学习目标

1.说出细菌和真菌在物质循环中的作用。

2.关注细菌、真菌、病毒与动植物和人类的关系。

3.说明细菌、真菌和病毒的繁殖方式。

二、知识结构

1.根据图 15 完成填空。

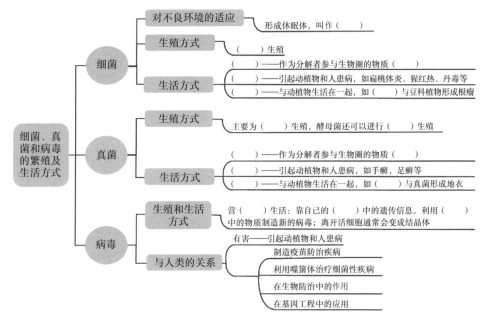

图15 "细菌、真菌和病毒的繁殖及生活方式"思维导图

（本题对应题目编码 Z04001，题目属性详见表 30。）

表 30　题目 Z04001 属性对照表

题目编码	所属课时	对应目标编码	学习水平	题目类型	题目难度	题目完成方式	预计完成时间	题目来源	备注
Z04001	四	SWX080401 SWX080402 SWX080403	A 了解	填空题	易	书面	3 min	原创	

三、达标检测

2.蘑菇产生后代的主要方式是（　　）。

　　A.分裂生殖　　　B.孢子生殖　　　C.出芽生殖　　　D.有性生殖

（本题对应题目编码 Z04002，题目属性详见表 31。）

3.大多数细菌和真菌在生态系统中所处的地位主要是（　　）。

　　A.生产者　　　B.消费者　　　C.分解者　　　D.非生物部分

（本题对应题目编码 Z04003，题目属性详见表 31。）

4.兴建沼气池是新农村建设项目之一。池内的甲烷菌等微生物能将动物粪便、植物秸秆等废弃物中的有机物分解，产生沼气。生产沼气所应用的原理是（　　）。

    A.光合作用　　　　B.呼吸作用　　　　C.扩散作用　　　　D.蒸腾作用

（本题对应题目编码 Z04004，题目属性详见表 31。）

5.很多植物都与固氮菌有着互惠共生关系，植物为固氮菌提供（　　）。

    A.氮　　　　　　　B.氧　　　　　　　C.多种糖　　　　　D.亚硝酸盐

（本题对应题目编码 Z04005，题目属性详见表 31。）

6.病毒在寄主细胞内进行繁殖，对寄主的影响是（　　）。

    A.无影响　　　　　B.受害　　　　　　C.受益　　　　　　D.受害又受益

（本题对应题目编码 Z04006，题目属性详见表 31。）

7.小明用概念图的方式整理了本节内容如图 16。下列选项与概念图中的①②③④相对应的是（　　）。

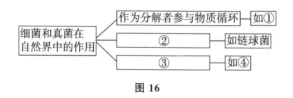

图 16

    A.香菇、与动植物共生、引起动植物和人患病、根瘤菌

    B.霉菌、引起动植物和人患病、与动植物共生、根瘤菌

    C.霉菌、与动植物共生、引起动植物和人患病、结核分枝杆菌

    D.香菇、引起动植物和人患病、与动植物共生、结核分枝杆菌

（本题对应题目编码 Z04007，题目属性详见表 31。）

表 31　题目 Z04002、Z04003、Z04004、Z04005、Z04006、Z04007 属性对照表

题目编码	所属课时	对应目标编码	学习水平	题目类型	题目难度	题目完成方式	预计完成时间	题目来源	备注
Z04002	四	SWX080403	A 了解	选择题	易	书面	0.5 min	改编	
Z04003	四	SWX080401	A 了解	选择题	易	书面	0.5 min	改编	
Z04004	四	SWX080401	B 理解	选择题	中	书面	1 min	引用	
Z04005	四	SWX080402	B 理解	选择题	中	书面	1 min	引用	
Z04006	四	SWX080402	B 理解	选择题	中	书面	1 min	引用	
Z04007	四	SWX080401 SWX080402	C 应用	选择题	难	书面	1 min	改编	

8.填写表 32。

表 32　比较细菌、真菌和病毒的繁殖方式和生活方式

	繁殖方式	生活方式
细菌	细菌是靠_____进行生殖的	1.腐生:作为分解者参与物质循环 2._____:引起动植物和人患病 3._____:与动植物共生
真菌	1.真菌可以通过产生大量_____来繁殖后代 2.酵母菌的繁殖方式多种多样,它还可以进行_____生殖	1.腐生:作为分解者参与物质循环 2._____:引起动植物和人患病 3._____:与动植物共生
病毒	病毒是靠自己的_____中的遗传信息,利用细胞内的物质,制造出新的病毒。这是它的繁殖方式	_____:引起动植物和人患病

（本题对应题目编码 Z04008,题目属性详见表 33。）

表 33　题目 Z04008 属性对照表

题目编码	所属课时	对应目标编码	学习水平	题目类型	题目难度	题目完成方式	预计完成时间	题目来源	备注
Z04008	四	SWX080401 SWX080402 SWX080403	A 了解	填空题	易	书面	3 min	原创	

四、兴趣作业

9.记录霉菌的生长状况(见图17)。

(1)今天是培养霉菌的第_____天。

(2)今天你的橘子的质量是_____克。橘子或芦柑的质量比起第一天_____(减轻/变重),引起质量发生变化的原因可能是_____。

图 17

(3)橘子或芦柑表面的霉菌是什么颜色的?(　　)(多选)

A.白色　　　　　　　　　　B.青色

C.黑色　　　　　　　　　　D.没有什么变化

(本题对应题目编码 Z04009,题目属性详见表34。)

表 34　题目 Z04010 属性对照表

题目编码	所属课时	对应目标编码	学习水平	题目类型	题目难度	题目完成方式	预计完成时间	题目来源	备注
Z04009	四	SWX080102 SWX080201 SWX080401	C 应用	操作活动	难	观察记录	多天	原创	

第五课时:人类对细菌、真菌和病毒的利用

一、学习目标

1.举例说出人类对细菌、真菌的利用。

2.说明食品腐败的原因。

3.尝试制作米酒和酸奶。

4.关注细菌、真菌和病毒在食品制作、食品保存、疾病防治等方面的利用。

二、知识结构

1.根据图18完成填空。

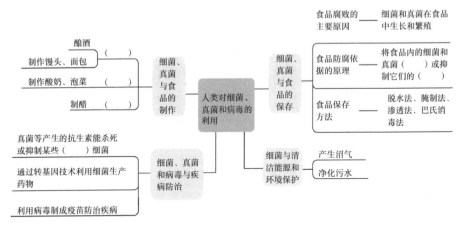

图 18 "人类对细菌、真菌和病毒的利用"思维导图

（本题对应题目编码 Z05001,题目属性详见表 35。）

表 35 题目 Z05001 属性对照表

题目编码	所属课时	对应目标编码	学习水平	题目类型	题目难度	题目完成方式	预计完成时间	题目来源	备注
Z05001	五	SWX080501 SWX080502 SWX080504	A 了解	填空题	易	书面	3 min	改编	

三、达标检测

2.家里制作酸奶、泡菜使用的细菌是(　　)。

    A.酵母菌　　　　B.霉菌　　　　　　C.乳酸菌　　　　D.醋酸菌

（本题对应题目编码 Z05002,题目属性详见表 36。）

3.家里制作面包、馒头和酿酒,用于发酵的生物是(　　)。

    A.醋酸菌　　　　B.酵母菌　　　　　C.乳酸菌　　　　D.曲霉

（本题对应题目编码 Z05003,题目属性详见表 36。）

4.下列关于抗生素的叙述,正确的是(　　)。

    A.是某些细菌和真菌产生的能够杀死某些致病细菌的物质

    B.是某些真菌所产生的能够杀死某些致病细菌的物质

C.是某些真菌产生的能够杀死某些致病真菌的物质

D.是某些细菌产生的能够杀死某些致病真菌的物质

（本题对应题目编码 Z05004，题目属性详见表 36。）

5.病毒给人类带来了很多危害，人类也在研究病毒并利用病毒造福人类。下列不属于病毒造福人类的是（　　　）。

A.无脊椎动物病毒制成杀虫剂

B.给高热病人注射青霉素

C.用噬菌体治疗烧伤病人的化脓性感染

D.给健康人注射流行性乙型脑炎疫苗

（本题对应题目编码 Z05005，题目属性详见表 36。）

6.做泡菜要用特殊的坛子，坛口必须加水密封。密封坛口的目的是（　　　）。

A.隔绝空气，抑制乳酸菌的发酵

B.营造缺氧环境，促进酵母菌的发酵

C.有利于醋酸菌在缺氧环境下进行呼吸

D.营造缺氧环境，有利于乳酸菌发酵

（本题对应题目编码 Z05006，题目属性详见表 36。）

7.我们的祖先很早就会利用细菌和真菌为生活服务。下列说法正确的是（　　　）。

A.制作豆腐乳是利用真菌保鲜

B.将食物放在冰箱里是利用细菌制作食物

C.中午的菜下午吃前进行加热是防止菜腐败

D.农村里利用农作物、粪尿等制造沼气，是利用细菌保护环境

（本题对应题目编码 Z05007，题目属性详见表 36。）

表36　题目 Z05002、Z05003、Z05004、Z05005、Z05006、Z05007 属性对照表

题目编码	所属课时	对应目标编码	学习水平	题目类型	题目难度	题目完成方式	预计完成时间	题目来源	备注
Z05002	五	SWX080501	A 了解	选择题	易	书面	0.5 min	引用	
Z05003	五	SWX080501	A 了解	选择题	易	书面	0.5 min	改编	
Z05004	五	SWX080504	A 了解	选择题	易	书面	0.5 min	改编	
Z05005	五	SWX080504	B 理解	选择题	中	书面	1 min	改编	
Z05006	五	SWX080501	B 理解	选择题	中	书面	1 min	引用	
Z05007	五	SWX080504	B 理解	选择题	中	书面	1 min	改编	

8.中国自古有"酒文化"之说,酿酒原理家喻户晓。小明在老师的指导下学习制作米酒,该过程有如下工序:

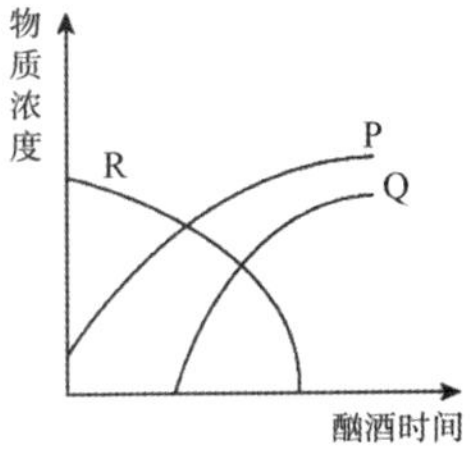

图 19

①将酒曲粉末与糯米饭拌匀;

②将糯米饭压实后,在中间挖凹坑,淋上一些凉开水;

③用凉开水将糯米饭冲淋一次,冷却到 30 ℃,装入清洁的容器中;

④用水将糯米浸泡一昼夜,淘洗干净;

⑤将容器盖好,用毛巾包裹起来置入温暖的地方;

⑥将糯米倒入蒸锅中煮熟(以上容器、毛巾等均要求消毒)。

(1)请写出制作工序的先后顺序:＿＿＿＿＿＿＿＿(用序号表示)。

(2)将糯米饭冷却到 30 ℃的目的是＿＿＿＿＿＿＿＿＿＿＿＿＿。

(3)在酿酒的过程中,从密封的发酵罐中检测到氧气、二氧化碳和酒精三种化学物质,其浓度变化如图 19 所示,其中表示酒精的曲线是＿＿＿＿＿＿＿＿。

(4)有一名同学按工序制作米酒,几天后却发现糯米饭发霉了,米酒没制成功,原因可能是＿＿＿＿＿＿＿＿＿＿＿＿＿＿。

(本题对应题目编码 Z05008,题目属性详见表37。)

表 37 题目 Z05008 属性对照表

题目编码	所属课时	对应目标编码	学习水平	题目类型	题目难度	题目完成方式	预计完成时间	题目来源	备注
Z05008	五	SWX080501 SWX080503 SWX080504	B理解	简答题	难	书面	3 min	引用	

四、兴趣作业

9.记录霉菌的生长状况(见图20)。

(1)今天是培养霉菌的第_____天。

(2)你的橘子的质量是_____克。橘子的质量比起第一天

图 20

_____(减轻/变重)。尝试预测橘子最后将变成什么?

(3)今天橘子表面的霉菌是什么颜色的?(　　)(多选)

　　A.白色　　　　　　　　　　B.青色

　　C.黑色　　　　　　　　　　D.没有什么变化

(4)小明观察到橘子的霉菌起初是白色的,这些白色的结构是霉菌的

_____。后来霉菌长出了一些青色的结构,这些是霉菌的_____。说明这些霉

菌属于_____(青霉/曲霉)。

(本题对应题目编码 Z05009,题目属性详见表38。)

表 38 题目 Z05010 属性对照表

题目编码	所属课时	对应目标编码	学习水平	题目类型	题目难度	题目完成方式	预计完成时间	题目来源	备注
Z05009	五	SWX080102 SWX080201 SWX080401	C应用	操作活动	难	观察记录	多天	原创	

第六课时:细菌、真菌和病毒小结及生物技术

一、学习目标

1.通过写出以"真菌""细菌""病毒"为核心概念的思维导图,构建知识结构。

2.关注真菌、细菌在环境保护和清洁能源中的利用。

3.关注以菌治虫等生物防治方法,关注病毒在基因工程中的利用。

二、知识结构

1.完成图 21 的"细菌"思维导图。

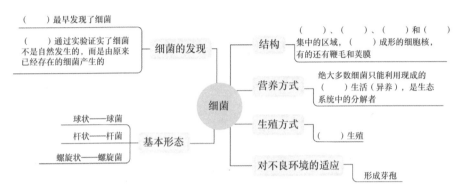

图 21　"细菌"思维导图

(本题对应题目编码 Z06001,题目属性详见表 39。)

表 39　题目 Z06001 属性对照表

题目编码	所属课时	对应目标编码	学习水平	题目类型	题目难度	题目完成方式	预计完成时间	题目来源	备注
Z06001	六	SWX080601	A 了解	填空题	易	书面	2 min	引用	

2.完成图 22 的"真菌"思维导图。

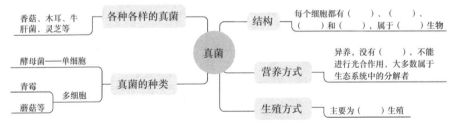

图 22　"真菌"思维导图

(本题对应题目编码 Z06002,题目属性详见表 40。)

表 40　题目 Z06002 属性对照表

题目编码	所属课时	对应目标编码	学习水平	题目类型	题目难度	题目完成方式	预计完成时间	题目来源	备注
Z06002	六	SWX080601	A 了解	填空题	易	书面	1.5 min	引用	

3.完成图 23 的"病毒"思维导图。

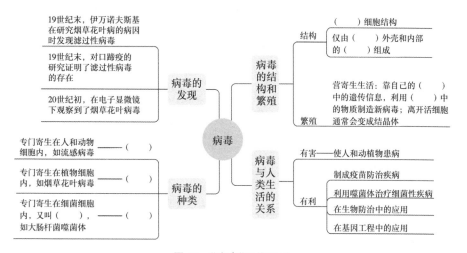

图 23　"病毒"思维导图

（本题对应题目编码 Z06003,题目属性详见表 41。）

表 41　题目 Z06003 属性对照表

题目编码	所属课时	对应目标编码	学习水平	题目类型	题目难度	题目完成方式	预计完成时间	题目来源	备注
Z06003	六	SWX080601	A 了解	填空题	易	书面	2 min	引用	

三、达标检测

4.微生物是一类结构简单、一般小于 0.1 毫米的微小生物的统称,它们种类繁多,如图 24 所示,下列相关叙述正确的是(　　)。

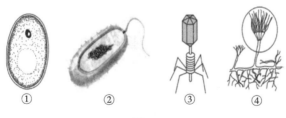

图 24

A.人们酿酒、做面包离不开①

B.①②④都属于真核生物

C.②以自我复制的方式进行繁殖

D.①②营腐生生活,③④营寄生生活

(本题对应题目编码 Z06004,题目属性详见表 42。)

5.下列不属于人类对细菌、真菌和病毒利用的是(　　)。

　　A.乳酸菌制作酸奶　　　　　　　　B.草履虫净化污水

　　C.甲烷菌生产沼气　　　　　　　　D.减活的流感病毒制作疫苗

(本题对应题目编码 Z06005,题目属性详见表 42。)

6.生物技术在农业、食品、医药等领域应用中产生了巨大效益。下列说法错误的是(　　)。

　　A.转基因技术可应用于大肠杆菌生产胰岛素

　　B.食品保存的原理是杀死或抑制微生物的生长、繁殖

　　C.培养某些真菌生产相应的胰岛素用于治疗细菌性疾病

　　D.制作泡菜的坛子加水密封,隔绝空气是为了利于乳酸菌发酵

(本题对应题目编码 Z06006,题目属性详见表 42。)

表 42　题目 Z06004、Z06005、Z06006 属性对照表

题目编码	所属课时	对应目标编码	学习水平	题目类型	题目难度	题目完成方式	预计完成时间	题目来源	备注
Z06004	六	SWX080501	A 了解	选择题	易	书面	0.5 min	引用	
Z06005	六	SWX080501 SWX080602 SWX080504	B 理解	选择题	中	书面	1 min	改编	

续表

题目编码	所属课时	对应目标编码	学习水平	题目类型	题目难度	题目完成方式	预计完成时间	题目来源	备注
Z06006	六	SWX080603 SWX080504 SWX080501	B理解	选择题	中	书面	1 min	改编	

7.图 25 表示的是五种微生物,分别标为序号甲、乙、丙、丁、戊。请回答下列问题:

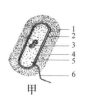   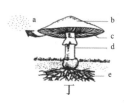

甲　　　　　乙　　　　丙　　　　　丁　　　　戊

图 25

(1)上图中甲与乙、丙、丁在细胞结构上的主要区别是:甲无成形的＿＿＿＿＿＿＿＿＿＿＿,只有＿＿＿＿＿＿＿＿＿。

(2)戊与前四种生物相比,不同之处是戊没有细胞结构,只由蛋白质外壳和内部的＿＿＿＿＿＿＿＿＿＿构成,按寄主不同进行分类,戊是细菌病毒,又叫＿＿＿＿＿＿＿＿＿。

(3)上图中的＿＿＿＿＿＿(填序号)可以把葡萄糖转化为酒精和二氧化碳,用于酿酒。

(4)若以生殖方式为分类标准,图中乙、丙、丁可划分为一类,它们可以通过＿＿＿＿＿＿＿＿＿产生繁殖后代。图甲可以通过＿＿＿＿＿＿＿＿＿生殖。

(5)新鲜的橘子"长绿毛"主要是由图＿＿＿＿＿＿(填序号)引起的。

(6)若乙代表青霉菌,它能产生＿＿＿＿＿＿＿＿＿＿,它是一种著名的抗生素类药物,可治疗多种细菌性疾病。

(7)若要在实验室中培养甲、乙、丙,则需要给它们创造一定的条件。如＿＿＿＿＿＿＿＿＿、＿＿＿＿＿＿＿＿＿(有机物)、适宜的＿＿＿＿＿＿＿＿＿。培养它们的一般步骤是:①配制培养基;②灭菌;③＿＿＿＿＿＿;④在适宜的条件下培养。

(8)图甲所示的个体在生长发育的后期,个体缩小,细胞壁增厚,形成的休眠体是＿＿＿＿＿＿＿＿＿,对不良环境有较强的抵抗能力。

(9)图戊所示的生物类群的生活环境必须是＿＿＿＿＿＿＿＿中,才能进行生命活动。

（本题对应题目编码 Z06007,题目属性详见表 43。）

表 43　题目 Z06007 属性对照表

题目编码	所属课时	对应目标编码	学习水平	题目类型	题目难度	题目完成方式	预计完成时间	题目来源	备注
Z06007	六	SWX080102 SWX080204 SWX080301 SWX080403 SWX080501 SWX080504	B理解	填空题	中	书面	4 min	原创	

四、兴趣作业

8.本活动即将结束,请填写表 44。

表 44　活动总结报告表

活动名称	利用橘子培养霉菌并观察
活动目的	了解霉菌生长的过程
活动用具	腐烂的橘子

总结观察现象并记录

(1)开始观察日期是_____年_____月_____日。

(2)在观察霉菌的第_____天,橘子表面长出了白色绒毛一样的结构,这些是霉菌的_____。

(3)在观察霉菌的第_____天,霉菌长出了孢子。根据孢子的颜色判断你所培养的霉菌是_____(青霉/曲霉/其他霉菌)。

(4)你发现橘子比第一天减轻了很多,这应该是因为橘子里面的有机物被霉菌分解了,你预测足够长的时间后整个橘子将会被分解成_____、_____和_____。

(5)"细菌、真菌和病毒"单元已结束,但橘子将如何变化,请同学们继续观察下去。

活动感想	通过利用橘子培养霉菌的活动,我收获了很多:

（本题对应题目编码 Z06008,题目属性详见表 45。）

表 45　题目 Z06008 属性对照表

题目编码	所属课时	对应目标编码	学习水平	题目类型	题目难度	题目完成方式	预计完成时间	题目来源	备注
Z06008	六	SWX080102 SWX080201 SWX080401	C应用	操作活动	难	观察记录	多天	原创	

18 核心素养视域下初中生物学单元作业设计的思考与案例评析

海沧区教师进修学校　王　瑞

　　国家出台"双减"政策,旨在减少义务教育阶段学生的作业总量和时长,减轻过重的学业负担,对作业质量提出了更高要求。单元作业是指为完成单元学习任务进行的具有明确指向性和系列化思维的活动。单元作业是实现单元教学目标的重要途径,是教学评价的重要依据,有助于学生巩固知识、提升技能、发展能力和提升素养,也有助于教师诊断并改进教学行为。单元作业的设计与实践给教学评一体化带来新的思路,让作业的功能从单纯的教学反馈走向全面育人。单元作业的目标与情境体系化,内容进阶化,有助于学生全面掌握生物知识系统,实现迁移应用。此外,教师要尊重学生的学习成果,注重评价学生完成作业的方式、态度、品质等。

　　初中生物学作业设计应以学生为中心,关注个体发展,五育并举,探索基于真实情境的多样化研究性和实践性作业。初中生物学单元作业设计遵循大单元设计理念,将单元学习内容进行整合,发展学生的学科核心素养。单元作业以问题群为抓手,培养学生的科学思维;基于科学事实理解生物学概念,促进生命观念形成;以综合实践培养学生探究能力;引导学生关注相关社会性科学议题,培养学生的责任态度。单元作业以生物科学史、科学研究新进展、社会热点问题等为背景,涵盖模型制作、思维导图、社会调查、研究性学习等多类型的口头作业和书面作业。本案例以"细菌、真菌和病毒"为例对初中生物学单元作业设计展开思考。

　　在人教版初中《生物学》教材中,"细菌、真菌和病毒"属于八年级上册第五单元第四章和第五章的内容。除了大型真菌之外,细菌、真菌、病毒一般归于微生物的范畴,鉴于此,细菌、真菌和病毒放在同一单元。教材原内容安排第四章第一节是"细菌和真菌的分布"、第二节"细菌"、第三节"真菌"、第四节"细菌和真菌在自然界中的作用"、第五节"人类对细菌和真菌的利用",第五章是"病毒"。在教学实践中,我们发现学生容易混淆细菌、真菌和病毒相关知识。本单元在教学顺序上做了如下调整:先安排细菌、真菌和病毒的发现和观察,学生可以初步感知细菌、真菌和病毒的存在,探究它们的分布;再深入认识细菌、真菌和病毒在形态、结构、生殖方面的特点;最后引导学生关注细菌、真菌和病毒在自然界中的作用,以及人类对其的利用。按照"宏观—微观—宏观"的顺序呈现,采用比较和归纳等方法,帮助学生建构概念。

一、"细菌、真菌和病毒"单元作业的特点

1.因材施教,符合学情需要

不同学段和不同学校的学情并不相同,单元作业既要符合本学段学生的认知规律,还需要符合校情。这一特点不仅体现在单元作业学习目标的制定上,也体现在作业形式的设计上。只有符合学情,才能更大程度地发挥作业的作用,培养学生的核心素养。如本单元作业编制中"学情分析"栏目,将学生的知识储备、能力水平、生活经验、兴趣与动机逐一进行分析,指出学生还需要通过探究实践活动来增加系统认识和明确概念。

2.一点多面,激发学生兴趣

常规作业设计通常为书面纸质作业,形式往往比较单一。生物学科有很多关键概念和技能,可以用多种形式来学习和巩固。本单元作业根据课型和学科特点,设计了多种类型的作业。例如 Z01006、Z02008、Z03014、Z04010、Z05009、Z06008 等,这些实践活动题分布在多个课时中,并形成一个连续性的实践活动作业,活动与活动之间联系紧密、环环相扣。单元长作业"霉菌的生长及变化",既有引导学生每天观察记录的过程性作业,还有撰写一份活动报告的终结性作业。多种类型的作业有利于激发学生学习兴趣,培养学生理性思维以及科学探究素养等。

3.由易及难,关注全体学生

本单元作业设计中,作业的编排按照从易到难的顺序,难度适中,总量合适。例如第一课时"细菌和真菌的分布"作业中有填空题 1 道、选择题 3 道、简答题 1 道、兴趣作业题 1 道。教师可灵活安排,学有余力者选择完成,照顾到不同层次的学生都得到充分发展,符合因材施教的教育理念。

不仅如此,在开放性的试题中,也设计"学习支架"帮助学生达成学习目标。例如实践活动题 Z06008,是学生平时较少接触的开放题,为了让学生容易操作,易于上手,在总结报告中已经列好记录条目,学生只需要将自己观察所得如实记录,并在最后总结收获即可。

4.以境促学,解决真实问题

只有将新知识与真实情境结合,引导学生进行观察、分析、解释和阐述,才能促进学生透彻理解新知识,用所学知识去解释自然现象或解决实际生活中的真实问题,促进深度学习。例如 Z05008 的命题情境来自现实生活——"米酒的制作",其中的第四小题,能揭示米酒制作失败的原因。

科学发展日新月异,在设计生物学单元作业时,适当融合现代科学研究新成果很有必要。例如题目 Z07016 结合 NDM-1 超级细菌、新型冠状病毒感染的肺炎疫情防控和利用噬菌体治疗细菌感染编制成作业,培养学生科学思维和社会责任。

5.连点成线,渗透生命观念

生命观念是能够理解或解释生物学相关事件和现象的意识、观念和思想方法。本单元涉及生命观念中的结构与功能观、物质与能量观、进化与适应观等,本单元作业也很好地做到了生命观念的渗透。例如在第三课时作业中,通过将"结构""营养方式"相互关联,引导学生认同"生物体结构和功能相适应"的学科观念。

6.从始至终,构建概念框架

单元教学讲究整体性和结构化。本单元中章节和章节间的概念关联性很强,认知框架有助于将学习内容结构化、系统化和条理化。本单元作业设计中,"知识结构"从始至终贯穿到每课时中,有助于学生科学地构建单元概念框架。

例如：Z01001、Z02001、Z04001、Z05001、Z06001、Z06002、Z06002 等。

二、"细菌、真菌和病毒"单元作业的展望

1.遵循课标理念

本单元作业最初是以《义务教育生物学课程标准(2011 年版)》为依据设计，《义务教育生物学课程标准(2022 年版)》颁布后，根据新版课程标准进行了完善和更新。本单元内容属于 2022 年版课程标准中学习主题二"生物的多样性"，重要概念为"微生物一般是指个体微小、结构简单的生物，主要包括病毒、细菌和真菌"。学生通过跨学科实践活动，可以更好地建构概念，理解科学、技术、工程学、数学等学科的相互关系。本单元还可开展发酵食品制作类相关跨学科实践活动，如除培养霉菌活动，还可收集当地面包酵母菌种，比较发酵效果的活动等，也非常贴近生产生活实际。教师还可引导学生提高产品质量，思考如何改进研究方案，撰写实践活动报告。类似的活动性作业还有设计简单装置制作酸奶、探究影响泡菜亚硝酸盐浓度的因素等。

2.促进深度学习

中共中央、国务院《关于深化教育教学改革全面提高义务教育质量的意见》提出，"促进学生完成好基础性作业，强化实践性作业，探索弹性作业和跨学科作业，不断提高作业设计质量"。本单元作业设计的思路是由教师收集资料，学生阅读、分析资料并解决问题。深度学习倡导学为中心，以发展学生的核心素养。学习的最终目的并不只是掌握知识，还要能够独立观察、思考、收集相关资料，解决实际问题。本作业可以有一些开放性试题，甚至跨学科作业，让学生以小组的形式开展探究，更有利于核心素养的发展。

3.细化评价量表

教师需要继续探索作业中的增值性评价，关注个体差异。本单元作业关注过程性评价和表现性评价，还可以在知识结构、达标检测、兴趣作业板块，增设评价标准，划分水平，评价量规以等级或赋分形式呈现，将会更好地帮助学生反思，利用作业评价促学和导学。

智能生活我创造
——"图像识别"单元作业设计

厦门市海沧中学　庄灿慧

◆单元名称

威盛人工智能课程配套教材七年级下册"图像识别"单元

◆单元作业设计说明

一、基于教材与硬件的内容分析

本次单元设计使用的是威盛人工智能课程配套教材与硬件设备,七年级下学期所学习的内容为"图像识别",要学习的主要传感器为摄像头。教材内容有智能小车、智能分拣机、手写数字识别和智能校园门禁四个章节的内容,分别对应摄像头的颜色识别功能、形状识别功能、手写数字字母识别功能以及人脸识别功能,每节课基本上由任务描述、硬件拼装、知识建构、程序讲解、完成作品组成,重点学习分支结构来完成程序设计,实现作品功能。

根据以上的内容分析,按部就班地根据教材内容上课会相对乏味,内容缺乏创新,拼装也无法持续性激发学生的学习兴趣,因此,本单元作业基于单元教学目标,对单元的知识内容进行整合重构,从人工智能的制作过程出发,分别围绕人工智能基础知识、硬件通识知识、程序设计、解决实际问题和创意设计板块进行设计,帮助学生梳理人工智能知识点,厘清算法,并运用所学知识解决实际生活问题。

本单元作业设计为课堂作业,能够帮助学生在课堂上更好地达成单元教学目标,有助于教师了解学生的知识掌握情况,起到作业的诊断、评价作用。

二、基于学生学情与生活的活动构思

目前,很多初中学生对于人工智能的知识点了解得比较少,最熟悉的为智能语音助手在生活中的应用,对人工智能的认识还比较局限,更无法体会到人工智能与现实社会的联系。随着科技的发展,学生在享受科技带来的便利时,由于缺乏有效的引导,所以对人工智能的理解并不深刻,缺乏想象和思考。

为了引导学生充分发挥创造力,多观察生活,以"智能生活我创造"为主题,引导学生发现问题、提出问题、发挥创意解决问题,让学生能在学习和动手实践中体会人工智能的魅力,感受人工智能给我们的生活带来的变化,更加深刻地理解人工智能以及图像识别的应用。

在实际教学过程中,学生会呈现两极分化,以我校学生的学情为标准,在单元作业设计中也充分考虑学生的学习能力,分为 A、B 两个等级,A 为必做题,B 为选做题,A 等级的难度较低,可以减轻学生的学习压力,帮助学生树立学习的自信心,B 等级的作业能够让学习能力较强的学生得到充分的锻炼,有更充足的发挥空间。

◆单元作业设计理论指导与设计意图

一、基于信息科技课程标准,提升学生核心素养

人工智能是研究和开发用于模拟、延伸和扩展人的智能的理论、方法、技术及应用系统的一门新的技术科学,通过生活中的人工智能应用,让学生理解人工智能的特点、优势和能力边界,了解人工智能与社会的关系,以及发展人工智能应遵循的伦理道德规范,具体表现为以下几点:

(1)通过认识身边的人工智能应用,体会人工智能技术正在帮助人们以更便捷的方式投入学习、生活和工作中,感受人工智能技术的发展给人类社会带来的深刻影响。

（2）通过分析典型的人工智能应用场景，了解人工智能的基本特征及所依赖的数据、算法和算力三大技术基础。

（3）通过对比不同的人工智能应用场景，初步了解人工智能中的搜索、推理、预测和机器学习等不同实现方式。

（4）通过分析典型案例，对比计算机传统方法和人工智能方法处理同类问题的效果。

（5）通过体验人工智能的应用场景，了解人工智能带来的伦理与安全挑战，增强自我判断意识和责任感，做到与人工智能良好共处。

根据信息科技新课标的总体要求，聚焦单元作业的重难点，提升学生信息科技核心素养，如表 1 所示：

表 1　单元作业目标表

课标总要求	重难点聚焦	核心素养体现
树立正确价值观，形成信息意识；初步具备解决问题的能力，发展计算思维；提高数字化合作与探究的能力，发扬创新精神；遵守信息社会法律法规，践行信息社会责任	1.教学重点：正确理解人工智能与现代社会发展的关系以及人工智能的发展对未来行业的影响。2.教学难点：发现问题、提出问题，并且通过人工智能技术验证并解决问题。	1.信息意识：通过情景案例，了解人工智能对信息社会发展的作用，发展自主动手解决问题、掌握核心技术的意识。2.计算思维：对于教师设定的情境或真实问题，明确任务，能将其分解为一系列的实施步骤，使用顺序、分支、循环三种基本控制结构编写程序，控制硬件设备，验证是否能解决问题。3.数字化学习与创新：能够利用信息技术平台了解并获取更多人工智能相关的知识与应用，能对作品提出见解并不断优化改进，针对真实问题提出解决方案。4.信息社会责任：通过制作和体验人工智能作品，了解人工智能带来的利与弊，合理地与人工智能开展互动，增强自我判断意识和责任感，理解发展人工智能的初心和意义。

二、坚持以创新为导向，鼓励学生个性化发展

人工智能课程正在发展的高峰期，学生要跟上时代的发展，需要坚持以创新为导向，在学习和了解基本的原理上，尽可能地发挥自己的创意。不管学生的人工智能作品创意是否合理、可用，教师都应该给予鼓励，让学生能够大胆地提出

看法,如此才能促进学生不断进步,并且推动社会发展。学生是学习的主体,教师要关注学生的个性化发展,因此在单元主题活动下设计的作业能够让学生有一定的思考和发挥空间,展示出不同的想法和创意。

◆单元作业设计方案

一、单元活动规划

在本单元的设计中,主要以观看体验以及动手体验两种方式来帮助学生理解人工智能,提高信息科技核心素养,并且通过理论考查作业帮助学生形成知识体系,动手实践作业让学生将所学习的理论知识应用在项目的制作中。

观看体验即教师播放生活中的人工智能的相关视频,让学生了解人工智能在各领域的作用以及对智慧城市建设的推动,通过视频案例引导学生分析智慧社会的优势以及可能对我们的生活带来的冲击,了解人工智能的研究领域以及原理,重点了解图像识别的相关知识,完成理论性作业。

动手体验即学生在有一定理论知识的基础上,通过硬件和软件的学习,以小组为单位,通过合作的形式,利用人工智能进行作品创作,解决某一个问题。通过实际的动手实践,完成实践性作业,加深对知识的理解,如图1所示:

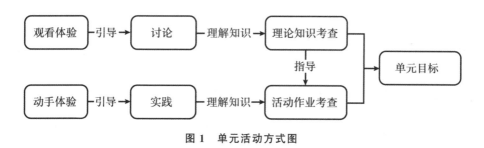

图1　单元活动方式图

人工智能技术的原理比较复杂,但是在生活中的应用十分广泛,对于初中的学生来说,要理解复杂的人工智能技术原理是比较困难的。而威盛人工智能图像识别教材的情境设定不够贴合学生生活,并且每个章节的内容趋于一致,无法让学生更加深入地了解生活中人工智能的应用,激发学生的想象力和创造力。
为了促进学生的深度学习,实现单元目标,提高学生信息核心素养,将教材中的
每个章节的知识点进行提取、整合,进行重构,设计单元活动,如图 2 所示:

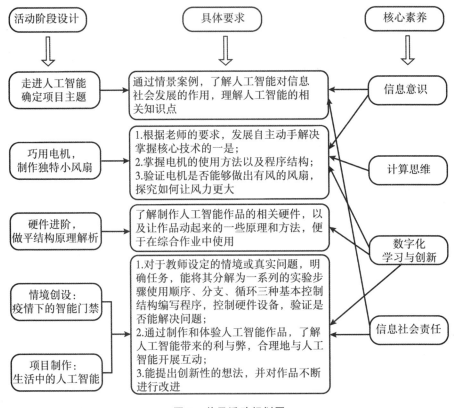

图 2　单元活动规划图

二、单元作业目标

根据单元目标及单元设计规划,确定单元作业目标如表 2 所示。

表2 单元作业目标表

单元内容	单元主题	教学内容	作业目标	认知维度					题量	
				了解	理解	掌握	运用	创新	A	B
图像识别	智能生活我创造	走进人工智能	1.人工智能的发展以及发展基础	✓					5	1
			2.人工智能的相关应用		✓					
			3.人工智能对生活的影响		✓					
		巧用电机	1.了解电机,掌握电机的使用方法			✓			4	1
			2.理解电机的程序结构			✓				
			3.制作创意风扇,体验电机的应用				✓			
		硬件结构探究	1.了解常见积木与硬件的功能	✓					1	1
			2.理解作品的动力结构			✓				
			3.对现有结构进行模仿或创新				✓			
		智能门禁应用	1.了解图像识别的基本知识	✓					7	3
			2.了解摄像头,掌握摄像头的使用方法			✓				
			3.能编写摄像头使用的基本程序			✓				
			4.理解变量的含义,能够使用变量			✓				
			5.了解点阵屏/液晶屏的使用	✓						
			6.结合作品功能,编写相应程序				✓			
		项目制作	1.能发现问题,提供人工智能思路解决问题的方法					✓	1	0
			2.根据作品需要设计硬件结构					✓		
			3.根据作品功能,综合所学知识编写程序					✓		

三、单元作业双向细目表(表3)

表3 图像识别单元作业双向细目表

题号	题型	内容目标	认知维度	核心素养	难度	来源
A1.1	单选题	走进人工智能——人工智能基础	了解	信息意识	易	原创
A1.2	单选题	走进人工智能——人工智能技术	理解	信息意识	中	原创

续表

题号	题型	内容目标	认知维度	核心素养	难度	来源
A1.3	填空题	走进人工智能——人工智能应用	理解	信息意识	易	原创
A1.4	简答题	走进人工智能——人工智能与社会	理解	信息意识	难	原创
B1.5	多选题	走进人工智能——人工智能要素	了解	信息意识	难	原创
A1.6	实践题	走进人工智能——人工智能应用	创新	信息意识/ 数字化学习与创新	中	原创
A2.7	单选题	巧用电机——上传程序的方法	掌握	信息意识	易	原创
A2.8	单选题	巧用电机——电机与主控板的连接	掌握	信息意识	易	原创
A2.9	单选题	巧用电机——电机的程序编写	掌握	计算思维	中	原创
A2.10	实践题	巧用电机——体验电机的使用	运用	信息意识/计算思维/ 数字化学习与创新	中	原创
B2.11	实践题	巧用电机——体验电机的使用	运用		难	原创
A3.12	实践题	硬件结构探究——硬件结构模仿	运用	信息意识/ 数字化学习与创新	中	原创
B3.13	实践题	硬件结构探究——硬件结构创新	创新		难	原创
A4.14	单选题	智能门禁应用——图像识别基础	理解	信息意识	易	原创
A4.15	单选题	智能门禁应用——图像识别基础	理解	信息意识	易	原创
A4.16	多选题	智能门禁应用——摄像头功能	理解	信息意识	易	原创
A4.17	单选题	智能门禁应用——摄像头的使用	运用	信息意识	中	原创
A4.18	单选题	智能门禁应用——摄像头基本程序的编写	运用	信息意识/计算思维	中	原创
A4.19	单选题	智能门禁应用——变量的使用	掌握	信息意识	中	原创
B4.20	单选题	智能门禁应用——图像识别原理	了解	信息意识/计算思维	难	原创
B4.21	单选题	智能门禁应用——屏幕的使用	了解	信息意识	易	原创
A4.22	实践题	智能门禁应用——综合应用	创新	信息意识/计算思维/ 数字化学习与创新	中	原创
B4.23	实践题	智能门禁应用——综合应用	创新	信息意识/计算思维/ 数字化学习与创新/ 信息社会责任	难	原创
A5.24	实践题	项目制作——智能生活我创造（综合应用）	创新	信息意识/计算思维/ 数字化学习与创新/ 信息社会责任	难	难

注：A 为基础题，B 为扩展题，A1.1 代表第一课基础题第一题。

四、单元作业内容

第一课时:走进人工智能,确定项目主题

(一)本课作业目标

了解人工智能的发展以及发展基础,能说出生活中与人工智能相关的应用,感受并思考人工智能对社会发展的深刻影响。

(二)拟定题目

A1.1　学校科技节来临,作为班级的宣传委员,需要制作一个与人工智能相关的黑板报,你会挑选以下哪个主题(　　)。

　　A.CI 伴我行　　　　　　　B.AI 改变生活

　　C.AR 给生活添趣味　　　　D.VR 世界欢迎你

【设计意图】人工智能已经逐渐成为我们生活中的一部分,AI 一词也常常出现,学生通过本节课的学习,能够知道 AI 代表的含义。

A1.2　小明生日这天,爸妈给他准备了一个礼物——神奇的学习笔,小明可以跟它进行简单的对话唤醒,并且能够识别书本上的文字进行解释和翻译,小明感觉非常神奇,想知道是如何实现的。以下哪个选项不是这个学习笔用到的技术(　　)。

　　A.语音识别　　　　　　　　B.图像识别

　　C.自然语言处理　　　　　　D.物联网

【设计意图】语音识别、图像识别和自然语言处理是人工智能的重要技术,并且在生活中也比较普遍,通过具体的情境案例,帮助学生理解人工智能技术。

A1.3　请你列举出 3 个生活中常见的人工智能应用。

【设计意图】通过列举生活中的人工智能应用,可以了解学生对人工智能的理解以及对生活的观察,知道人工智能对我们日常生活的影响。

A1.4　(简答题)通过以上你列举的案例,你认为人工智能给我们生活带来了巨大的变化,你希望人工智能在哪些方面有更好的进步或者应用?(100 字)

【设计意图】根据学生对生活的观察,思考人工智能与社会生活的关系和影响,并通过自身的角度来讨论人工智能目前的利弊,从学生的角度出发,更能促进学生去正确地认识人工智能。

A1.5 (**多选题**)你在学校散步的时候突然发现一种很美的植物,但是你却不知道这是什么,于是突发奇想,能否做一款软件,只要对事物拍照就可以知道所有相关信息。于是你上网搜索相关信息,发现做这样的软件需要编写程序来实现(算法),最重要的是,拍照后,照片通过分析,需要和大量的已知图片进行对比(数据库),才能找出正确的事物,因此还需要有强有力的智能芯片支持(算力)。通过这次查询资料,你感慨(　　　)。

A.算力是算法和数据的基础设施,支撑着算法和数据

B.算力的大小代表着对数据处理能力的强弱

C.数据是人工智能发展的基础,算法是人工智能发展的框架

D.算力是人工智能发展的基础

【**设计意图**】通过直观具体的案例,学生能够学会分析软件制作的基本思路,从而理解算法、算力、数据三者的联系,也给学生传输利用人工智能思路解决问题的观念。

A1.6 (**活动实践题**)请小组进行讨论,思考小组人工智能作品的功能以及创新点,可以选择手绘作品图,也可以使用思维导图完成。

(1)手绘作品要求:写出作品名称,画出作品的大致样式,并且在重要的结构上进行文字说明,写出作品的相关功能和创新点。

(2)思维导图作品要求:写出作品名称,用思维导图软件,画出作品的相关功能和创新点。

作品区域

【**设计意图**】人工智能与社会生活息息相关,该作业的设计主要为了让学生多观察生活,能发现问题,提出解决方法,设计人工智能作品,明确作品的具体功能,激发学生的创造力,为后面的项目作品设计打基础,同时设计两种提交方式,适应不同类型的学生。

附件1:登记表(组长负责填写)

初步作品登记表		
班级:	小组:	作品名称:
功能		传感器/硬件
1.…… 2.…… 3.……		1.…… 2.…… 3.……

附件2:评分量表

手绘作品评分标准			
评价指标	评价要素	分值	得分
作品主题	主题明确,积极向上	5分	
	有创意,独特	5分	
设计意图	有明确的设计初衷和用途	10分	
	有一定的社会推广意义	5分	
手绘作品	作品主体清晰、美观	15分	
	能绘制出重要硬件结构	10分	
作品说明	能标出所需要用到的传感器和重要硬件	20分	
	对作品的功能点进行说明	20分	
	作品具有一定的创新性	10分	
思维导图评分标准			
评价指标	评价要素	分值	得分
作品主题	主题明确,积极向上	5分	
	有创意,独特	5分	
设计意图	有明确的设计初衷和用途	10分	
	有一定的社会推广意义	5分	

续表

作品说明	写出作品的功能点	25 分	
	写出作品的创新点	25 分	
	在功能点和创新点后标明相应的硬件	10 分	
	每个功能点有明确的实现过程	5 分	

附件 3:作品案例展示(供学生参考,略)

第二课时:巧用电机,制作独特小风扇

(一)本课作业目标

回顾主控板与扩展板的使用,了解电机,掌握电机的使用方法,理解电机的程序结构,制作创意风扇,体验电机的应用。

(二)拟定题目

A2.7　我们上传程序时,需要用 USB 连接线连接(　　)。

　　A.主控板　　　　　B.扩展板　　　　　C.摄像头　　　　　D.扬声器

【设计意图】考查学生对主控板和扩展板的认识,是课程学习的基础。

A2.8　以下关于电机的说法错误的是(　　)。

　　A.电机和主控板上的螺丝柱的连接为"红+黑-"

　　B.连接和拆下电机时,都需要先拧开螺丝

　　C.电机和主控板上的螺丝柱的连接为"红-黑+"

　　D.电机的主要作用是产生驱动转矩,作为用电器或各种机械的动力源

【设计意图】考查对电机连接的操作要点。

A2.9　以下关于电机的程序编写错误的是(　　)。

　　A.A 接口对应的管脚为 2,3,B 接口对应的管脚为 4,5

　　B.管脚 2/4 控制的是电机的转向,管脚 3/5 控制的是电机的速度

　　C.A 接口对应的管脚为 4,5,B 接口对应的管脚为 2,3

　　D.管脚 2/4 使用的程序模块为"写入管脚",管脚 3/5 使用的程序模块为"写入脉冲管脚"

【设计意图】人工智能是由硬件传感器和程序编程共同作用的成果,硬件连接后,软件的编写需要明确传感器连接的接口,才能实现功能。本题主要考查电机接口和程序编写对应的知识点,是完成后续单元作业的基础。

A2.10 (**活动实践题**)根据所学知识,小组合作探讨,利用电机以及套盒中的积木制作一个简易的小风扇。要求有扇叶,能够转动并能感受到风。

任务提示:

(1)选择合适的积木拼搭扇叶,扇叶需要用十字轴与电机相连接;

(2)根据电机连接的接口,编写程序;

(3)电脑连接主控板,上传程序,利用电池供电,进行测试。

(4)将电机与扩展板连接好。

作品区域

【设计意图】学生对于风扇比较熟悉,并且风扇结构相对简单,也有较大设计空间。通过简易风扇的制作,让学生更直接地体验电机作用,以及程序对电机的控制,让学生获得体验感、成就感。

B2.11 (**活动实践题**)在完成 A4 实践题的基础上,根据小组的作品呈现效果进行优化。可以为你们的风扇添加按钮或旋钮等硬件进行控制,或者添加语音识别增加互动性,也可以尝试使用两个电机进行制作。

【设计意图】对于表现较好、能力突出的小组,对他们的作品给出一定的优化方向,让学生能够不断完善自己的作品,并且将上学期所学习的硬件知识应用到这节课当中,加强知识迁移的能力,给予有能力的同学更好的锻炼并激发学生的创造力。

附件1:登记表(组长负责填写)

风扇制作记录表		
班级:	小组:	分工情况:
基础功能完成情况		优化方向
1.…… 2.……		1.…… 2.……

附件2:评分量表

风扇制作评分标准			
评价指标	评价要素	分值	得分
作品外观	具有风扇的基本特征	20分	
	有创意,独特	10分	
风扇效果	扇叶能够很好地进行转动	30分	
	能明显感受到风	10分	
创意设计	有添加按钮或者旋钮进行控制	10分	
	有添加语音识别等互动式功能	10分	
	有添加其他的创意功能	10分	

附件3:作品案例展示(供学生参考,略)

第三课时:硬件进阶,作品结构原理解析

(一)本课作业目标

了解常见积木与硬件的功能,理解作品的动力结构,在上节课的基础上,加大难度,研究比较复杂的结构,对现有结构进行模仿或创新,例如制作智能小车、智能门、传送带等结构。

(二)拟定题目

A3.12 (**活动实践题**)根据小组的项目主题,结合图A、图B、图C三种电机硬件连接的方式,选择两种进行动手操作探究,进行拼装,编写程序,观察电机与其他连接器的关系,思考如何通过电机运转,达到作品能够动起来的效果。

连杆将左右两个动力系统连接起来了,但却不怎么牢固,想一想怎么使它变得牢固一点?

图 A　智能小车——电机带动车轮运动

图 B　履带传动——电机带动大齿轮连动

图 C　多齿轮连动结构

【**设计意图**】通过具体的案例进行分析,有利于加深学生对结构的认识与设计。

案例一是常见的车的结构,由于车的特殊性,所以需要两个电机进行控制,通过齿轮传递动能。

案例二是以传送带的工作原理为例,电机和大齿轮通过十字轴进行连接后,带动大齿轮转动,从而带动履带传动。

案例三的结构相对复杂,但是应用的范围比较广泛,并且电机的使用也可以更加灵活。

B3.13　(**活动实践题**)请选择以上一个案例为基础,进行创新拼搭,对作品进行完善或者优化。

作品区域

【**设计意图**】学生在了解了一定结构的基础上,有能力的小组可以根据自己的作品或者想法对硬件结构进行改造或者创新,保证课程能够适应大部分学生,让学生有自己发挥创意的空间。

附件1:登记表(组长负责填写)

案例分析表			
班级:	小组:	分析案例:	
根据选择案例完成以下结构分析			分析结果
1.【智能小车——电机带动车轮运动】为什么需要使用两个电机? 2.【智能小车——电机带动车轮运动】为什么需要两个齿轮来完成动力结构? 3.【履带传动——电机带动大齿轮连动】请写出传送带转动的过程。 4.【多齿轮连动结构】在这个结构中,你们的电机放在哪个位置?是否还需要其他连接器? 5.【多齿轮连动结构】在这个结构中,连接器有什么作用呢?			1.…… 2.…… 3.…… 4.…… 5.……

附件 2:评分量表

<table>
<tr><th colspan="4">硬件结构评分标准</th></tr>
<tr><th>评价指标</th><th>评价要素</th><th>分值</th><th>得分</th></tr>
<tr><td rowspan="2">完成度</td><td>完成了两个基础案例的拼装</td><td>30 分</td><td></td></tr>
<tr><td>案例能够成功动起来</td><td>30 分</td><td></td></tr>
<tr><td rowspan="2">创新度</td><td>根据自己的想法添加硬件结构</td><td>20 分</td><td></td></tr>
<tr><td>能够创新或结合出新的作品</td><td>20 分</td><td></td></tr>
</table>

附件 3:作品案例展示(供学生参考,略)

第四课时:情境创设——疫情下的智能门禁

(一)本课作业目标

了解摄像头,掌握摄像头的使用方法,会编写摄像头使用的基本程序,结合作品功能,编写相应程序,利用变量和点阵屏/液晶屏优化作品。

(二)拟定题目

A4.14　图像识别相当于我们人体哪个器官的功能(　　)。

　　A.耳朵　　　　　B.嘴巴　　　　　C.眼睛　　　　　D.大脑

【设计意图】考查学生对于图像识别的基本认识。

A4.15　小明同学最近搬新家了,爸爸给新家买了一个智能门锁,只要识别到门外有人脸出现,就会手机提醒。这个智能门锁用到了以下哪个传感器(　　)。

　　A.摄像头　　　　B.扬声器　　　　C.麦克风　　　　D.红外传感器

【设计意图】智能门锁逐渐普及,其中录像、人脸识别、对户主进行提醒等功能逐渐普及,所以图像识别在日常生活中的应用也是比较广泛的,通过实际案例,让学生了解一些相关的智能产品及其原理。

A4.16　(多选题)我们的摄像头通过训练,目前可以实现以下哪些类别的识别(　　)。

　　A.颜色识别　　　B.人脸识别　　　C.手写数字/字母

　　D.形状识别　　　E.二维码识别

【设计意图】考查学生对摄像头功能的理解,并且摄像头通过软件的训练,可以不断优化和增加它的功能。

A4.17 关于摄像头的使用流程正确的是(   )。

A.摄像头连接电脑—打开"智能传感器"软件—选择摄像头功能—拔下连接线—将摄像头连接到主控板

B.摄像头连接电脑—打开"智能传感器"软件—选择摄像头功能—设置摄像头功能和参数—点击"应用"—检测是否激活成功—拔下连接线—将摄像头连接到主控板

C.摄像头连接主控板—打开"智能传感器"软件—选择摄像头功能—点击"应用"

D.摄像头连接电脑—打开"智能传感器"软件—选择摄像头功能—点击"应用"

【设计意图】考查学生是否掌握摄像头的使用过程。

A4.18 以下关于摄像头的程序编写说法错误的是(   )。

A.使用摄像头时,需要在初始化模块中对摄像头的接口进行初始化

B.初始化中的管脚要与实际连接的管脚相对应,摄像头才能使用

C.当摄像头接在 D9 接口时,初始化的接口要写 8 和 9

D.摄像头检测到物体是否满足条件使用的程序块为选择结构,如果物体类别=条件(识别的物体代号),则执行相关命令

【设计意图】摄像头激活功能并连接主控板之后,要想实现功能,需要通过编写程序,传入主控板实现。本题主要考查学生对摄像头程序的理解。

A4.19 下列关于变量描述不正确的是(   )。

A.变量用来存储程序中会不断变化的数值

B.使用变量前要使用"声明变量"程序块进行初始化

C."将变量设为"程序块可以实现变量的数值变化

D.在一段程序中,变量不需要进行改变

【设计意图】考查对变量基础知识的理解情况。

B4.20　以下关于图像识别过程不正确的是(　　)。

A.图像采集—预处理—分割目标—形状特征提取—识别形状

B.图像采集—预处理—特征提取—模式匹配

C.图像采集—预处理—特征抽取和选择—分类器设计和分类决策

D.图像采集—特征提取—预处理—分割目标—图像匹配

【设计意图】本题为选做题,涉及图像识别的过程,比较理论和抽象,有能力的同学可以上网搜索了解,扩展相关的知识。

B4.21　如果你要在作品中使用点阵屏或液晶屏,应该接在以下哪个接口上(　　)。

A.I2C 接口　　　B.A10 接口　　　C.D8 接口　　　D.～3 接口

【设计意图】传感器通常连接在 D 开头的接口上,每一种接口都有特定的作用。本题为选做题,主要扩展学生对接口基本知识的了解。

A4.22　(活动实践题)情境描述:由于新冠肺炎疫情反复,所以我们经常需要进行核酸检测,一般为 10 人一检,需要很多工作人员来维持,能否用人工智能的方法来解决问题? 当有人进入时进行计数,到 10 人后就不再开门,直到计数器清零后再重新开始。请同学们根据情景进行作品制作。

1.基础任务分析

(1)需要完成开关门,或者栏杆的硬件结构;

(2)摄像头需要有识别人脸的功能;

(3)需要使用变量来进行计数。

2.任务提示

(1)根据需求,设计门的结构,测试是否能够通过电机控制开关门(开门正转3 秒,关门就需要反转 3 秒,转动的时间根据具体情况进行调整);

(2)激活摄像头功能为人脸识别,并测试识别到人脸时是否会有代号 0出现;

(3)声明计数变量 i,初始值为 0,当识别到人脸开门后,i 设为 i+1。

注意分支结构中的条件,满足多个条件需要用逻辑与进行连接。

程序展示

【设计意图】本题聚焦新冠肺炎疫情环境下对人工智能应用的思考。人工智能思维的培养,重在观察和体验生活,能够对生活中的一些事情或者情景提出奇思妙想,思考是否用人工智能的手段让事情变得更加高效、简单。核酸检测对于学生来说十分熟悉,并且需要大量的人力支持,针对其中的某个现象,教师创设相关情境,引导学生进行思考,带领学生去设计和制作相关的作品,体验"发现问题—提出问题—解决问题—验证及优化"这个过程。通过本节课设计,学生也能够进一步思考是否能够真正解决核酸检测过程中需要大量人力的问题,这其中也需要考虑到人、资金以及社会秩序的相关问题,进一步促进学生思考人工智能与社会的直接关系,培养学生的信息社会责任。

B4.23 **(活动实践题)**在完成 A9 实践题的基础上,进行优化。可以加入点阵屏或者液晶屏,进行人数提示,减少等待焦虑;或者加入语音功能,进行语音播报;也可以尝试添加清零按钮,让作品更加完善,更具人性化,符合日常生活的使用。

程序展示

【设计意图】作品除了基本功能,还需要考虑使用过程中的各方面,本题旨在引导学生对作品进行思考,让学生完善自己的作品,使作品更加的合理,具有人性化。

附件 1:登记表(组长负责填写)

疫情下的智能门禁制作记录表		
班级:	小组:	分工情况:
基础功能完成情况	**优化方向**	**存在问题**
1.……	1.……	1.……
2.……	2.……	2.……
3.……	3.……	3.……
对智能门禁应用的思考	请从具体应用时可能存在的困难、面临的挑战以及如何解决的角度进行思考并回答	

附件 2:评分量表

智能门禁制作评分标准			
评价指标	评价要素	分值	得分
作品外观	能起到拦截作用的结构(不限制门的样式)	20分	
	结构完整、美观,具有一体式的效果(需要将摄像头、主控板、电池等硬件固定在作品上)	5分	
基本功能	利用人脸识别,控制门的开关	25分	
	使用变量,控制门的开关次数	25分	
作品优化	有添加点阵屏/液晶屏提示人数和开关门状态	10分	
	有添加语音识别等互动式功能	5分	
	有设置清零按钮或者其他装置、程序	5分	
	有其他创意的功能设计	5分	

附件 3:作品案例展示(供学生参考,略)

基础任务中,门的结构参考:有平开门、旋转门、推拉门、各式栏杆、传送门等,学生根据拼装难度,以及小组的想法,可以自行发挥门的拼装创意,根据需要添加语音、按钮以及屏幕功能。

第五课时：项目制作——生活中的人工智能

(一)本课作业目标

学会发现问题,并且提供依据人工智能思路解决问题的方法;根据作品需要设计硬件结构,综合所学知识编写程序,实现作品的功能。

(二)拟定题目

A5.24　(活动实践题)

作品主题:"智能生活我创造"

设计思路:请观察生活中你觉得需要改进的地方,和小组成员进行讨论,尽可能贴近你们的生活,如学校中的事物、家庭里的设备、学习上的问题等。

作品制作要求:

(1)外观:需要考虑硬件结构,将主控板、扩展板等硬件隐藏于外观内;

(2)动力系统:根据作品需要,利用电机提供动力系统,让作品在满足条件的情况下动起来;

(3)图像识别:需要使用到摄像头传感器,让作品具有图像识别功能,具体的使用功能根据作品需要进行选择;

(4)作品说明:作品完成后,需对作品进行录像说明并进行演示。

作品区域

【设计意图】单元项目作业的设计主要为了扩展学生思维,发挥学生的想象力和创新意识,让学生自己发现问题、提出问题、解决问题。这是本单元从体验了解到实践理解再到创新创造的具体落实。

附件1:登记表(组长负责填写)

单元项目作品登记表			
班级:	小组:		项目主题:
小组分工情况			
设计意图			
作品外观创意			
创新点			
作品功能描述		使用的传感器	存在问题及解决方法
1.……		1.……	1.……
2.……		2.……	2.……
代码展示			
作品展示			

附件2:评分量表

单元项目评分标准		
评分点	评分说明	得分
作品创意 (20分)	1.作品创意贴合生活(6分); 2.作品有创新点(8分); 3.作品创意能够实现(6分)	
作品技术 (30分)	1.使用了图像识别技术(10分); 2.作品中使用了变量(6分); 3.添加了语音识别技术(5分); 4.使用了点阵屏/液晶屏(5分); 5.使用了其他传感器来完成项目(4分)	
作品完成度 (30分)	1.硬件结构完整(10分); 2.软件编程无误(10分); 3.作品能够完成基础的任务要求(10分)	

续表

单元项目评分标准		
作品展示 （15分）	1.展示时,清晰表达作品的相关信息(10分); 2.演示时,能够解释相关的原理和程序(10分)	
小组合作 （5分）	上课以及项目制作过程中,在组长的带领下,分工明确,各司其职(5分)	

附件3:作品案例展示(供学生参考)

单元项目作品登记表			
班级:初一1班	小组:11组	项目主题:智能黑板	
小组分工情况	林妙怡:硬件拼搭 王海斌:程序编写 赖维娜:整体调试修改		
设计意图	能够帮助老师自动打开黑板		
作品外观创意	液晶屏当作黑板,方框作为保护壳,通过电机和绳子连接,电机转动时打开		
创新点	造型和选材独特		
作品功能描述		**使用的传感器**	**存在问题及解决方法**
1.可以实现语音识别和语音输入 2.液晶屏可以显示出语音输入的字 3.黑板(积木)可以升降 4.摄像头可以识别人脸		1.扬声器,麦克风 2.液晶屏 3.电机 4.摄像头	1.不知道如何打开积木,后来发现用绳子更加方便 2.语音识别的程序不会写,请教老师后实现了功能
代码展示			
作品展示			

20 核心素养视域下初中信息科技单元作业设计的思考与案例评析

海沧区教师进修学校　喻帅英

在 2022 发布的新版课程方案与课程标准中,信息学科由"信息技术"更名为"信息科技",强调"科"与"技"并重,突出本学科的科学性和理论性。《义务教育信息科技课程标准(2022 年版)》的核心素养包括信息意识、计算思维、数字化学习与创新、信息社会责任,并以数据、算法、网络、信息处理、信息安全、人工智能为课程逻辑主线,具体阐明了课程的内在精神追求和外在表现形式。

作业设计的实施是教育教学的重要环节之一,对于信息科技课程而言,作业是培养学生学科核心素养、提高学生动手实践能力的重要载体。但在实际情况中,信息教师往往忽略了作业的重要作用,导致学生对课程的认识有限、重视程度不够、兴趣面狭窄,削弱了课程的育人价值。

一、初中信息科技作业价值审视与设计理念

落实本学科的作业设计与实施是体现课程"科"与"技"并重,突出本学科科学性和理论性的重要抓手。同时,作业设计不仅是为了简单地巩固课堂教学的知识点,而且是为学生进一步自主学习奠基,让学生在本学科方面能走得更远。

1.作业设计要注重层次性

学生在信息学科方面的层次差异明显,为充分调动所有学生的学习积极性,教学过程分层实施是必要的,作业设计也当如此。

2.作业设计要注重生活性与多样性

要拉近学生与学科的距离,让学生明白信息学科不是高深莫测、虚无缥缈

的,它和生活有很多的联系,教师在设计作业时要换位思考,并根据学生的认知特点来设计作业。作业的表现形式也可以是多样的,例如动手操作型、书面理论型、访谈调查型、信息收集和整理等,教师要具体情况具体分析。

3.作业设计要注重学生创新能力的培养

简单的重复课堂讲过的知识,让学生进行复刻式、回忆式的作业练习意义不大。作业设计要能够激发学生的学习兴趣,在此基础上通过作业内容的安排培养学生的创新能力和实践能力,让学生获得有意义的知识巩固,经历知识内化与外显的过程,达到知识与能力的进一步创新发展。

4.作业设计要注重发展性、评价性

为了更好地促进学生的个人发展,作业的实施要能体现发展性,不要设计"一次性"的作业。好的评价是实现发展性作业的重要方式,多元化的评价能激发学生学习的兴趣,调动学习的积极性,即注重作业实施后期的多元化评价,实现作业设计的发展性。

二、初中信息科技作业设计案例评点与建议

厦门市海沧中学的庄灿慧老师对人工智能中的图像识别单元进行了思考和整理,编制了单元作业设计。庄老师的作业设计包括了构思说明、理论指导与设计意图、设计方案、作业设计内容和双向细目表,结构清晰完整,内容丰富翔实。该作品为本学科中的操作实践类课提供了很好的作业设计与实施蓝本,让学生在学习时能有的放矢,更清晰地知道课程需要掌握的知识是什么,避免沉溺于低水平的动手操作循环中而不自知;也让课堂增添了知识学习的氛围,丰富了知识学习的形式,避免让课堂长时间处于学生动手操作而较为聒噪的环境;更让本课程的课堂教学得到延伸,理论教学的广度得到拓展,进一步强化了本学科的育人价值和育人方式。

该作业设计将图像识别的学习内容进行单元整体设计,结合设备和学生特点进行编制,重视理论与实践。例如"图像识别"这节课中的作业布置,将上课所讲授的重点理论与操作知识设计为题目,学生整体认识所学知识,巩固知识,应

用知识,提高技能,提高自己的学习能力。例如 A4.17 题中,关于摄像头的使用流程,需要学生回忆教师上课讲解的操作事项,排除干扰项,选择出正确的流程。以此为基础,在 A4.22 利用摄像头制作智能门禁一题中,能够顺利完成摄像头的使用。

该作业设计能够有效帮助教师依据作业的情况判断教学效果,并借此调整教学进度,改进教学方式。每一节的理论作业可以通过问卷星布置,能够获得学生的完成情况和准确率,实践作业除了教师在课堂中观察之外,每个相应的实践类作业都设置了制作记录表,根据每节课的具体任务进行调整,了解学生小组合作情况以及动手完成任务的情况。

该作业设计能够重视学情,设计作业分层,A 为基础题,B 为提升题,例如 A4.15 题——"小明同学最近搬新家了,爸爸给新家买了一个智能门锁,只要识别到门外有人脸出现,就会手机提醒。这个智能门锁用到了以下哪个传感器(　　)"考查图像识别所需要使用的硬件,B4.20 题——"以下关于图像识别过程不正确的是(　　)"则需要理解图像识别的过程进行解答。设置分层作业,有助于学生根据自身的理解情况和兴趣点来完成作业。

该作业设计中添加了作品的案例图片展示,这更有利于学生对题目的形象化思考,帮助学生理解作业要求,并且进一步提升学生的想象力和创造力,是作者思考独到的地方。例如在智能门禁的制作作业中,展示了不同的门禁形式以及功能,能帮助学生扩展思维。

最后,提三点建议:

1.增强理论作业的情境化

理论题的编制不应该太过生硬,脱离学生生活实际,应多设置情景类题目,拉近题目与学生的距离,从而有助于学生从生活角度进行思考,回归到学生完成作业题是运用学习的知识或方法解决问题的一种过程体验。而这种体验又让学生加深了对所学知识与方法的认识。这种体验与内化,远比教师的传授好。

2.提高校本作业的普适性

人工智能的图像识别虽然没有固定教材,各地区各学校所使用设备也不相同,但是教育的目标是一致的。因此,在作业设计中,可以弱化对具体硬件设备学习的题目,把重点更多地放在图像识别的知识点上,让学生通过完成作业不断加深对图像识别的理解。

3.在后期的实施过程中重视反馈调节

通过观察和点评学生在课堂中完成的作业作品,捕捉学生的思维痕迹,了解学生在完成作业中的思维水平和质量,发现问题,进行调整。最后不断积累、精选和调整,形成本门课程独特的校本作业。

篮球战术养成记

——人教版《体育与健康》八年级"篮球"单元作业设计

厦门市海沧区北附学校　王丙南

◆单元名称

人教版《体育与健康》八年级"篮球"单元作业设计

◆单元主题

学思"突破分球"技术,提升比赛核心素养

◆单元学习内容与前后联系

篮球运动是一项双方队员以同场攻守对抗为主的竞技体育运动项目。本单元通过 18 个课时,以"突破分球"技术为引领,将学生已有的篮球技能、战术、体能、运动损伤康复、安全保健、竞赛规则、体育品德等内容,通过引导学生分析"突破分球"配合的"前因后果",促进学生对技术、战术之间关系的理解,并采用"学练赛评"一体化教学设计和课内课外相结合的方式,进一步激发学生的运动兴趣,全面提高学生篮球认知,促进技战术的运用,提高身体素质,养成健康的运动方式,为学生核心素养的养成打好基础。

◆单元教材简述与教学思路

"篮球"单元教材将从以下三个方面整体阐述:运动能力、健康行为、体育品德(见表1)。

表 1   "篮球"单元教材的分类情况表

核心素养	分类	内容
运动能力	篮球文化	文化起源、篮球发展现状、篮球运动特点
	技术	移动(起动、急停) 运球(运球急停急起、同侧步持球突破) 传球(双手胸前传球) 投篮(原地单手肩上投篮、行进间单手肩上投篮、行进间单手低手投篮) 防守(多向滑步、篮板球)
	战术	突分配合
	体能	心肺耐力、肌肉力量、肌肉耐力、柔韧性、反应能力、位移速度、协调性、灵敏性、爆发力、平衡能力
健康行为	运动损伤与康复	挫伤、擦伤、扭伤的处理
	篮球运动安全常识	篮球装备、场地设施检查
	锻炼习惯	每周 3 次(每次 1 小时)课外体育锻炼
	情绪调控	正确的交流沟通方式、合理表达情绪
体育品德	体育精神	积极进取、顽强拼搏、刻苦训练、团结一致、吃苦耐劳
	体育道德	遵守规则、尊重意识、诚信自律
	体育品格	篮球礼仪、自尊自信、正确的胜负观

本单元将以"突破分球"技术为出发点,采用多种作业的形式,引导学生学会"突破分球"这个单一技术的关键点以及与其他技术之间的衔接与运用。整个教学单元以"学练赛评"为主线,学生以个人或小组等形式完成课前、课后作业,了解技战术练习方法、篮球规则与文化及相关运动损伤的处理,提高学生对篮球项目的认知和在篮球运动中的健康行为能力;通过技战术练习、体能练习及参与比赛,提升学生运动能力及体育品德修养,培养爱运动、能运动、会运动、懂运动的新时代学生。

◆单元重难点突破与作业设计构想

一、教学重难点与突破策略

1.教学重点

"突破分球"技术的掌握程度以及与其他技术之间的融会贯通。

2.教学难点

学生对"突破分球"技术的整体理解和实践运用中的时机把握。

3.突破策略

（1）提高篮球认知。通过观看视频、查阅资料、合作探讨等方式使学生对"突破分球"的"前因后果"，以及各技术间的关系有较全面的认知。

（2）促进篮球学练。通过连续的单一技术动作视频、连续组合技术动作视频、明星体能视频及各类比赛视频，提升学生篮球运动兴趣，丰富练习手段与方法，巩固各项技术的组合运用。

（3）紧抓以赛促学。通过组织结构化技巧赛，简易化比赛、3vs3、5vs5、班内赛、年段赛等各类比赛为学生创造展示的平台，促进学生对所学所练技能的掌握与运用，丰富学生的现实世界与精神世界。

（4）巧用篮球日记。通过书写、记录、录制、演讲等形式，学生展现自己的篮球生活，分享篮球技能的学练体会，感受技战术的精彩瞬间，积攒比赛的成败经验，促进学生建立终身体育意识。

二、单元作业编制说明

单元作业编制从两个维度进行思考：（1）上学期间（周一至周五）将围绕本周的学习内容，结合体能练习布置作业内容；（2）周末期间，将以同伴互助、小组探讨、家长协助等形式，完成比赛参与、查阅资料、欣赏比赛、录制视频等预习性学习，提升学生综合能力，促进深度认知。

◆单元作业设计

一、单元作业目标

1.运动能力：学生通过查阅、听讲、分享、学练、观看视频、录制视频等形式，了解篮球文化，明确各技术动作的原理和关系，掌握篮球动作技能，提升体能、技战术能力，在活动和比赛中能灵活运用所学技能进行展示和比赛。

2.健康行为:学生能够养成良好的健康习惯;学会预防与处理运动损伤;能制定符合自身发展的体育健身计划;在活动和比赛中能选择合适方式进行交流与沟通,有良好的团队合作能力。

3.体育品德:通过视频教育、学练、小组活动、展示、比赛,学生从身体和心理体会并形成吃苦耐劳、顽强拼搏的体育精神,养成团结队友、尊重他人、展现自我风采的体育品德,并逐步形成正确的胜负观。

二、单元作业内容

"篮球"单元教学作业设计是通过明确的课时内容、课时目标,采用记录、录像、分享、体能、技能等多种作业形式,达到课内与课外有效结合,促进学生全面发展(见表2)。

表 2 "篮球"单元作业设计方案

课时内容	课时目标	课前作业	作业提交形式	课中学练	课后作业
第一次课 "突破分球" 的动作解析	1.认知:学生对"突破分球"技术有较全面的认识。 2.技能:球性的基本练习,多向运球。 3.体能:发展下肢爆发力。 4.情感:增进同学间的了解,为组建小组团队奠定基础。	1.观看篮球比赛的教学微课视频,了解"突破分球"战术的组成。 2.通过查阅书籍、网络等方式,了解在篮球运动中可能出现的运动损伤,以及处理方式。	1.将"突破分球"进行技术拆解,分析组成成分。 2.可采用多种形式进行呈现(书写、绘画、科普视频等)。	团队篮球—突分配合 ↓ 分析 突破分球的技术组成 ↓ 解决办法 1.结合学生绘图作业,讲解其各部分的构成 2.重温这一技术 ↓ 引出 整体与部分的关系	1.技能:篮球运动基本情况;8 个球性练习;每个动作 50 次/组,做 3 组。 2.体能:原地纵跳,20 次/组,做 4～6 组。 3.认知:给自己的父母讲解"突破分球"的组成部分。

续表

课时内容	课时目标	课前作业	作业提交形式	课中学练	课后作业
第二次课 急停急起	1.认知：使学生能够体会到突破是"突分"的前提，正确理解急停急起的突破作用。 2.技能：掌握急停急起的动作。 3.体能：发展下肢爆发力。 4.情感：培养学生团队分析问题的能力，增进友谊。	1.建立自己的课后合作小组。（6～8人/组） 2.影响突破的因素有哪些？如何提升？	1.可以采用书写说明。 2.提交相关提升技能的短视频。	通过评价学生作业，引出本节课的内容：急停急起的作用和重点 ↓引导 急停急起的技术关键 ↓分析 触球部位不准确、身体节奏的控制 ↓解决措施 1.原地前后、左右拉球 2.移动中前后拉球 3.小组分享，触球部位和动静结合的技巧 ↓引出 急停急起技术对控球能力与身体协调性的重要性	1.技能：急停急起的提升练习；8个球性练习；每个动作50次/组，做3组。 2.体能：原地纵跳，20次/组，做4～6组。 3.认知：给自己的父母讲解"突破分球"的组成部分。
第三次课 急停急起+比赛	1.认知：急停急起在"突破分球"技术中的运用，逐步培养节奏感。 2.技能：进一步提升急停急起的技术运用能力。 3.体能：加强核心力量的练习，提高控制能力。 4.情感：培养学生艰苦奋斗、吃苦耐劳的精神。	1.一对一急停急起使用中，可能出现的问题有哪些？ 2.重心、节奏、身体素质爆发力在技术运用中起到什么作用？	1.小组探讨急停急起的提升练习方法有哪些？选择自己学练的一个。 2.急停急起小组比赛。 3.体能练习：核心力量练习。	存在问题： 急停急起重心过高 ↓分析原因 动作感知不到位 节奏把握不准 ↓解决办法 原地练习，直接进行动作体会 两人一组，一人一做，一人直接反馈 ↓其他问题 球感掌控力不足 ↓解决办法 组织：球性比赛	1.技能：急停急起的提升练习；8个球性练习；每个动作50次/组，做3组。 2.急停急起强化提升：20次/组，做3组。 3.体能：快速跳栏架，20次/组，做4～6组。 4.认知：急停急起过人的节奏。

续表

课时内容	课时目标	课前作业	作业提交形式	课中学练	课后作业
第四次课 双手胸前传接球＋急停急起	1.认知:学生通过视频认识传球与急停急起的关系。 2.技能:掌握所学的技术动作并运用。 3.体能:发展学生的上肢力量。 4.情感:培养团队意识,增强团队凝聚力。	1.思考急停急起后可以接哪些篮球技术。 2.观看比赛短视频,分析传接球在"突破分球"中的作用? 3.观看双手胸前传接球的微课,明确提升传接球准确性的方法。	语言表达 书面表达	提问:传接球在"突破分球"技术中的作用 ↓目的 使学生理解每个技术在战术中都有它的作用,引出个人与团队的关系 ↓引发 快速提升自我,增加整体力量 ↓推进 自我提升的重要性	1.技能:双手胸前对墙传接球,两人一组双手传接球。50次/组,做3～4组。 2.急停急起＋传接球组合练习,20次/组,做3组。 3.体能:俯卧撑20次/组,做3～4组; 4.认知:两个技术动作的关联。
第五次课 急停急起＋传接球(有协防队员)	1.认知:通过视频,建立学生的空间感。 2.技能:发展学生的技术运用能力。 3.体能:培养学生的下肢力量。 4.情感:巩固同伴之间的关系,促进友谊。	1.通过短视频预习本节课的练习内容。 2.分析进攻队员与防守队员的位置关系。	采用书面简笔画,画出练习路线,并进行文字说明。	提问:突破距离与传接球的时机该如何选择? ↓目的 学生理解空间的概念场地的运用 ↓引导 通过观察急停急起的位置与接球队员的位置关系来增强空间认知 ↓作用 增强学生空间距离感,增加运动中各种空间体会	1.技能:采取不同距离的急停急起＋传接球组合练习,20次/组,做3～5组。 2.体能:弓箭步15次/组,做4～6组。 3.认知:两个技术动作的空间感知。

续表

课时内容	课时目标	课前作业	作业提交形式	课中学练	课后作业
第六次课 急停急起后传球＋移动接球（有协防队员）	1.认知：建立技战术的整体空间思维及人员的位置关系。 2.技能：提高控球能力和技术运用能力。 3.体能：发展学生的心肺耐力,增强肌肉耐力。 4.情感：培养学生自信心,树立正确的比赛观。	理解战术特定状态以及防守人员的位置关系。	小组派代表发言	技术组合的关键在哪里？ ↓ 讨论 分析不同视角传接过程中接球人与球的位置及球速的关系 ↓ 目的 增进技术间的融合,全面提高学生传球实效性和空间感知能力	1.技能：对墙或多人一组,移动传接球练习,20 次/组,做 3~5 组。 2.体能：波比跳 15 次/组,做 4~6 组。 3.认知：根据接球队员的移动速度、方向,确定自己的传球路线、力量、角度。
第七次课 双手胸前传接球＋单手肩上投篮＋比赛	1.认知：理解投篮的动作姿态、发力顺序及出手角度对命中率的影响。 2.技能：掌握基本技能和直接的衔接。 3.体能：发展学生的肌肉耐力。 4.情感：丰富进攻能力,增加团队之间的默契。	1.观看微课,学习单手肩上投篮的动作要领与方法。 2.单手肩上投篮的力学原理是什么？	1.制作绘图,标明动作要点。 2.小组探讨,制作视频或 PPT 或讲解稿。	投篮命中率反映什么问题？ ↓ 讨论 影响投篮命中率的因素有哪些？如何提升？ ↓ 结论 正确的发力顺序合适的投篮角度 ↓ 练习 1.投篮练习 2.传接球/投篮	1.技能：自抛自接后接单手肩上投篮动作,50 次/组,做 2 组。 2.体能：深蹲跳 20 次/组,做 4~6 组。 3.认知：理解单手肩上投篮的力学原理。

续表

课时内容	课时目标	课前作业	作业提交形式	课中学练	课后作业
第八次课 双手胸腔传接球＋同侧步持球突破＋比赛	1.认知：拓展"突破分球"技术内容。 2.技能：增加传接球的稳定性，学会同侧步的突破方法。 3.体能：发展下肢爆发力。 4.情感：培养学生自信心和交流能力。	观看视频，自主学练同侧步持球突破的脚步动作。	拍摄自己学练的动作视频。	引出问题："以高引高" ↓讨论 通过急停急起的重心"高"，引出"同侧步突破重心"高，提升学生的举一反三能力 ↓练中思 1.原地左右两侧的同侧步突破练习 2.传接球后的动作衔接要点	1.技能：同侧步持球突破，50次/组，做2组；单手肩上投篮动作练习，50次/组，做2组。 2.体能：俄罗斯转体40次/组，做4～6组。 3.认知：理解同侧步的脚步动作。
第九次课 双手胸前传接球＋同侧步持球突破（循环）	1.认知：提高学生对练习方法的理解和运用能力。 2.技能：传接球与同侧步技术的衔接融合，持续提升能力。 3.体能：发展下肢爆发力。 4.情感：培养学生自信心和交流能力。	通过课前发放的视频，小组明确传接球后的突破学练内容。	小组展示	引出问题：如何提升两个动作的连贯性？ ↓讨论 1.传球的准确度。 2.接球后同侧步突破的衔接连贯。 ↓ 1.原地左右两侧的同侧步突破练习。 2.传接球后的动作衔接要点。	1.技能：同侧步持球突破，50次/组，做2组；单手肩上投篮的动作练习。50次/组，做2组。 2.体能：俄罗斯转体40次/组，做4～6组； 3.认知：理解同侧步的脚步动作。

续表

课时内容	课时目标	课前作业	作业提交形式	课中学练	课后作业
第十次课 三项连接（单手肩上投篮假动作＋同侧步突破＋传接球）	1.认知：理解三个技术动作之间的关系。 2.技能：三项动作技术的衔接。 3.体能：发展学生的速度与力量。 4.情感：培养学生自主组织活动的能力。	1.通过查阅资料，收集篮球比赛中组合动作名称。（如：哈达威变向） 2.观看教学视频，提前了解学练内容。	纸质说明（名称＋动作组成） 课上学生自主展示	课上展示 组合动作的目的 ↓ 讨论 1.创造好的投篮机会 2.摆脱防守队员 ↓ 课内练习内容的关键点，以及注意要点 ↓ 组织学生学练思评	1.技能：单手肩上投篮的徒手动作50次。 2.体能：跳绳4分钟/组，做2组；俄罗斯转体40次/组，做4～6组。 3.认知：理解同侧步的脚步动作。
第十一次课 三项连接（单手肩上投篮假动作＋同侧步突破＋传接球）	1.认知：巩固理解三个技术动作之间的关系。 2.技能：三项动作技术的衔接。 3.体能：发展学生的核心控制能力。 4.情感：培养学生竞赛组织能力，健全规则意识。	1.场上该如何交流？ 2.寻找比赛对手。	课前分享。	回顾上节课的课后总结 ↓ 讨论 如何与同伴做好沟通？ ↓ 传球前的语言交流、眼神交流、动作交流 ↓ 小组练习中，同伴相互提醒	1.技能：小组组合练习，录制练习视频。 2.体能：跳绳4分/组，做2组；平板支撑30秒～1分钟，做3组。 3.认知：理解场上的交流沟通方式。

续表

课时内容	课时目标	课前作业	作业提交形式	课中学练	课后作业
第十二次课 三项连接的比赛	1.认知：巩固理解三个技术动作之间的关系。 2.技能：通过比赛对三项动作技术的运用。 3.体能：发展学生的肌肉耐力。 4.情感：培养学生竞赛组织能力，健全规则意识。	小组探讨常见比赛的基本规则有几类？举例说明。	提交小组作品，PPT/思维导图	探讨比赛规则 ↓讨论 建立规则，强化意识，明确内容 ↓ 组织比赛，小组内安排人员进行拍摄 ↓ 小组反馈，评价，总结	1.技能：8个球性练习动作，每个动作做40次/组，做3组。 2.体能：俄罗斯转体30次/组，做3～5组；俯卧撑25次/组，做3～5组。 3.认知：通过分析上课录制的小组视频，改进方法。
第十三次课 新三项连接（急停急起＋单手肩上投篮）	1.认知：通过组合技术的学练，培养团队意识。 2.技能：融合三项技能，提升篮球综合水平。 3.体能：发展学生的肌肉耐力。 4.情感：培养学生体会分享篮球的快乐和团队精神。			如何提升组合命中率？ ↓讨论 强化各个技术的细节的连贯，培养学生间的相互沟通能力 ↓ 无人防守练习和有人防守练习相结合 ↓ 弱防守与强防守相结合，固定接球后投篮	1.技能：4个球性练习动作，每个动作做40次/组，做3组。 2.体能：开合跳40次/组，做3～5组；高抬腿40次/组，做3～5组。 3.认知：通过分析上课录制的小组视频，改进方法。

续表

课时内容	课时目标	课前作业	作业提交形式	课中学练	课后作业
第十四次课 组合竞赛（急停急起＋传接球＋行进间单手肩上投篮）	1.认知：认识篮球"突破分球"的分享意识和各种技术的融合。 2.技能：融合运用三项技能，提升篮球综合水平，提高球员的观察交流能力。 3.体能：发展学生的核心力量。 4.情感：有正确的篮球胜负观。	1.观看比赛视频，总结移动中接"突破分球"的时间把握。 2.学习行进间单手肩上投篮的脚步动作。	讲解、分享录制视频	移动中接"突破分球"该怎样提升？ ↓ 讨论 传球的时机 移动接球的位置 投篮的稳定性 ↓ 练习 1.原地接球＋移动传接球的投篮练习 2.移动传接球后的行进间单手肩上投篮 ↓ 组合竞赛 录制相关视频，课后研讨分析	1.技能：4个球性练习动作，每个动作40次/组，做3组；行进间单手肩上投篮25次/组，做4组。 2.体能：弓箭步20次/组，做3～5组；单足跳40次/组，做3～5组。 3.认知：通过分析上课录制的小组视频，改进方法。
第十五次课 连续多次完成组合练习后接投篮	1.认知：巩固篮球"突破分球"的分享意识。 2.技能：三项技术动作的整体控制能力和终结能力。 3.体能：发展学生的核心力量。 4.情感：学会合理控制情绪，增强团队意识。	观看自己小组的录像视频，进行总结分析。	组内分享，小组长记录	"突破分球"的多技能使用 ↓ 讨论 如何进行运球、投篮、传接球的组合 ↓ 练习 1.小组根据自己的技术排列组合进行练习 2.连续多次完成组合练习后接投篮 ↓ 连续5组、7组听哨声进行投篮比赛	1.技能：半场快速运球行进间投篮25次/组，做2组，计算命中率。 2.体能：15米折返跑10次/组，做2组。 3.认知：运球、传球、投篮时与防守队员的关系。

续表

课时内容	课时目标	课前作业	作业提交形式	课中学练	课后作业
第十六次课 比赛运用	1.认知：多技术的灵活运用，提升战术素养。2.技能：各项技术间的组合。3.体能：发展学生的核心力量。4.情感：提高情绪控制能力，增强团队意识。	制定小组的比赛策略。		运球、投篮、传接球的组合方式 ↓ 小组练习中自己的组合 ↓ 比赛 ↓ 观看、欣赏、评析 ↓ 技术的运用时机的把握整体的展现	1.技能：半场快速运球行进间投篮25次/组，做2组，计算命中率。2.体能：15米折返跑10次/组，做2组。3.认知：运球、传球、投篮时与防守队员的关系，比赛的整体感觉。
第十七次课 小组技术的单项考核	1.运球(连续5次急停急起和5次同侧步突破)。2.投篮(5次原地单手肩上投篮、5次行进间单手肩上投篮)。3.传球（两人双手胸前传球、单人双手胸前传球比准）。			1.讲解评价要求；2.推举学生评委；3.说明评价标准；4.进行小组测评。	制定自己的篮球练习计划。1.体能方面；2.技能方；3.参与比赛和活动方面。
第十八次课 小组间的比赛考核		组间比赛		1.讲解评价要求；2.推举学生评委；3.说明评价标准；4.进行小组测评。	1.技能:半场快速运球行进间投篮25次/组，做2组，计算命中率。2.体能:15米折返跑10次/组，做2组。3.认知:运球、传球、投篮时与防守队员的关系，比赛的整体感觉。

三、单元学习评价

本次单元评价分为自我评价、同伴评价与老师评价三个部分。评价标准围绕学生的自我认知与同伴合作、对所学技能的理解与掌握程度以及考核成绩。这三部分共同组成了学生本单元的终结性评价。

(一)单元教学过程性评价(自评)

本次评价围绕体育与健康课程标准提出的"运动能力""健康行为""体育品德"三大核心素养,采用自我评价方式了解学生在这段时间的学习效果(见表3)。

表3 "篮球"单元教学过程性评价(自评表)

学生姓名			班级		日期	
评价要素	具体评价	相应打"√"	主要观测点			
运动能力	运动认知	□是 □否	是否理解"突破分球"的基本动作要领,动作是否准确到位			
	运动成绩	□是 □否	是否达到自己的预定目标			
	技术运用	□是 □否	能否结合运动情境,在比赛中合理地运用所学技能			
健康行为	锻炼习惯	□是 □否	课后是否能够主动进行体育锻炼,远离不良嗜好,有良好的作息习惯			
	心理健康	□是 □否	是否常带微笑,积极看待社会			
	社会适应	□是 □否	是否能够与人友善交往,保持良好的同学、师生、家庭关系			
体育品德	体育精神	□是 □否	是否自尊自信、勇敢顽强、积极进取、突破自我			
	体育道德	□是 □否	是否能够主动遵守规则、诚信自律、公平公正			
	体育品格	□是 □否	是否吃苦耐劳,尊重他人;是否有正确的胜负观,胜不骄败不馁			

(二)单元教学过程性评价(师评+他评)

本次他评将围绕考勤、课堂表现、作业情况和小组合作情况等四方面,评价主体分为教师和学生同伴;其中课堂表现和作业情况由教师进行评价,考勤和小组合作情况由学生同伴进行评价(见表4)。

表4 "篮球"单元教学过程性评价(师评和他评表)

篮球——组合提升(过程性评价)					
小组		班级		日期	
姓名	考勤(3分)	课堂表现(5分)	作业(7分)	小组合作(5分)	总分(20分)
张三					
李四					
…					
…					
…					

(三)单元教学终结性评价(师评+他评)

根据学生动作技术能力和成绩,采用师评和共同成长小组同伴评的方式。最终评分由定性评分与定量评分相结合计算总分(见表5)。

1.终结性评价表

表5 "篮球"单元教学终结性评价表

篮球——组合提升(终结性评价)								
小组			班级			日期		
姓名	运球(20分)		投篮(20分)		传接球(20分)		比赛(20分)		总分(80分)
	定性	定量	定性	定量	定性	定量	定性	定量
张三								
李四								
…								
…								
…								

2.定性评价表

定性评价表采用师评与他评结合,同伴负责评等级,老师负责在等级区间打出具体的分值(见表6)。

表6　"篮球"单元教学终结性评价定性等级表

姓名		等级		评分人	
等级评价		评价标准			
优秀(85～100 分)		正确的姿势,重难点把握清晰,动作优美			
良好(75～84 分)		姿势良好,把握重点,动作一般			
合格(60～74 分)		动作基本合格			
加油(59 分以下)		姿态不理想,动作重点还需强化			

22 "学练赛评"一体化背景下 初中体育与健康单元作业设计与实施思考

海沧区教师进修学校 孙 健

教育部印发《关于进一步加强中小学生体质健康管理工作的通知》中,明确了实施体育家庭作业的制度。实施体育家庭作业是增强青少年身体机能素质的一条根本途径,对于提升学生身体机能素质、养成终身体育锻炼习惯以及提升综合素养都起到了巨大的推动作用。

新课标背景下实施体育大单元教学模式,学生能通过较长时间的连续学练,掌握所学的运动技能。体育单元作业的作用是:在单元学习过程中,通过合理、易行的作业布置,加强课内外的有机结合,达成项目学习的目标,促进学生提高运动能力、形成健康的生活方式并养成良好的体育品德。

一、初中体育与健康单元作业价值审视与设计理念

体育与健康教材内容以体育项目呈现,体育与健康单元教学由体育教师进行设计与执行。一份好的体育与健康单元作业设计,首先要有一份好的体育大单元教学设计。大单元教学是指对篮球"突破分球"技术进行 18 课时及以上相对系统和完整的教学,促进学生通过较长时间的连续学练,掌握运动技能。

体育与健康单元作业作为课堂教学的有益补充,其设计要聚焦体育大单元教学目标,从单元整体的视角分析,在课前、课后学练项目中掌握相关知识与技能,加强课内外的有机结合,使学生能够在日常生活中掌握运用所学内容进行比赛、展示和交流。作业设计还应兼顾便捷性、可操作性与可评价性。作业是否在家中或小区即可完成,是否在学生能力范围之内,完成后是否能得到相应

的反馈,是一份好的体育作业设计不可缺少的环节,对于学生养成体育锻炼习惯有着深远的影响。

二、初中体育与健康作业设计案例评点与建议

王丙南老师设计的人教版《体育与健康》八年级"篮球"单元作业,基于"学练赛评"一体化体育教学的新理念引领做出了许多有益的尝试。

该单元以"突破分球"技术为引领,促进学生对已学技术、战术之间关系的理解与运用。王老师在作业设计过程中,以"学练赛评"为主线,学生以个人或小组等形式完成课前、课后作业,了解技战术练习方法、篮球规则与文化及相关运动损伤的处理,提高学生对篮球项目的认知与在篮球运动中的健康行为能力;通过技战术练习、体能练习及参与比赛,使学生能够享受比赛乐趣,提升学生运动能力及体育品德修养。具体来说,王老师的作业设计具有以下三个突出亮点:

1.课内外衔接,形成学练合力

该设计注重课内与课外的衔接,使学生在课上学练与课后作业之间有良好的结合,进一步巩固和发展学生的体育学练能力。具体来看,王老师的篮球大单元作业依据每节课的课程内容与特点,从体能、技能和认知三方面进行作业设计,其中体能、技能与课程内容紧密连接,并通过课前探究和课后总结分享等方式提升学生体育认知,促进学生核心素养的形成。

2.融合多类元素,提升综合能力

该设计打破传统单一化作业形式,采用符合学生身心发展需求的多元化作业形式。王老师在作业设计中采用体育绘图法、视频展示法、个人心得法、小组讨论法等多种方法,激发学生学习体育的兴趣,锻炼学生发现问题、分析问题和解决问题的能力。体育作业的多元化,既促进了体育与其他学科间的融合,也秉持了素质教育的理念,促进学生综合能力的提升。

3.以运用为准则,享受体育乐趣

学生将所学知识与技能应用于游戏、比赛中,享受其中的乐趣,对体育教学具有重要意义。王老师在作业设计中,首先根据课程内容的层层递进,将不同技

术进行有机结合,帮助学生在比赛情境中运用;其次立足技术组合磨炼、体能辅助练习,提升学生在比赛情境中的技能应用水平;最后通过小组间比赛、个人技能测试等应用环节,检验学生学练效果,促进学生养成体育锻炼的习惯。

这份案例也还存在些许不足,可以考虑从以下两个角度加以完善:

1.分层作业的必要性

学生的技能水平参差不齐,布置不同层次学生能够完成的作业,才能达到熟能生巧的效果,起到培养锻炼习惯的目的。如有的学生需要多练单一技术,有的学生可加强技术组合练习,还有的学生需要多加强体能练习等等。

2.作业反馈的及时性

教师如何获取学生完成作业的情况并做到及时反馈,是掌握学生学习情况和激励学生持续完成体育作业的重要环节。

23 　轻叩美术之门

——人教版《美术》七年级上册第一单元"什么是美术"单元作业设计

海沧区教师进修学校附属学校　张彩金

◆单元名称

人教版《美术》七年级上册第一单元"什么是美术"

◆单元设计构想

一、设计理念

《义务教育艺术课程标准(2022年版)》指出:"义务教育艺术课程以立德树人为根本任务,培育和践行社会主义核心价值观,着力加强社会主义先进文化、革命文化、中华优秀传统文化的教育;坚持以美育人、以美化人、以美润心、以美培元,引导学生在健康向上的审美实践中感知、体验与理解艺术,逐步提高感受美、欣赏美、表现美、创造美的能力,抵制低俗、庸俗、媚俗倾向;引导学生树立正确的历史观、民族观、国家观、文化观,激发爱党、爱国、爱社会主义的情感,坚定文化自信,提升人文素养,树立人类命运共同体意识,为实现中华民族伟大复兴而不懈奋斗。"

作为艺术课程的重要组成部分,美术课程的主要目的在于:延续和发展美术的知识与技巧,以满足人类社会经济、精神和文化的需要;健全人格,形成人的基本美术素质和能力,促进人的全面发展。在现代教育中,美术教育是感性教育的重要手段,是培养人的视觉感受能力、自我认同和自我表现能力、想象力和创造力等整体智力素质的重要手段。

初中美术教育应注重美术学习的衔接性,依据学生个体的身心发展特点,合理设计美术课程。教师也应结合美术学科理念,极大地激发学生学习美术的兴趣,在进行美术学习的过程中,逐步使学生形成热爱祖国优秀文化传统和尊重世界文化多样性的价值观。

二、设计意图

艺术来源于生活,我们从出生就开始接触美术,丰富多彩的生活为我们提供了非常多的创作素材,也保留了许多珍贵的人类智慧。那么,如何让学生欣赏美术?以及如何理解生活中这些美术作品呢?错综复杂的美术作品我们又该如何进行分类呢?单元课时之间的关系怎样?为什么这样设置单元教学内容?这些问题是本单元的重点知识,带着这些问题启迪思考:从教师怎么教到学生怎么学,才能实现本单元目标的实现和核心素养的培养?从这条主线索出发,设计单元活动作业。

首先,本单元活动作业的设计依据《义务教育艺术课程标准(2022年版)》和美术学科核心素养的培养要求,对单元教学内容进行分析,设定教学目标和重难点,运用一定的教学方法,结合部分教学道具,贴合教学环节,并符合学生当下认知发展水平,对学生的能力要求体现递进关系,以此实现单元目标和核心素养的培养;其次,欣赏内容联系学生的生活实际和当下流行元素,极大激发学生学习兴趣和调动学生学习美术的动力;再次,结合学科特点设计主题美术展,巩固所学知识的同时,锻炼学生的综合能力;在本单元活动设计的最后,增设拓展性学习的研究性作业,联系整个中学阶段美术鉴赏内容,拓展美术与其他学科之间的联系,综合所学知识进行系统性学习。

美术课程是一门综合性学科,与语文、历史、地理、信息技术等学科相联系,同时,学好美术还需要投入较多的时间和精力。因其独特的学习方式,目前,在学校进行单课时学习的局限性便暴露出来,我们很难从一节课上看出学生是否掌握了美术学科该学的内容。同时,学时的局限性也影响了学生认知的深度、技能的提升,在一定程度上,学生策划能力、逻辑思维能力、动手能力、创新能力以及探究能力等都得不到有效的锻炼和发展,导致学生的美术学科素养得不到较好的提升。且本单元为学生进入初中阶段的第一课,对于之后美术课程的学习至关重要。而作业却是帮助学生巩固必要的知识和技能、促进学生发展学习能力、促进学生提升品德修养的重要步骤,作业的设计在对学生能力、方法、习惯、态度、价值观等方面的发展具有重要作用。因此,在进行本单元作业设计的过程中,科学、合理地设计作业流程,巧妙地融入其他学科的相关知识,拓宽学生视野的同时,积极有效探索和运用信息技术对作业进行设计和改进,采取以图表、思维导图和坐标轴为主的单元活动作业设计,结合学生的认知发展水平,培养学生的综合素质和能力,并在部分作业设计中融入地方美术资源,为开发和实施校本课程做依托,以期提高单元作业的设计质量,为整个中学阶段学习美术开好路。

三、设计思路(见图1)

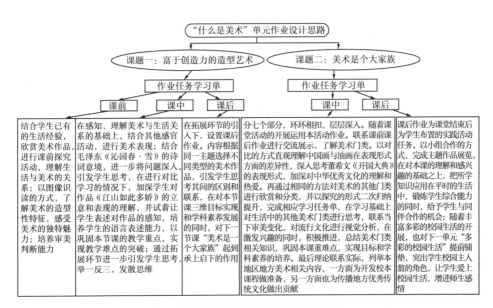

图1　"什么是美术"单元作业设计思路

四、学情分析

钱初熹教授在《中学美术课程与教学》一书中,谈到中学生与美术教师之间的关系时指出:"中学时代是人由儿童走向成熟的过渡阶段……处于青春期的中学生,在身体形态和技能上,在心理上均发生一系列'质的'变化。"

本单元活动适用对象是七年级学生。七年级学生正处于从低年段到高年段的过渡阶段,学生要接受知识的变化、思维方式的变化、学习方法的变化。相比于小学阶段,学习内容更加多元化,内容也更多。在此一系列"质"的变化中,学生能够围绕一定的主题,简单描绘生活中有意义的事,能够按照自己的想法反映周围的事物,表达自己的兴趣与愿望。大部分学生对于美术学习有着浓厚的兴趣,普遍具有对美好事物的感知能力,拥有健康的审美情趣。

学生在小学阶段已具备了一定的基础美术知识,对美术学习和实践,积累并掌握了一定的方式方法,能够简单结合自己已学过的美术知识进行美术评述、美术创作和应用设计。班级之间、学生之间对美术课的兴趣及对美术知识的掌握和理解差距较大,这里体现了学生之间的互动对于美术学习的重要性;部分学生想象空间狭小,作品表现力较弱。针对这个问题,本单元通过感受周围同伴的美术学习力,获得审美情感的提升;根据寓教于乐的分层差异化教学方式,带动部分在小学阶段上美术课没有激情的同学,重获学习美术的幸福感,提升学习美术的信心。

◆单元作业设计

一、单元作业目标

《义务教育艺术课程标准(2022年版)》明确提出以学生为本,也就是从有利于学生成长的立场和角度出发,来设计美术教学、开展美术教育。

因此,根据学生能力发展特点,结合单元维度目标,制定如下作业层次目标(见表1)。

表1　"什么是美术"单元作业层次目标

课题名称	维度目标	层次目标			
富于创造力的造型艺术	知识与技能： (1)理解什么是美术,感受自然美,了解美术与现实生活间的关系； (2)通过了解美术作品的题材、主题、形式、风格与流派,知道重要的美术家和美术作品,以及美术与生活、历史、文化的关系； (3)初步形成审美判断能力； (4)通过欣赏美术作品,了解美术作品的创作过程,体会美术作品的立意与表现,提高对美术学习的兴趣。	A 知道 了解	B 感受 理解	C 应用 运用	D 综合 创新
	过程与方法： (1)多角度欣赏和认识美术作品,逐步提高视觉感受、理解与评述能力； (2)初步掌握美术欣赏的基本方法,能够在文化情境中认识美术,理解美术与现实之间的关系； (3)能够运用美术术语对美术作品进行简短评述。	A 知道 了解	B 感受 理解	C 应用 运用	D 综合 创新
	情感、态度和价值观： (1)提高对自然美、社会美和艺术美的认识； (2)激发学习兴趣,形成健康的审美情趣； (3)崇尚文明,珍视优秀的民族与文化,增强民族自豪感； (4)主动学习其他门类的知识。	A 知道 了解	B 感受 理解	C 应用 运用	D 综合 创新
美术是个大家族	知识与技能： (1)了解美术学科特征以及美术的主要门类； (2)学习美术学科的门类分类方法； (3)理解美术各个门类的特征和功能； (4)感受美术学科与生活的关系,体会美术学科的独特魅力； (5)提升对美术学习的兴趣,能够记住一些重要的美术家和美术作品； (6)理解美术现象的产生,关注社会生活。	A 知道 了解	B 感受 理解	C 应用 运用	D 综合 创新
	过程与方法： (1)掌握美术作品的不同种类和代表种类的风格特征； (2)了解美术作品不仅具有审美功能,还兼具实用功能。	A 知道 了解	B 感受 理解	C 应用 运用	D 综合 创新
	情感、态度和价值观： (1)分析同一门类美术作品的差异,知道差异影响因素； (2)认识到美术作品正以形象化、直观化的特征证明人类社会和文明的进步,提升人们的生活品位,促进世界多元文化的传承与交流。	A 知道 了解	B 感受 理解	C 应用 运用	D 综合 创新

二、单元作业内容

第一课时:富于创造力的造型艺术

(一)课前探究作业

1.(**讨论与探究**)组内讨论,根据你的生活经验,将图片呈现的内容在对应的框格内打"√",并思考:

我们穿衣服的时候,需要考虑服饰的纹样、造型、色彩搭配,我们从出生就开始接触美术,那么,到底什么是美术? 美术作品与现实生活有什么关系?

造型性是美术基本的特征,为什么说美术作品是富于创造力的造型艺术?

美术的起源					
	模仿（再现）说	游戏说	巫术说	表现说	劳动说
《汉谟拉比法典碑》					
《江山如此多娇》					
《石斧》					
素描头像写生					
跳房子					

【设计介绍】基于小学阶段的美术基础,本课作为学生踏入中学阶段的第一课,力图让学生对美术学习有一个全新的认识。在课堂的引导阶段,根据学生的认知发展水平,联系学生的生活经验,激发学生学习美术的兴趣,让学生在轻松愉悦的氛围中感悟美术作品,理解美术的真正意义;多给学生创造感受和欣赏美术作品的机会,培养审美判断能力;了解人类文化的丰富性,在面对多样的文化时,用开放和包容的心态,"和而不同,兼收并蓄"的文化观念形成美术的基本素养。

(二)课后作业

1.富有创造力是美术作品永恒的魅力。以下均是以故宫为主题造型的美术作品(见图2)。请你根据呈现的内容,试着说一说它们之间有怎样的区别和联系。

图 2　故宫主题造型的美术作品

【设计介绍】通过图像识读的方式一方面展现美术作为视觉艺术以其独特的造型性而呈现其审美特征,另一方面拓展学生的思维探索能力,在共性中找不同,激发学生学习美术的趣味性的同时,夯实本节课的学习重难点,实现教学目标,也对学习下一节"美术是个大家族"起到一定的铺垫作用。

2.作业评价方式

该评价表(见表2)通过自评、互评、他评(师评、家长评)的多维度评价方式对学生进行综合评价。结合学生课堂表现进行课上课下双重评价,先由学生进行自评,再由小组同伴进行互评,最后由教师给出评价,附在本课学习单后,由家长进行点评,学生自己进行总评后置入美术学习档案袋,作为学期过程性评价材料。

表 2　第一课时作业评价表

第一单元　第一课时"富于创造力的造型艺术" 课堂评价表				
七年　班		今日格言: 生活中从不缺少美,而是缺少发现美的眼睛。 ——罗丹(19 世纪法国著名雕塑家,代表作《思想者》《吻》等)		
作者:				
作品名称:		时间:		
组长:		小组成员:		
评价维度	评价方式	评价要点		评价等级
自主能力	自评	A.对本课内容感兴趣; B.掌握所学内容,从中掌握美术欣赏的知识与评价美术作品的技能; C.能独立对《江山如此多娇》进行分析,完成相应学习任务; D.上课认真听讲,知识、能力、价值观目标达成明确; E.由兴趣和热情完成创作活动; F.在结束时进行收拾整理。		☆☆☆☆☆
合作能力	互评	A.全程参与资料的收集与整理; B.针对问题解决进行组内分工协作,体现团队综合能力; C.参与小组讨论共同解决问题; D.小组作品完成的创新性; E.小组作品的完成度。		☆☆☆☆☆

续表

探究能力	师评	A.能够发表自己的看法,并提出问题; B.积极参与讨论并主动发言,语言表述准确,能够较为准确说出问题的答案; C.能够在理解的基础上,运用美术语言对《江山如此多娇》进行分析和判断,理解自然美与艺术美之间的关系; D.大胆提出自己的想法,具有创造性的思维,对问题能用不同的方法解决,具有独立思考的能力; E.主动学习,能够有意识地运用所学知识。	☆☆☆☆☆
我这样评价我自己:			
老师的话:			
家长的话:			
总评结果			☆☆☆☆☆

第二课时:美术是个大家族

(一)课后任务

1.拓展实践活动

小组合作完成:收集与整理以新冠肺炎疫情为主题的美术作品,按照分类方法进行归类,以班级为单位,以图文结合的形式在学校展厅开展一个小型美术展览,试着当小小解说员,把喜爱的美术作品分享给身边的小伙伴。

【设计介绍】在兴趣的基础上,把所学知识应用在日常生活中,积累知识的同时培养学生语言表述能力,也在一定程度上对基础美术知识的学习奠定良好基础;给予学生与同伴合作的机会,以教师引导,学生自主组织设计展览,培养学生的综合能力;随着丰富多彩的校园活动的开展,也对开展下一单元"多彩的校园生活"进行铺垫,突出学生主人翁的角色,让学生爱上校园生活,增进师生感情。

2.课后素质拓展作业

根据所学内容,制作美术学习档案袋,选取其中一种门类,通过图文的方式,探索美术作品的成长之路。

(1)美术学习档案袋制作步骤;

(2)准备一个抽条夹或透明拉链文件袋;

（3）根据美术门类自主设计封面（如图3所示）；

图3 作业评价方式

（4）每幅作品背后附课堂评价表（见表3）。

该评价表从自评、互评、他评（师评、家长评）多维度对学生进行综合评价。结合学生课堂表现进行课上课下双重评价，先由学生进行自评，再由小组同伴进行互评，最后由教师给出评价，附在本课学习单后，由家长进行点评，学生自己进行总评后置入美术学习档案袋，作为学期过程性评价材料。

表3 第二课时作业评价表

第一单元 第二课时"美术是个大家族" 课堂评价表				
七年 班 作者：		今日格言： 外师造化，中得心源。 ——张璪（唐代书画家，创破墨法）		
作品名称：		时间：		
组长：		小组成员：		
评价维度	评价方式	评价要点		评价等级
自主能力	自评	A.对本课内容感兴趣； B.通过欣赏与分析，掌握所学内容，从中掌握美术分类方法与门类特征； C.能独立完成美术门类的分类，完成相应学习任务； D.上课认真听讲，能够理解美术各个门类的功能； E.有兴趣和热情完成创作活动； F.在结束时进行收拾整理。		☆☆☆☆☆

续表

合作能力	互评	A.全程参与课堂小组活动和主题作品展的资料收集与整理； B.针对具体问题的解决,组内分工协作,体现团队综合能力； C.参与小组讨论共同解决问题； D.小组作品完成的创新性； E.小组作品的完成度。	☆☆☆☆☆
探究能力	师评	A.能够发表自己的看法,并提出问题； B.积极参与讨论并主动发言,语言表述准确,能够较为准确说出问题的答案； C.能够在理解的基础上,运用美术语言对部分优秀美术作品进行分析和判断,分析美术作品之间的差异性,理解差异的影响因素； D.大胆提出自己的想法,具有创造性的思维,对问题能用不同的方法解决,具有独立思考的能力； E.主动学习,能够有意识地综合运用所学知识。	☆☆☆☆☆
我这样评价我自己：			
老师的话：			
家长的话：			
总评结果			☆☆☆☆☆

（5）档案袋中分欣赏、创作、设计、综合实践、地方美术五个部分,请依次将对应的作品和相关资料(设计草图、照片、学习单、调研报告等)放入。

【设计介绍】学生作业的评价方式以美术学习档案袋为主。档案袋中有目的地分别纳入学生收集的资料、设计草图、学习单和照片等这些过程性材料,并将美术学习档案袋作为期末总结性评价的重要依据。美术学习档案袋作为一种质性评价手段,学生作为主要决策者可以较好地通过自己学习过程中呈现出的结果,判定自己的学习质量和进一步发展的机会。教师和家长也可以借此了解学生的成长变化。

3.“欣赏·评述”领域研究性作业

（1）作业内容

前期(初级版)：

学习说明:根据七年级上、下册所学“欣赏·评述”领域内容,根据图4,结合其他学习领域补充完整表格其他部分。

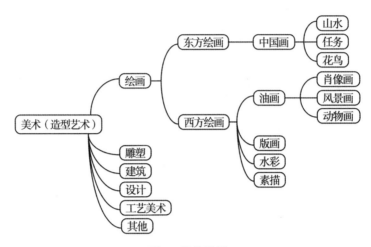

图 4　示范图例

中期(中级版):

　　学习说明:在初级(七年级)学习的基础之上,选取"欣赏·评述"学习领域中的一个分支(例:中国画—山水画—重要流派画家)的学习内容,以坐标轴的方式进行补充,如图 5 所示。

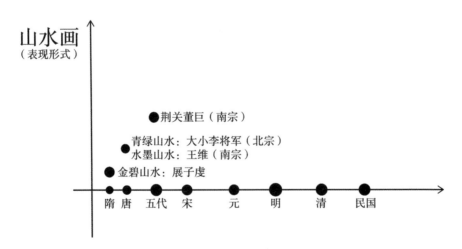

图 5　坐标轴

后期(高级版):

学习说明:根据七、八年级的学习内容,联系语文、地理、历史学科,以坐标轴的方式标注横坐标(历史时间顺序)、竖坐标(地理空间—生产力发展水平)(见图6、图7),选取"欣赏·评述"学习领域中关于美术门类的产生过程的变革,以此罗列,补充完整坐标轴,达成知识体系的统整。

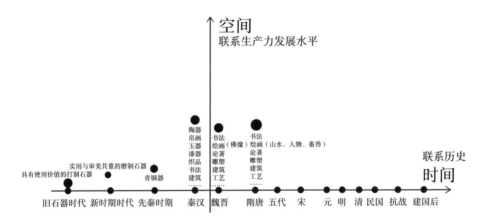

图 6　中国美术史坐标图

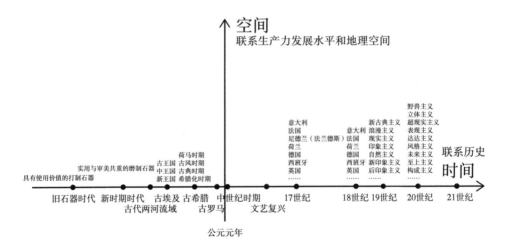

图 7　外国美术史坐标图

（2）设计介绍

课后作业是课堂任务的延伸和巩固。使用坐标的方式主要让学生更好地把美术与文学、地理、历史等学科相综合，将知识体系系统整合，便于今后进行美术鉴赏课程的开展以及学生知识体系的梳理。

三、单元作业评价（见表 4）

表 4　单元关键能力评价体系

评价要点	评价依据	评价内容	自评	互评	师评
感知	对美术作品的观察、分析、体验，对美术作品进行图像识读的能力	感知能力（对周围环境、美术作品和社会现实的观察）；通过造型、色彩等对图像进行信息提取；辨析图片的能力（表现形式）	☆☆☆☆☆	☆☆☆☆☆	☆☆☆☆☆
理解	对美术作品思考与探究，理解美术作品的立意和表现	理解能力（美术作品和美术现象）；对美术作品进行评价的能力；审美判断的能力；语言表述能力	☆☆☆☆☆	☆☆☆☆☆	☆☆☆☆☆
创造	联系现实生活，大胆想象	形象思维的能力；运用美术语言表现造型的能力；大胆创造美术作品的能力	☆☆☆☆☆	☆☆☆☆☆	☆☆☆☆☆
反思	针对美术学习过程进行自我评价和反思的能力	学习材料的准备；创新能力的自我认知；对美术学习活动的参与度；自我评价的能力	☆☆☆☆☆	☆☆☆☆☆	☆☆☆☆☆

◆综合分析

本单元作业针对七年级学生的身心发展特点，适当增加了与他们生活经验相结合的实践类型，在发展个体能力的同时，对培养团队协作能力等方面起到了一定的促进作用。如第二课时举办美术展览这一课后作业，就是以学生自发兴趣为出发点，发展学生的自主能力、策划能力、美术欣赏能力、表达能力、逻辑思维能力、创新能力、探究能力等综合实践能力，将课堂所学广泛应用在生活中。

24 "什么是美术"单元作业设计的思考与案例评析

海沧区教师进修学校　颜贻寿

　　本单元作业设计基于立德树人的目标,以《义务教育课程标准(2022年版)》和学科核心素养为导向,在学情分析基础之上,结合教材内容,围绕内容主题、基本问题、关键能力和项目任务等创新性地组织相对独立的学习内容。创新单元作业设计,突出单元作业重点,以进阶性的知识能力提升为主,循序渐进,产生层次、递进的变化,推进自主学习能力发展。在活动中感受美术与自然、社会的关系,培养关注生活、热爱生活的态度,激发学生参与美术活动的积极性,在探究中感受民族的文化与底蕴,在学习中培养学生对美术学习的持久兴趣,将能力潜移默化地转换为素养,尤其是在渗透美术核心素养方面的单元作业设计与实施效果较好。本单元作业设计有以下四个特点:

　　一是,在创设情境、选择素材、设计任务和设置答案的过程中,重视意识形态的延展。在作业的探究活动中,甄选体现党和国家方针政策的内容,设置具有正确价值导向的问题,层层深入,潜移默化地引导学生形成正确的价值观体系。

　　二是,从学情出发,巩固知识与技能,设置有层次性的学习目标,注重学生的个体差异性。统筹作业难度和类型,对作业实现的能力要求等方面具有一定的递进性,从而体现作业设计的结构性。此外,重视基础性作业的设置,倡导开展综合类作业的涉猎与实践。形成多样化、多层次的设计特征,促使不同程度的学生均能找到适宜的任务,体现对个体特征的尊重,调动学生完成作业的主动性。

　　三是,通过创新作业,重视综合作业研究与实践,开设课前、课中、课后的作业活动——拓展实践活动、素质拓展活动、拓展研究活动,重视开展实践性、跨学科、长周期等综合类作业的研究与实践。针对课时数限制的问题,规划跨年级和跨学期的作业目标,设置有关联且进阶的作业内容,提升作业纵向的递进性,更充分发挥了本作业设计的合理性和育人功能。

四是,能借助学生身边常见的生活实例,帮助学生理解学习内容的同时,灵活应用学习方式方法,发展学生的学习能力,提升品德修养和形成良好的学习习惯,最终落实立德树人的根本任务。

总之,该单元作业设计的实施,不仅发挥了巩固知识与技能的作用,还对学生的学习能力、方法、习惯、态度、审美和价值观等方面的发展具有重要实践意义。

25 我的智能彩虹瓶
——闽教版《初中生心理健康》七年级下册第九单元
"自我与自我设计"单元作业设计

厦门市海沧区东瑶学校　陈燕霞

◆单元名称

闽教版《初中生心理健康》七年级下册第九单元"自我与自我设计"

◆单元学习内容与前后联系

美国著名发展心理学家霍华德·加纳提出人类的智能是多元化的而非单一的,主要是由以下八项组成:语言文字智能、数学逻辑智能、肢体动觉智能、视觉空间智能、音乐旋律智能、自然观察智能、人际关系智能、自我内省智能。每个人都拥有不同的智能组合,每一项智能都是独特而有价值的。初中阶段的学生对自己的认识往往比较片面,经常会以学业成绩的高低来评价自己能力的高低,这也导致了他们对自己的评价过低或过高。本单元学习主要围绕多元智能理论展开,帮助学生多角度认识自己的智能,作业设计通过引导学生分析自己的智能分布情况,欣赏自己的优势智能并梳理其形成的过程,探索希望提高的智能并制定能力提升计划,也通过他人评价进一步认识自己的智能,从而引导学生全面认识自己的能力,提高自我效能感,并不断完善自己。

本作业设计所属主题为六大模块中"认识自我"模块,《中小学心理健康教育指导纲要(2012年修订)》指出初中年级的心理健康教育的主要内容包括:帮助学生加强自我认识,客观地评价自己。《中小学德育工作指南》德育内容中心理健康教育部分也强调了要"开展认识自我等方面的教育"。教材中"自我与自我设计单元"主要有"发现自我""欣赏自我""明天的我"三节课,本单元设计以"我的智能彩虹瓶"为载体进行创新改造,将"自我与自我设计"聚焦在智能方面,引导学生发现自我的智能分布、欣赏自我的优势智能、提升想要的智能。此单元设计有利于帮助学生客观、全面地认识自己的能力,增强学生自信心,并引导学生探索自己在智能方面的成长空间和提高策略,帮助学生完善自己的能力。

◆单元简述与教学思路

本次活动分"我的智能彩虹瓶""我和我的优势智能""为智能彩虹瓶锦上添花"三大模块,拟采用"活动体验—分享交流—同伴互助—课外延伸"的单元整体教学思路展开,指导学生在活动体验和作业创作过程中认识多元智力,欣赏自己的优势智能,发展自己想提高的能力,并付诸行动,扬长补短。

"我的智能彩虹瓶"模块以认识多元智力理论,了解自己的智能分布情况,更全面、客观地评价自己为教学目标展开,需要完成三个活动任务:

1.初识智能

帮助学生意识到对自己智能的认识可能不够全面,学业成绩不是智能的唯一标准。

2.我的智能彩虹瓶

通过对"我的智能彩虹瓶"进行涂鸦,听取同组其他同学的看法,帮助学生对自己的智能的分布领域形成初步的认识,并通过填涂的面积进行量化。

3.智能彩虹瓶的秘密

通过小组讨论引导学生发现瓶子的排列规律是每一列描述同一种能力,并进行归纳概括,认识到智力的多元性,更客观、全面地认识自己的智能。

"我和我的优势智能"模块通过引导学生梳理自己优势能力形成的过程,以及给自己带来的收获,增强学生的自我效能感。需要完成三个活动任务:

1.我的优势智能

引导学生通过观察自己涂鸦的智能彩虹瓶,发现自己的优势智能。

2.我们的故事

引导学生梳理自己的优势智能形成的过程,以及优势智能给自己带来的收获和体验。

3.我们的关系

帮助学生认识自己和优势智能的关系,加深自己与优势智能之间的联结。

"为'智能彩虹瓶'锦上添花"模块鼓励学生发展自己想提高的能力,了解亲朋好友眼中自己的智能水平,以及他们的期待,并思考提高的方法,付诸行动,扬长补短。需要完成两个活动任务:

1.我为智能彩虹瓶锦上添花

引导学生思考自己希望提高的智能,选择一项最希望提高的智能,思考提高该能力的策略,并听取有该方面优势智能的同学的建议。

2.亲朋好友为智能彩虹瓶锦上添花

引导学生从身边重要他人的角度更全面、客观地了解自己的多元智能,巩固对自己多元智能的认识,完善自己。

◆单元重难点突破与作业设计构想

一、教学重难点与突破策略

1.教学重点

帮助学生认识多元智能,使其更加全面地认识自己的智能,更客观地评价自己,梳理自己优势能力形成的过程,以及给自己带来的收获,增强学生的自我效能感。

2.教学难点

带领学生探索和发展自己想提高的能力,并付诸行动,扬长补短,也从他人的角度更全面、客观地了解自己的多元智能,完善自己。

3.突破策略

本次的单元作业设计既要引导学生发现自我的能力分布、欣赏自己的优势智能,又要引导学生提升自己希望拥有的智能。为了突破重难点,我们采用这样的策略:

(1)"我的智能彩虹瓶"通过涂鸦的方式,激发学生探索多元智能的兴趣。

(2)"我们的故事",让学生在梳理自己优势智能形成的过程中欣赏自己在优势智能领域所做的一切,以及优势智能给自己带来的收获和积极的情绪体验。

(3)"我们的关系",帮助学生认识自己和优势智能的关系,增强自己与优势智能之间的联结。

(4)"我为智能彩虹瓶锦上添花",通过二次涂鸦,让学生探索还想提高的智能,以及提高的方法。

(5)"亲朋好友为智能彩虹瓶锦上添花",让学生的多元智能和优势智能增加了亲友的视角和期待,使学生能更全面认识自己的智能,也更清楚亲友对自己在智能提升方面的期待。

二、单元作业编制说明

1.整体介绍

本次活动分"我的智能彩虹瓶""我和我的优势智能""为智能彩虹瓶锦上添花"三大模块,其中"我的智能彩虹瓶"模块以认识多元智能、了解自己的智能分布情况为目标,需要完成"初识智能""我的智能彩虹瓶""智能彩虹瓶的秘密"三个活动;"我和我的优势智能"模块以梳理优势能力形成的过程以及给自己带来的收获,增强学生的自我效能感为目标,需要完成三个活动任务——"我的优势智能""我们的故事""我们的关系";"为智能彩虹瓶锦上添花"模块以引导学生发展自己想提高的能力,了解亲朋好友眼中自己的智能水平,以及他们的期待,并思考提高的方法,付诸行动,扬长补短为目的,需要完成"我为智能彩虹瓶锦上添花""亲朋好友为智能彩虹瓶锦上添花"两个活动。

2.单元作业设计特点

依据闽教版《初中生心理健康》教材第九单元"自我与自我设计"的主题和结构框架,以《中小学心理健康教育指导纲要(2012年修订)》和《中小学德育工作指南》为指导,聚焦于学生在智能方面的自我认识。

本课的作业设计紧扣教学目标,突出教学重点,突破教学难点,环环相扣,层层递进。作业形式多样,包括口头作业、书面作业,"我的智能彩虹瓶"贯穿整个单元,并融入了涂鸦元素,增加了趣味性,让课堂变得更加丰富多彩。课后作业将全面、客观地认识自己智能、提升智能的阵地延伸到生活中,进一步巩固和拓展了教学效果。作业开放性比较高,个性化较强,给学生充分表达和展示自我的空间。

◆单元作业设计

一、单元作业目标

编制说明:依据闽教版《初中生心理健康》第九单元"自我与自我设计"的主题和结构框架,结合《中小学心理健康教育指导纲要(2012 年修订)》和《中小学德育工作指南》中在认识自我方面的要求,分析学段学情等要素,综合考量后编制单元作业总体目标。

单元作业目标序号用"课时序号+任务序号"进行编号,如第一课时第一个任务的单元作业目标序号为"0101",标注"﹡"的为重点目标(见表1)。

表 1　单元作业目标

序号	单元作业目标	学习水平
0101	意识到对自己智能的认识可能不够全面,学业成绩不是智能的唯一标准。	知道
0102	对自己的智能分布领域形成初步的认识,并通过填涂的面积进行量化	体验、知道
0103﹡	了解多元智力理论,更客观、全面地认识自己的智能	理解、运用
0201	观察自己的智能彩虹瓶,找出自己的优势智能	理解、运用
0202﹡	梳理优势智能形成的过程,以及优势智能给自己带来的收获	体验、理解
0203﹡	认识自己和优势智能的关系,加深自己与优势智能之间的联结	体验
0301﹡	思考希望提高的智能,选择一项最希望提高的智能,思考提高该能力的策略,并听取有该方面优势智能的同学的建议	实践、运用
0302﹡	从身边重要他人的角度更全面、客观地了解自己的多元智能,巩固对自己多元智能的认识,完善自己	实践、运用

二、课后作业目标

编制说明：

(1)依据已经确定的单元作业目标,编制整个单元的课后作业目标。

(2)课后作业目标编号采用题目序号进行编号。

"为智能彩虹瓶锦上添花"模块活动任务：

(1)请家人或好朋友根据平时对学生的认识,帮忙填涂一份智能彩虹瓶,和学生自己填涂的智能彩虹瓶对比一下,并和他们的亲友就此进行交流,记录自己的收获；

(2)让亲友画出希望学生提高的智能,了解亲友对自己的期待,并和他们充分交流,制定完善自己智能的计划。

第一课时：我的智能彩虹瓶

(一)本课教学重点

帮助学生了解多元智能理论,认识自己的智能分布情况,更全面、客观地评价自己。

(二)具体活动设计

任务一：初识智能

(1)作业要求：回答问题——如果给你的智能打个分(0~10 分),0 分表示完全没有智能,10 分表示最高智能,你会打(　　　)分,依据是：＿＿＿＿＿＿。

(2)作业类型：课堂作业

(3)作业形式：书面作业

(4)完成时间：5 分钟

(5)活动准备：心理笔记本、笔

任务二：我的智能彩虹瓶

(1)作业要求：如图 1 所示,以下的瓶中是关于个人能力或爱好的一些描述,请你选择不同的颜色填涂每一个瓶子,涂得越多代表你越符合瓶子上的这些描述。如果你还有一些瓶子里没提到的能力或爱好,请填涂在最后一排的空瓶子里。

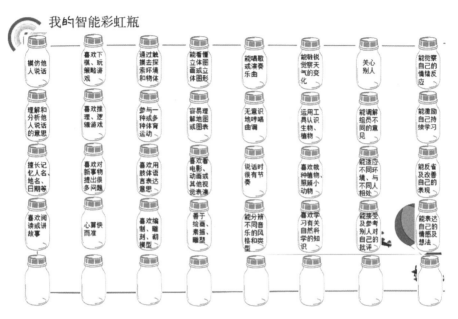

图1　作业"我的智能彩虹瓶"

　　填涂完与同组同学分享,听听他们眼里你的各方面的智能是怎样的,并决定是否调整自己的智能彩虹瓶。

　　(2)作业类型:课堂作业

　　(3)作业形式:书面作业

　　(4)完成时间:10 分钟

　　(5)活动准备:"我的智能彩虹瓶"任务单、彩笔

　　【设计说明】"我的智能彩虹瓶"中的对各项智能的描述来自《成长心路初二分册》第二十课,第166页的"我的智能评估表"。

　　任务三:智能彩虹瓶的秘密

　　(1)作业要求:回答问题——你发现这些瓶子的排列有什么规律吗?

　　(2)作业类型:课堂作业

　　(3)作业形式:口头作业

(4)完成时间:5 分钟

(5)活动准备:"我的智能彩虹瓶"任务单

第二课时:我和我的优势智能

(一)本课教学重点

引导学生梳理自己优势能力形成的过程以及给自己带来的收获,增强学生的自我效能感。

(二)具体活动设计

(1)作业要求:

任务一:我的优势智能

在 8 项智能中,哪些智能是你的优势?把它们挑出来,写在下面的横线上。

任务二:我们的故事

你是如何形成自己的优势智能的?你的优势智能给你带来了什么?写一写你们的故事。

写完这些,你感觉如何?请你写下来。

任务三:我们的关系

如果把你的优势智能想象成生活中的某个人,它更像谁?你和它的关系是怎样的?请你写下来。

(1)作业形式:书面作业

(2)作业类型:课堂作业

(3)完成时间:10 分钟

(4)活动准备:"我的智能彩虹瓶"任务单、心理笔记本、笔

第三课时:为智能彩虹瓶锦上添花

(一)本课教学重点

引导学生发展自己想提高的能力,了解亲朋好友眼中自己的智能水平,以及他们的期待,并思考提高的方法,付诸行动,扬长补短。

(二)具体活动设计

任务一:我为智能彩虹瓶锦上添花

(1)作业要求:哪些瓶子你希望再多填一点,用不同的颜色填上去。

选择一项最希望提高的智能,你打算通过什么方式方法提高? 请写下来。

向身边有这项优势智能的同学请教,把你愿意尝试的方法写下来。

(2)作业形式:书面作业

(3)作业类型:课堂作业

(4)完成时间:10 分钟

(5)活动准备:"我的智能彩虹瓶"任务单、彩笔、心理笔记本

任务二:亲朋好友为智能彩虹瓶锦上添花

(1)作业要求:

①请你的家人或好朋友根据平时对你的认识,帮你填涂一份智能彩虹瓶,和自己填涂的智能彩虹瓶对比一下,并和他们交流,你有什么新的收获? 请写下来。

②你的亲友们希望你提高哪些方面的智能? 选择其中你最想提高的智能,你打算通过什么方式方法提高? 请写下来。

(2)作业形式:书面作业和口头作业相结合

(3)作业类型:课后作业

(4)完成时间:10 分钟

(5)活动准备:"我的智能彩虹瓶"任务单、彩笔、心理笔记本

三、作业双向分析评估(见表2)

表 2　作业双向分析评估

作业序号(与单元作业目标序号一致)	目标水平				题目难度			预估时间/分
	知道	理解	应用	综合	易	中等	难	
0101	√				√			5
0102	√				√			10
0103*		√		√		√		5

续表

作业序号（与单元作业目标序号一致）	目标水平				题目难度			预估时间/分
	知道	理解	应用	综合	易	中等	难	
0201	√		√		√			
0202*	√			√		√		10
0203*		√		√			√	
0301*		√	√	√		√		10
0302*		√	√	√			√	10

◆综合分析

依据闽教版《初中生心理健康》教材七年级下册第九单元"自我与自我设计"的主题和结构框架,本单元作业设计紧扣《中小学心理健康教育指导纲要(2012年修订)》和《中小学德育工作指南》的要求,关注初中生心理健康教育的关键内容"自我认识",并将自我认识聚焦在"智能"方面,带领学生通过涂鸦的方式全面地认识自己的智能,客观地评价自己的智能,并通过挖掘优势智能,以及与优势智能有关的故事,更具体、清晰地认识自己与优势智能的关系,激发学生与优势智能相关的积极情绪体验,提高自我效能感。通过"为智能彩虹瓶锦上添花"让学生不仅看到自己的优势智能,也看到亲友眼中自己的智能情况,看见完善自我的方向,并寻找提高的方法。在"我的智能彩虹瓶"和"为智能彩虹瓶锦上添花"部分也引导学生通过同伴互助的方式发现自己的智能和得到自己想提高的智能的改善建议。作业契合课程目标要求,环环相扣,层层递进,从引导发现自己到探索发展自己,且从课内拓展至课外,帮助学生全面认识自己的能力,客观地评价自己,并不断完善自己。

参考文献

1.《成长心路》编委会.成长心路:初二分册[M].北京:中国人民大学出版社,2016.

26 初中心理健康单元作业设计的
思考与案例评析

海沧区教师进修学校　郑晓玲

一、中小学心理健康教育作业设计的意义和价值

《中小学心理健康教育指导纲要（2012 年修订）》中明确指出，心理健康教育课（以下简称"心理课"）是中小学开展心理健康教育的重要途径。心理课设置一般一周一节或两周一节，要实现"提高学生心理素质，培养他们积极乐观、健康向上的心理品质，充分开发他们的心理潜能，促进学生身心和谐可持续发展"的总目标，需要主动创设一个激发学生自我探索、助力学生心理成长的教育系统，进行单元统整备课和单元作业设计。心理课作业是心理课堂活动的必要补充，是学生思考、感悟和践行心理品质的必要环节；是巩固学生心理课学习效果、培养学生思维能力、发展学生积极心理品质的重要手段；是记录学生心理课学习过程和心路发展历程的重要过程性材料；是课时与课时之间、师生之间沟通的桥梁。心理健康教育单元作业设计应以《中小学心理健康教育指导纲要（2012 年修订）》《中小学德育工作指南》作为心理课作业设计的素养指向，以心理健康育人目标和单元教学目标为导向，把握单元基本结构和主线脉络，将单元内容进行整合，选择贴近时代、贴近社会、贴近生活的素材，通过设置情境，聚焦发展性问题，设置形式多样的作业，促进学生主动思考、行动，习得心理健康知识、态度和行为习惯，提升学生自主自助能力，进而形成良好的心理健康素养。陈燕霞老师以心理健康教育"认识自我"领域为例，对初中心理健康教育单元作业设计进行思考。

二、中小学心理健康教育课作业设计案例评点与建议

　　闽教版《初中生心理健康》七年级下册第九单元"自我与自我设计"单元以"认识自我"领域作为心理作业设计的素养指向,培育学生形成"积极的自我概念"这一素养。教师聚焦"认识自我智能"进行单元教学设计,并统筹思考单元内不同课时的作业内容,关注不同课时作业内容间的关联性和递进性。陈燕霞老师将本单元三个课时"发现自我""欣赏自我""明天的我"进行整合和挖掘,聚焦"多元智能"这个核心概念,并将其解构为"发现自我智能"、"欣赏自我智能"及"提升自我智能"三个维度,以涂画"我的智能彩虹瓶"为载体,开展单元作业设计,引导学生从"多元智能角度"来"认识自我"并进行"自我设计",开启自我发现和探索之旅。具体有以下亮点:

　　1.单元作业设计突出情境性

　　该单元作业以绘画智能彩虹瓶为依托,建构任务系统,注重作业的过程性、体验性、反思性,重视学生内在探索,帮助学生发展与他人的关系,让学生经历与体验多样的内在心理探索,引发学生的学习兴趣和学习挑战。创设了解多元智能大情境,通过绘画智能彩虹瓶关联起一连串任务链,逐步引导学生由浅到深进行自我探索,获得自我效能感。

　　2.单元作业设计与教学相配合,类型多样

　　在改编教材的基础上,教师将单元作业作为单元学习设计的一部分,构建与课堂学习相配合的作业系统,从学习活动整体考虑,精心设计意图明确、反思性强、重在提升学生自我探索能力,能迁移运用、具有递进性的作业。由于心理课作业不受考试形式和考纲等方面的限制,陈老师从学生认知水平维度出发,设计创编了探索类和实践类作业,多样的作业类型激发了学生的参与热情,帮助学生全面认识自己的能力,客观评价自己,并不断完善自己。

　　当心理教师将作业以适切的形式融入学生心理素养培育中,深化学生对自我的体验、探索、反思和梳理,作业将发挥其助力学生更好地认识自我、发现自我并成就自我的正向功能。当然,这份单元作业设计只是尝试,还有可以完善的

空间：

1.增加单元心理作业的可选择性

在确保心理健康素养共性培育的基础上，满足学生对于心理健康学习的选择性与个性化需要，建议开发基于个性化学习的单元心理作业设计。在现有共性作业设计的基础上，可以尝试为学生提供主题拓展、心理自测、素养拓展等作业类型。主题拓展类作业可以借助阅读材料或影视资源，拓展学生对于"多元智能"和"认识自我"主题的认知；自测评估类作业可为学生"认识自我"提供新的方向和路径；素养拓展练习作业可以为学生提供更多不同"认识自我"的工具，并发展自我。

2.增加单元心理作业的反馈性

育心的前提在于学生自由心灵的参与，在丰富作业类型的同时，我们要思考如何让作业设计更多地尊重学生的自主性，让作业能更好地适应学生，从而赋能学生成长。可围绕"课前导引＋课中自创＋课后反馈"的形式设置作业。"课前导引"即在单元作业的开篇时引导学生了解本单元的学习目标、主要学习内容和学习方式；"课中自创"即在现有心理单元作业的基础上允许学生能自主参与作业目标、形式与内容的设计；"课后反馈"供教师与学生心灵互动，邀请学生表达对本单元学习或作业的评价反馈，让学生参与作业设计过程，和老师一起修订和完善单元心理作业，更好地赋能学生成长。

后　记

　　2021 年 12 月,由海沧区教师进修学校组织编写的《巧设单元作业,让学生乐学精思》一书公开出版发行。该书紧扣全国开展"双减"工作新形势,围绕如何减轻学生过重学业负担、提高课堂教学效益和作业质量这一课题,呈现了海沧区小学阶段各学科的有益探索及初步成果。

　　如今,《叩问单元作业设计之道》已经编成,即将付印。本书是《巧设单元作业,让学生乐学精思》的姊妹篇,重在彰显海沧区初中阶段教师、教研员在单元作业设计方面的研究与思考。两本专著的付梓,既是海沧区一线教师教育智慧的宝贵结晶,也是海沧区教师进修学校大力开展教育科研的有力成果,更是海沧区作为教育强区的鲜明见证。

　　"福建省教育强区"、教学质量稳居岛外第一……海沧教育虽然起步晚、底子薄,但这二十多年来,乘着跨岛发展的东风,实现了跨越式发展。高品质的教育已成为海沧一张亮丽的名片,未来海沧区将站在新的起点上,全面推进素质教育,落实立德树人根本任务,建设高质量基础教育体系,为海沧人民提供更高水平的公共教育服务。区域教育要优质发展、均衡发展、持续发展,离不开教科研的重要支撑。当前,海沧教研工作的开放性、合作性不断提高,网络教研、协作教研、主题教研成为新亮点。海沧教育人才队伍结构日趋完善,他们各得其所,各展其才,人才优势转化为不竭的发展优势,转化为不断涌现的教育教研成果。

　　义务教育课程方案和语文等 16 个课程标准(2022 年版)公布之后,如何落实课程核心素养,如何以学科大概念和大观念统摄教学,如何实现教学评一致化,就列入教学改革的日程。作为课程改革中不可或缺的关键领域,作业需要被重新审视。"双减"背景下,除了要严格控制作业数量和时间,更要重视作业设计,提高作业设计质量。这就需要重构作业价值,变革传统作业形式,丰富作业类型,形成内容上高度聚焦、数量上高度精简、结构上高度凝练的单元作业设计,切实减轻学生的课业负担,提高学习效率。

为推动广大一线教师投入这场"作业设计革命"之中,海沧区通过理念引领、政策指导、研修跟进,主动适时地开展了全学段、全过程的探索,并由此产生了可喜的成果,从本书可见一斑。

本书采用"单元作业设计方案+设计评点"的体例,其中,单元作业设计体现教师对单元目标、教学、评价、作业的系统思考,设计评点则体现教研员对单元作业设计的理念引领与实践反思,真实再现了区域实践探索的样貌,具有借鉴启发意义。

本书从案例的形成、收集,到稿件的遴选、编辑,由海沧区教师进修学校全面策划组织,林虹校长负责具体实施,全体教研员参与推进和指导,李燕玲老师为组稿、统稿付出了辛勤劳动。特别感谢所有作者对文稿的反复推敲与修改,正是因为这种精益求精的精神,才使本书在最后定稿的时候与初始文本相比有了本质的提升。诚挚感谢上海市语文特级教师孙宗良老师撰写前言,高屋建瓴的理论引领为本书增色不少。

最后,要说明的是,由于本书作者水平有限,错漏和不当之处在所难免,祈望各位专家和读者批评指正,以待改进与提高。

王科武

2022 年 10 月